新编公共行政与公共管理学系列教材·文秘专业

广告策划

Advertising Scheme

主　编　贾洪芳　韩　鹏
副主编　王　洋　孙方伟　张云娜
　　　　张海玉　林则宏

北京大学出版社
PEKING UNIVERSITY PRESS

图书在版编目(CIP)数据

广告策划/贾洪芳,韩鹏主编.—北京:北京大学出版社,2010.6
(新编公共行政与公共管理学系列教材·文秘专业)
ISBN 978-7-301-17335-0

Ⅰ.①广… Ⅱ.①贾… ②韩… Ⅲ.①广告学-高等学校-教材
Ⅳ.①F713.80

中国版本图书馆 CIP 数据核字(2010)第 107939 号

书　　　名:广告策划
著作责任者:贾洪芳　韩　鹏　主编
责 任 编 辑:高桂芳(pkuggf@126.com)
标 准 书 号:ISBN 978-7-301-17335-0/C·0595
出 版 发 行:北京大学出版社
地　　　址:北京市海淀区成府路 205 号　100871
网　　　址:http://www.pup.cn　电子邮箱:ss@pup.pku.edu.cn
电　　　话:邮购部 62752015　发行部 62750672　编辑部 62753121
出版部 62754962
印　刷　者:**三河市博文印刷有限公司**
经　销　者:新华书店
730 毫米×980 毫米　16 开本　16.75 印张　300 千字
2010 年 6 月第 1 版　2014 年 9 月第 3 次印刷
定　　　价:30.00 元

总　序

现代社会，文秘专业是一门社会各界有着广泛需求的专业。无论是企事业单位还是行政机关，也无论是国有、集体还是民营企业，尤其是中外合资企业或外商独资企业，对于文秘人员的需求越来越旺盛。秘书职业化的趋势愈来愈明显，其社会地位在不断提高，服务领域也越来越广。社会各界在扩大秘书需求的同时也对秘书的素质和能力提出了更高更新的要求，这就对高校传统的文秘专业办学模式和教学方法提出了新的挑战。为了赢得挑战，加快发展，确保文秘专业教育与社会岗位需求相适应，就必须加强文秘专业的教材建设。教材好比剧本，没有好的剧本，焉能演出一场好戏。

为此，我们组织了全国20多所高等院校文秘专业教学第一线的骨干教师，从事教改与教研工作的专家、学者，秘书职业资格证书社会培训机构的资深人士，在进行了广泛深入的调查研究的基础上，成立了"新编公共行政与公共管理学系列教材·文秘专业"编委会。我们会同北京大学出版社的有关编辑，从当前教学实际需要出发，充分考虑就业与市场需求，同时又与国家职业资格证书考试相衔接，制定了编辑出版这套文秘专业系列规划教材的指导思想、总体原则、编写体例、编写格式及具体要求。

我们编辑出版的这套文秘专业系列规划教材的培养目标是：适应社会主义现代化建设和经济发展与构建和谐社会的需要，具有较高的现代秘书素质与能力和国际视野，又具备管理、经济、法律、商务和外语等多方面的知识，德、智、体、美全面发展，以信息技术为沟通的主要手段，掌握文秘基本理论与文秘业务操作，拥有较强的书面和口头表达能力的复合型、应用型文秘人才。

这套系列规划教材教学的基本要求是：使学生系统地掌握文秘岗位必需和

够用的基本理论，包括秘书学、应用文写作、办公室管理、档案管理、会务组织、公共关系、人力资源管理、企业管理、法律和外语等基础知识；系统地掌握和具备文秘岗位所需的专业技能，主要包括文书写作与处理、办公室事务管理、档案的收集及管理、会议组织和服务、商务沟通与谈判等技能；同时，根据社会各界对秘书人才的需求变化及就业的岗位(群)特点，拓宽培养方向，改革课程设置，从单纯的行政文秘向复合型的商务文秘、涉外文秘、信息技术管理文秘转化。本着“宽口径，厚基础”的原则，改革和创新文秘人才培养模式。

全套教材暂设置18本:《秘书学》《文书与档案管理》《新编应用写作》《综合秘书实务》《速录》《管理学原理》《人力资源管理与企业文化》《公共关系学》《市场营销》《电子商务》《商业心理学》《商务谈判》《广告策划》《会展策划与预算》《法律与法规》《大学语文》《大学英语》《计算机应用基础》。我们编辑出版的这套教材是开放的，不是封闭的，要随着教学实践的需要和课程改革的变化而变化，以适应和满足当前及今后教学的需要。今后，我们还将陆续编辑出版文秘专业新的主干课程的教材。本套教材是大学生走向社会，实现零距离上岗不可多得的教科书，同时也适合作为社会力量办学机构与人才培训机构的培训用书，还可供社会各界从事文秘专业工作的人员参考阅读。

与以往传统教材相比，本套教材具有鲜明的特色:

首先，充分反映了当代文秘专业理论研究与实践应用的最新成果，融汇了国家最新颁布的相关政策和法律法规。突出体现应用性理论教育和实践技能教育相结合的特色，构建“文厚、技湛、商慧”型人才培养新模式，从而使教材体系有效地反映了知识、能力、素质相结合。整个教材体系结构严谨，层次分明，具有鲜明的时代性、创新性和前瞻性。

其次，在内容和体系上切合高等院校文秘专业的教学实际，符合培养目标与秘书工作岗位的要求，系列完整，布局合理。本套教材采用了富有弹性的模块式内容结构，设置了“基础理论”、“模拟实训”、“习题解答”三大模块。每个模块既是教材的有机组成部分，本身又是相对完整而又开放的单位。对知识与能力进行有目的的综合、融合和整合，便于组织教学，既具有综合性又具有针对性。

最后，目标是为了培养既有大学程度的文化基础和专业理论知识，又有较强实践能力的应用型、复合型人才。本套教材同时兼顾理论知识和实践知识，既选编“必需、够用”的理论内容，又融入足够的实训内容。突出重点和难点，精选基础、核心的内容，把培养学生动手能力、实践能力和可持续发展能力放在突出地位，促进学生技能的提高，增强了应用性和实践性。

在编写过程中,编者借鉴和吸收了国内外专家学者的最新科研成果,同时也参阅了大量相关书籍和资料,在此谨向原作者表示深深的谢意!

由于编者水平有限,加之时间仓促,疏漏之处在所难免,恳请专家、同行和广大读者批评指正,以便再版时修订完善。

唐 静

2009 年 10 月

前　言

广告在当今社会无处不在，它引导消费，创造消费，影响着人们的消费习惯，也改变着人们的消费观念。

广告策划是文秘专业、市场营销专业的必修课，它是以广告策划活动的基本内容为研究对象的一门课程。本课程在专业学习中占有很重要的地位。

本教材以"理论够用、注重实务"为目的，强调广告策划知识的实际操作性。通过本课程的学习，学生对广告策划的原理、技巧、程序与具体运作应有全面深刻的了解，并能熟练地结合企业广告活动进行广告策划。

本书共十章内容，第一章为基本原理部分，从广告策划的概念、特征等入手，掌握广告策划的内容、程序以及必须要遵守的原则。在此基础上，其余各章按照广告策划的运作流程，突出理论与实践的结合，重点讲述广告市场调查的步骤及问卷的构成设计，市场细分及产品定位，广告策划的制定与实施。广告战略属于企业营销战略的组成部分。在此前提下，应从九个角度对广告战略进行设计，涉及广告的各个环节：广告预算的支出与分配的重要性；广告创意的思维方法、广告创意的常用方法，广告文案创意；从平面、广播、电视、网络等几个方面具体阐述广告创意；广告媒体的比较与选择，影响广告媒体选择的因素；在广告推进程序策划中，一方面强调广告诉求的手段及策略，另一方面阐释广告实施的策略；广告效果评估的意义，广告效果评估的方法；广告策划文案编制的内容及技巧等。

本教材重点突出实际应用性，在"理论够用"的讲解下，运用大量典型案例深入浅出地进行说明，并训练学生分析问题、处理问题的能力。各章由几大模块组成，即本章提要，概要介绍本章内容，提起下文；学习目标，制定学习的侧重点;通过导入案例,引入本章理论,促进理论与实践的结合;正文当中穿插典型小案例,与理论相照应;每章在理论讲解完成后,都有一个较大的典型案例提供分析;每章小结对所学知识又有一个概括和提升;复习思考题又强化了对知识的掌握,便于学生复习和提高。

本书是"新编公共行政与公共管理学系列教材·文秘专业"的教材之一,既适合高等院校和专业培训的教学需要,也可作为成人教育、函授、自学考试以及在职人员理想的首选教材。

本书由贾洪芳(辽宁科技学院)、韩鹏(辽宁省交通高等专科学校)担任主编。王洋(沈阳理工大学应用技术学院)、孙方伟(辽宁经济职业技术学院)、张云娜(辽宁科技学院)、张海玉(沈阳理工大学应用技术学院)、林则宏(沈阳理工大学应用技术学院)担任副主编。写作分工是:贾洪芳(第一、四、九章),林则宏(第二章),张海玉(第三章),孙方伟(第五章),韩鹏(第六章),张云娜(第七、八章),王洋(第十章)。全书由贾洪芳、韩鹏统稿。贾洪芳拟定了本书的编写大纲,完成了本书立项的一系列材料,同时做了大量的组织工作,并且承担了该书的终审定稿。

本书是集体智慧的结晶,是大家共同的劳动成果。在此谨对上述全体人员及其付出的辛苦努力表示衷心的感谢!

在本书的编写过程中,我们拜读了国内外许多专家、学者的著作,并借鉴了其中部分内容,在此谨向他(她)们表示深深的感谢和敬意!编者受时间和水平所限,书中难免会有错误和纰漏,敬请专家和读者不吝指正。

编　者

2009 年 12 月

目　录

第一章　广告策划概述

本章提要

广告策划是指对某项广告活动过程的统筹规划，它对广告活动的成败起着很强的指导作用。本章介绍了广告策划的概念、特点及作用，重点阐述了广告策划的内容，以帮助学生对广告策划的程序、原则有一定认识。

本章学习目标

- 掌握广告策划的含义、特点及作用；
- 掌握广告策划的内容；
- 了解广告策划的程序；
- 了解广告策划的原则。

导入案例

1988年4月27日，美国阿哈罗公司一架波音737客机从檀香山起飞不久，巨大的爆炸把前舱盖掀起一个足有6米的大洞，情况十分危险，可驾驶员还是把飞机降落到了附近机场。除一名空中小姐在爆炸时因巨大的气浪被从舱顶抛出而殉职外，89位乘客并无伤亡，都安全返回，但个个惊魂未定，舆论也一片哗然。按理说，面对这种影响声誉的空难事故，一般航空公司都会自认晦气，缄默不言；又暗自庆幸没有乘客死伤，省去大麻烦，希望人们早点把这事儿忘掉。

阿哈罗航空公司却一反常规,迅速做出反应,广为宣传此事。该公司巧妙地利用人们的心理,及时推出有关此次事故的广告。广告告诉人们,这次事故的主要原因是飞机太旧、金属疲劳所致,这架飞机已经起落9万次,飞行20年,大大超过了保险系数。即使这样,还能使顾客无一伤亡,平安返回,难道不是从反面证实了本公司的飞机质量十分可靠吗?广告播出后效果很好,该公司从事故中建立起更高的商业信用。

成功的广告不仅抵消了事故本身的负面影响,反而为企业树立了更高的信誉。广告以后,该公司的订货单猛增,仅5月份订货量就是平时一季度的两倍,达70亿美元。这真应了中国人"福是祸所致"的老话。

第一节　广告策划的含义、特点及作用

现代社会,作为消费者的我们每一个人,在衣食住行、举手投足中,都与广告有着密切的联系,广告成为众人瞩目的焦点,成为现代人生活中不可缺少的部分。如何使广告更有效?这个问题是众多广告主、广告人关注的问题。解决好这个问题,当然离不开广告策划这个核心。

一、广告策划的含义

策划,一般是指对某一活动的运筹和规划,是动态的计划。汉语中"策划"一词,有策略、主意的意思,也具有动态的筹划、谋略含义。如"深谋远虑"、"多算胜,少算不胜"、"运筹帷幄之中,决胜千里之外"等。

港台地区常用的"企划(画)"一词,是从日语"企画"转化来的,与英语中的"strategy"和"plan"意思相近。有些内地企业就有"企划部",还有"策划人"这一专门职业。

20世纪80年代中期后,我国广告界提出"以创意为中心,以策划为主导,为客户提供全面服务"的经营理念,广告策划在广告活动中的地位和作用越来越受到重视。

广告策划就是在市场调查的基础上,根据广告主的营销计划和目标,对一定时期和一定范围内的广告活动的战略和策略进行系统的整体筹划。

小案例1-1　千金市骨

古时候,一个国王想用千金求一匹千里马,三年不得。后来一位内侍用500

金买下一匹死去的千里马。国王大怒，内侍却回答："死马尚且用500金，何况活马呢？"果然，不到一年，就有三匹千里马送上门来。

这位不知名的内侍，其实就是一位策划高手，他以500金买回一堆马骨，以此向大众表明国王对千里马的渴求，从而使国王如愿以偿。

广告策划有广义和狭义之分。广义的广告策划，也称为广告计划，是指规模较大、持续时间较长、为实现同一目标而进行的广告活动组合的整体策划。它勾勒和规定着广告活动的基本方向，是系统的具有战略决策性质的策划。狭义的广告策划，是为一个或几个单一性的广告进行策划，也称为单项广告活动策划。

本书在讨论广告策划时，一般是指广义的广告策划。

二、广告策划的特点

广告策划具有目标性、系统性、智谋性、灵活性、创造性、可行性、超前性等特点。

1. 目标性

目标性，是指进行广告策划时，应首先明确广告活动要达到什么目的，是为了扩大影响，提高知名度，创造名牌企业，追求社会效益，还是为了配合营销策略，抢占市场或促进产品销售，追求经济效益。一般来说，整体广告策划是以追求经济效益和社会效益相统一为目标的广告活动。广告策划目标的明确性是保证广告策划顺利进行的关键所在，也是制定广告效果的基本依据。

2. 系统性

从理论角度看，策划是一门系统科学；从实践角度看，策划是一项系统工程。广告策划是对整个广告活动的运筹规划，因此具有系统性特点。从横的方面看，这种系统性表现在要对策划的各个方面进行权衡。通过权衡，可以客观地估计自己所处的环境。策划者首先要"度"策划对象在同行业中的地位和实力，要"量"策划对象在市场中的位置和份额，要"数"能够运用的广告资金，然后才能在竞争激烈、变幻莫测的市场竞争中保持清醒的头脑，采取正确的对策。

从纵的方面看，广告策划的系统性体现在广告活动的各个环节都要保持一致性。例如广告目标的统一性，广告媒体、表现形式的统一性等，这种系统性的广告策划可以减少广告活动的随意性和无序性，逐步积累广告效果。从而最大限度地实现广告目标。

3. 智谋性

广告策划活动是一项运用智谋进行创造性思维的理性活动，是策划者足智多谋的行为过程，也是应用创造学、思维学理论开发创造力的过程。在策划活动的全过程中，智谋既是它的逻辑起点，又贯穿于策划行为过程的始终。大凡高明的策划方案，都是由智谋高超的奇招妙法组成，缺乏智谋性，就不能称之为策划，充其量是一份计划或规划。智谋性是策划的核心特征。

4. 灵活性

广告策划的灵活性主要是指广告战术策划的灵活性，虽然说广告战略策划必须具有相对的稳定性，才能保证在策划期限内广告活动方向的正确性和目标的明确性，但是广告战术必须具有非常强烈的适应性，具有一定的弹性和灵活性。

在市场经济条件下，市场永远是千变万化的，企业也永远是在变化中求得生存和发展的。因此，一个成功的广告策划也必然是依据市场变化而变化的策划，而不可能是永远不变的策划。

小案例 1-2　万宝路香烟

万宝路香烟以头戴鸭舌帽、身穿牛仔服的西部牛仔形象扩张美国市场，但在 20 世纪 70 年代开拓香港市场时却受到港人的抵制。香港人欣赏优美的风景和音乐，对策马、牧牛的牛仔形象嗤之以鼻。于是万宝路在香港的广告形象摇身一变成了年轻洒脱、在事业上有所成就的牧场主，结果很快打开销路。在进军日本市场时，考虑到日本的文化心理，又摇身一变成为一个日本牧童，过着一种田园般诗意生活。通过各种入乡随俗的变化，万宝路一直保持遥遥领先的市场份额。

5. 创造性

广告策划活动是一项创造性思维活动，创造性是广告策划的关键和保障。创造性的策划具有从别人所有的特点中找出空隙的能力，找出别人所没有提过的功能，其具体表现在广告定位、广告语言、广告表现、广告媒体等各个方面。比如七喜汽水的“非可乐型”定位，某打字机的“不打不相识”的广告口号等，都充满了出奇制胜的创造性，从而使广告获得极大的成功。可以说，一个成功的广告策划是建立在策划者的创造能力和非常规思维的基础之上的。

6. 可行性

可行性是指广告策划方案在现实中是否切实可行。不具有可行性的策划方案，不论如何新颖独特、充满新意，都只能是异想天开的胡思乱想。这样的策划无疑是纸上谈兵，毫无实用价值可言。策划方案的可行性主要表现在要能够解决现实中的许多问题，能够提出一套行之有效的解决方案。

7. 超前性

广告策划是对企业生存和发展的一种前瞻性的运筹谋划，是一项“未雨绸缪”的智力活动，因此，具有前瞻性的特征。“自古不谋万世者，不足谋一时；不谋全局者，不足谋一城。”策划者既要有把握全局、深谋远虑的前瞻性头脑，又要站在时代前沿，用当代全新的观念审时度势、运筹帷幄，以保证策划水平和实践结果达到“两最化”，即利益、效益最大化，弊失最小化；可能性、可靠性最大，风险性最小。

三、广告策划的作用

广告策划的作用主要表现在以下几个方面：

1. 保证广告活动的目标性

广告方案是按照企业目标制定的。它运用科学的操作方法，集中丰富的实战经验，事先将各项活动都作了精细的安排。各项活动又紧紧围绕最终的总体目标展开，具有共同的指向性。在进行广告策划时，企业必须按照既定的广告方针进行，以保证广告活动能够有条不紊地进行，从而使广告活动更符合客观实际，更有效地避免广告活动的盲目性。

2. 保证广告活动的计划性

随着市场上广告活动日益增多，广告活动的范围、规模和经费投入日渐增大，所使用的工具、手段也日益复杂。广告不再是简单地购买一个播放时间或刊登版面的机械劳动，而发展成为一个极为复杂的系统工程。因此，现代广告必须具有高度的计划性，必须预先设计好广告资金的数额和分配、广告推出时机、广告媒体的选择与搭配、广告口号的设计与使用、广告推出方式的选择等等，而这一切都必须通过策划来保证和实现。

3. 保证广告工作的连续性

促进产品销售、塑造名牌企业和产品形象，是广告的根本目的。要达到这一目的，并非一朝一夕之事。不能当产品滞销、市场疲软或竞争激烈时才做广告，一旦打开市场，便偃旗息鼓，坐享渔利。虽然就单个广告活动来说，企业也取得了较好的成绩，但从整体来看，并未达到理想的促销效果，甚至相差较远。这样的广告活动由于缺少精心筹划，很难保证广告活动的连续性，也很难积累广告效果。

小案例1-3 野马汽车上市

美国著名的野马牌汽车上市前，营销人员制定了衔接性、针对性和延续性都比较强的促销方案：(1) 举办野马汽车大赛，邀请各大报社的记者和编辑参加，以扩大宣传，引起人们注意。(2) 在野马新型汽车上市前一天，在2600家报纸用整版篇幅刊登广告，内容非常醒目。(3) 野马汽车上市后，各大电视网不断播出广告，提高产品知名度，充分接触消费者。(4) 选择最显眼的停车场，竖起"野马汽车"巨型广告牌。(5) 在全美最繁忙的15个机场和200多家假日酒店进行实物展览。(6) 向全美几百万汽车主寄送广告宣传品。

如此强有力的广告促销活动在空间上相互连接，好似一场"野马运动"就要席卷而来。其效果可想而知，一年内，公司就卖出十几万辆，野马的牌子使人"如雷贯耳"。

4. 保证广告活动的创造性

创造性地开展广告活动，使每一次广告活动都能为目标群体所接受，使之采取相应的购买行为，这是每一个广告活动追求的目标。广告人员的创造性是保证达成这个目标的关键所在。通过广告策划，可以把各个层次、各个领域的创意高手聚集起来，利用集体的智慧，集思广益，取长补短，激发创意，从而保证广告活动的各个环节都充满创意。

5. 保证广告活动的竞争性

广告策划能够发现企业的优势和劣势，据此采用恰当的广告策略，以提高市场竞争力。在策划中要仔细分析竞争对手的状况，知道在什么条件下可以与对手竞争，什么条件下不能与对手竞争。虽然产品总会有不尽如人意的地方，但通过广告策划，就可以扬长避短，使其长处得到充分的宣扬，避开竞争对手的锋芒，化劣势为优势。从某种意义上来说，市场竞争就是策划的竞争。谁的策划更高明，谁就能赢得市场，在市场竞争中立于不败之地。

小案例1-4 后来居上的康师傅"每日C"

"康师傅"的死对头"统一"率先以"鲜橙多"抢占果汁市场，对此"康师傅"采取有效的广告策划：(1) 利用之前"统一"形成的"多喝多漂亮＝果汁饮料＝维C"概念，直接给产品取名为"每日C"，直抄"鲜橙多"后路。(2) 广告诉求及表现更强力。“每日C”不仅口味更丰富，功能更齐全，而且在包装上做文章，以满足不同场合饮用的需求。(3) 运用“疯狂轰炸＋明星助阵”这种惯用的媒介组合吸引消费者。

正是由于“康师傅”有效的广告策划，再配以无敌的终端销售策略，无论大小店，堆头最大的、势头最猛的都会是“康师傅”，让“康师傅”在果汁市场逆转不利地位，迅猛赶超“统一”。

6. 保证广告活动的实效性

广告策划将企业的长期计划和短期计划相衔接，使广告活动的重点更突出。在策划中根据产品生命周期的不同阶段，采用不同的广告策略，兼顾眼前目标与长远利益，使整个广告活动的宣传效果更为显著。因为市场竞争的最重要原则就是效益第一，企业投资广告最直接的目的就是追求广告效果。欲达此目的，必须经过系统周密的广告策划。

通过广告策划，可以使广告活动自发地沿着一条最简捷、最顺利、最迅速的途径运动，可以自发地使广告功能最充分、最完全、最彻底，从而降低成本、减少损耗、节约广告费用，形成广告规模效应和累积效应，确保以最少的投入获得最大的经济效益和社会效益、近期效益和长远效益。

第二节 广告策划的内容和程序

一、广告策划的内容

广告策划的内容主要有广告市场调查、市场细分与产品定位、广告战略的策划、广告媒体渠道策划、广告推进程序策划和广告效果评估等六项内容。这些内容在后面的章节中都有详细深入的论述。在这里，只作条理化、概括化的分析，以便对全书有整体把握。

1. 广告市场调查

广告市场调查是广告策划的基础，也是不可缺少的第一步。广告市场调查主要是以商品营销活动为中心展开的，是围绕着商品供求关系来进行的。首先确定向哪一市场，向哪些调查对象，采用何种方式进行调查，然后主要针对广告环境、广告主企业经营情况、产品情况、市场竞争性、消费者需求方向和心理爱好等方面进行深入调研，从而明确哪些是需要力保的主要目标市场，哪些是可以拓展的周边市场，哪些是可以抢占的空白市场，哪些是应予避开的竞争激烈的市场，并且为广告产品将以何种个性面市做好充分准备。

2. 市场细分与产品定位

广告策划的一个重要课题是要使广告产品在人们心目中确定一个适当的、不可替代的位置，从而区别于其他同类产品，给消费者留下值得购买的印象。说白了，这一步工作的实质是确定产品或服务应当建立何种优势的问题，即找准广告产品在同类产品中别具一格的优异之处，以适应特定用户的需求。“定位即牺牲，没有舍弃怎么能得到？”

因此，在了解本企业及其产品在社会上的实际形象后，要继续深入研究和分析本企业及其产品的各类特征。比如产品物质特点、产品的文化价值、产品的识别标志等，并以此进行产品定位和广告定位，为广告策划和广告创意指明方向。

小案例 1-5　奥普浴霸

浴室取暖设备“奥普浴霸”在国内外颇受欢迎，仅此一项公司年销售额便超过2亿元。在中国市场，“浴霸”两个字变成了浴室取暖设备的代名词。10年前，当中国人“随时在家洗个热水澡”的梦想因热水器的大量上市而变成现实时，人们又感觉到，洗浴时浴室的温度太低（尤其在冬季南方一些地区，此问题更加突出）。正当无奈之际，“奥普浴霸”上市，立即引起强烈反响，产品在许多销售点供不应求。10年后的今天，奥普浴霸在中国内地市场已拥有近300万用户，用户群对产品的理解开始从奢侈品转变为大众适用商品，继而成为家庭浴室的必备用品。这是生产企业对市场进行市场细分的结果。

3. 广告战略的策划

广告战略是企业为实现经营目标而对规划期内的广告活动所拟定的指导思想和总体方案。广告战略是贯穿于整个广告策划、动作过程始终的灵魂，也是贯穿于广告策划、制作运用过程各个环节的一套完整的指导思想，从宏观上指导和规范着广告活动的各个环节。

现代广告学认为，广告 = 广告目标 + 信息个性 + 消费心理。广告战略就正是针对这三个主要因素所作出的战略性决定。它首先要解决的问题是“为什么？”——即为什么要做广告，这是广告战略的观念问题。其次要解决的问题是“怎么样？”——即通过广告活动最终应达到怎样的效果。这是广告战略的目标问题。

广告战略的主要内涵包括：其一，广告战略观念，包括系统的观念，以消费者为主的观念，以及广告并非仅仅为促销的观念。这些是广告战略的基本观念。此外，还有一些具体的指导思想，如进取的观念、稳健的观念、高效的观念、渗透的观念，对广告战略策划也会产生不同的影响。

其二，广告战略目标。这是规划期广告活动所要达到的期望效果，包括销售增长目标、市场扩展目标、产品推广目标。

4. 广告媒体渠道的选择和安排

广告媒体渠道策划是现代广告策划的重要内容，对广告宣传的得失成败有着重要的影响。

媒体的选择和安排，是解决"如何提供"这一问题的具体方法和工具。选择广告媒体应当充分考虑媒体的性质、特点、地位、作用、媒体的传播数量和质量、受众对媒体的态度、媒体的传播对象以及媒体的传播费用等因素来选择组合和运用。

5. 广告推进程序策划

广告推进程序策划主要包括后期的广告表现和广告的实施与发布。它们是广告最终影响消费者、产生实效的关键所在，也是广告策略的具体应用。广告实施主要包括广告市场策略、广告促销策略和广告心理策略。广告发布主要包括发布时机策略和发布频率策略。

6. 广告效果评估

广告效果评估是广告策划的最后环节和内容，也是广告主最关心的部分。广告主是否肯拿出预算经费去投入广告发布，广告效果评估也就是广告主具有信心的依据。为此，广告策划人决不应毫无科学依据地夸大广告效果以诱骗广告主，而是必须注重评估的科学性、实效性及安排上的可操作性。

二、广告策划的程序

所谓广告策划程序，就是在广告策划的具体作业中，通过操作性强、高效率、专业化的方法步骤，有目的、有计划地使广告目标、广告策略、广告预算、广告实施计划及广告效果检测等逐渐明晰和完善，最终形成可供操作的策划方案的过程。

一般而言，当一家广告公司接受委托进行广告策划时，可以按照如下步骤进行策划工作：

1. 成立广告策划小组

广告策划工作需要集合各方面的人士进行集体决定，因此，首先应成立一个广告策划小组，具体负责广告策划工作。一般而言，策划小组由下列人员组成：

（1）业务主管，又称AE人才，一般由广告公司总经理、副总经理或业务部经理、创作总监、策划部经理等人担任。在广告公司里，业务主管具有特殊的地位，他是沟通广告公司和广告主的中介。一方面，他代表广告公司与广告主谈广告业务；另一方面，他又代表广告主监督广告公司一切活动的开展。业务主管的水平高低是衡量一个广告公司策划质量优劣的重要标志之一。

（2）策划人员，一般由策划部的正副主管和业务骨干来担任，主要负责编拟广告策划书。

（3）方案人员，专门负责撰写各种广告文稿，包括广告正文、标题、新闻稿、产品说明书等等。

（4）美术设计人员，专门负责进行各项视觉形象的设计。除广播广告之外，任何一类广告都需要美术设计。因此，美术设计人员是策划小组很重要的组成部分。他们必须具有很强的领悟能力和将策划意图转化为文字和画面的能力。

（5）市场调查人员，能进行各种复杂的市场行情调查，并能写出精辟的市场调查报告。

（6）媒体联络人员，要求熟悉各种媒体的优势、缺陷、刊播价格，并且要与媒体有良好的沟通，能够按照广告战略部署争取到所需要的广告版面或播出时间。

（7）公关人员，能够为广告公司创造融洽、和谐的公众关系氛围，获得各有关方面的支持和帮助。同时，能够从公关角度提供有益建议。

在上述七种人员中，业务主管、策划人员、美术设计人员三者是策划小组的中坚力量，是不可或缺的。

2. 向有关部门下达任务

经过广告策划小组的初步协商，按照广告产品的要求，初步向市场调查部、媒体部、策划部、创意设计部、制作部等有关部门下达任务。

例如：广告策划小组为了了解市场产品、消费者、竞争者的情况，就要根据广告主的广告目标向市场调查部门下达市场调查任务，以确保后期的策划行之有效。

3. 商讨此次广告活动的战略战术，进行具体的策划工作

这是策划的重头戏和主要部分，即这门课程要专门讲述的部分。我们给大家介绍策划步骤后，将详细讲解这一部分。

4. 撰写广告策划报告

广告公司的一系列策划工作,最终呈现给广告主的,基本上就是这份策划报告,这个策划报告也就是广告计划书,是整个策划活动的书面报告,这份计划书的撰写也是非常重要的。

5. 向客户递交广告策划报告并接受客户审核。

美国广告学者威廉·博伦认为,广告策划是广告公司给广告客户的一份作战计划书。因此,广告策划报告必须获得客户的认可,方可以进入制作、发布等实施阶段,若广告客户不认可,则必须修改,直到广告客户同意方可定位,进入执行阶段。

6. 将策划意图交职能部门实施

最终实施策划意图的职能部门有二:设计制作部和媒体部。设计制作部将广告创意转化为可视、可听的广告作品;媒体部按策划书的要求购买媒体的时间和空间。

7. 广告策划效果评估

按照既定目标对广告运作结果进行评价或者总结,效果评估可以是事前评估、事中评估,也可以是事后评估。

就广告策划流程而言,广告公司自接受客户委托后开始代理广告策划工作,需经过上述几大步骤:成立策划小组、向有关部门下达任务、具体策划、撰写策划报告、递交报告并接受客户审核、将策划意图交职能部门实施及广告策划效果评估。在这七大步骤中最关键、最核心的步骤即第三步——进行具体策划,这个环节应包括策划什么和怎样策划,这是我们要重点学习的内容。

第三节 广告策划的基本原则

广告策划是指导广告人进行广告活动的实践性理论,它不是“坐而论道”的学问。通过广告策划,广告主可以获得如何布局广告、如何利用媒体、如何广告宣传等方面的指导。为保持广告策划的指导性、操作性,在进行操作时,必须遵循以下几条原则。

一、真实性原则

所谓真实,即使之符合实际和现状。广告策划的真实性是指广告策划的内容必须以事实为基础,是对客观实际的准确把握和真实反映。真实是广告的生命,也是广告策划的首要原则。

我国先后颁布的几个关于广告业的法律条款都明确指出广告真实性的必要性,这些条款是广告真实性原则的法律依据。

广告是一种劝说消费者的宣传活动,唯有真实、客观,才能赢得消费者的信任,达到最终的促销目的;唯有真实、客观,广告主才会因广告活动而长久获利。如果违背了真实性原则,不仅会给消费者造成损失和痛苦,而且会损害企业的产品形象,受到法律的制裁和道义上的谴责。

小案例1-6 “国际品牌香武仕”的真相

曾经在中国音响市场处于贵族地位的“香武仕”牌音响,在广告中号称“秉承丹麦传统一贯的设计风范和精细的制作工艺,具备了象征丹麦王国最高品牌嘉奖的皇家哥本哈根标志品牌,拥有70年的历史,来自丹麦”,产品价格从几千元到上万元,全国专卖店达到数十家,产品渗透到全国16个省市,在音响市场上颇具派头。但是在中央电视台2002年“3·15”晚会中被披露,它完全是土生土长的国产货,出自东莞市一个叫卢村的地方。一夜之间,香武仕从零售终端消失了。消协表示,消费者有权得到双倍赔偿。国家工商总局发出紧急通知,要求同一时间、统一行动对涉嫌经销者给予查处,一查到底,绝不手软。

二、信息量原则

广告作为一种信息传播活动,无疑要向消费者提供一定信息。广告策划作为一项系统工程,要对信息的流程和流量进行有效的控制和引导。从广告前期的调查活动、广告内容的创作,到媒体的选择和发布频次,都必须进行合理的、科学的设计和编排。广告策划必须遵循信息量原则,才能充分体现策划活动的巨大魅力。

三、针对性原则

广告策划的流程是相对固定的,但广告策划的对象却是各不相同,存在的问题也千差万别,要达到的广告目的也不尽相同。因此,针对性是保证广告策划具有个性特征的一个重要原则。很多广告策划都表现出一种倾向:广告诉求对象最好面面俱到,包括所有的男人和女人;广告口号最好老少皆宜,每一个人都喜欢;广告产品最好是所有人的需要,不愿损失每一个可能的消费者。广告大师奥格威曾说过:“这种贪得无厌的心理使品牌落入一个完全丧失个性的下场,欲振乏力,一事无成。”

因此,广告策划必须具有针对性,对症下药,有的放矢。通过对策划对象大量细致的调查研究,找出存在的具体问题和发展的有利时机,据此,再确立与之相适应的、行之有效的广告战略和策略。

四、心理原则

广告界有句名言:“科学的广告术是依照心理学法则的。”因为从广告作用于消费者的全过程来看,消费者接受广告信息,要经历引起注意—激发兴趣—刺激欲望—加强记忆—诱发购买五阶段。这五个阶段反映出消费者购物时的心理活动过程。因此,广告策划时必须遵循消费者的这一心理活动规律。

五、法律道德原则

广告作为一种大众传播行为,是一种有责任的信息传递。

首先,广告策划必须遵循法律原则,以法律为准绳,在合法化的基础上展开广告策划。其次,要重视社会公共利益,维护民族尊严。另外,要遵循伦理道德原则,不能违背人们的价值观、宗教信仰、图腾禁忌、风俗习惯进行策划。

案例分析

一个个营销神话背后:史玉柱十大广告法则

近年,略带赌性的“史氏广告”所向披靡,创造了一个又一个中国营销神话。而在这些以恶俗著称的“史氏广告”背后,却是史玉柱洞悉人性、缜密策划,敢于投入、精于执行的系统性广告策略思维。

营销天才史玉柱的广告策略一直备受争议。人们都骂他的“脑白金”广告恶俗,连年被评为“中国十大恶俗广告”之首。现在,第二位也被他占据了,是他的另一款保健品——“黄金搭档”。

有讽刺意味的是,就是这样公认的恶俗广告,却把史玉柱缔造成了身价500亿元的商业奇才。恶俗而实效的“史氏广告”背后到底藏着什么秘密,让他如此自信。我们经过研究他的大量案例和访谈,提炼出“史玉柱十条广告法则”,探索“史氏广告”背后的秘密。

第一条:721法则

“史氏广告”的实效性,来自大量研究消费者心智以及对消费心理的精准把握。史玉柱主张：花70%的精力关注消费者；投入20%的精力作好终端执行；花10%的精力用来管理经销商。

"脑白金"的成功不是偶然。在试点城市江阴，他亲自走村串镇，挨家挨户地去走访，和老太老头拉家常。"今年过节不收礼，收礼只收脑白金"的广告语就来自于这些无意的"闲聊"。

《征途》的成功也不是偶然。他玩游戏有22年，每天有15个小时充当玩家挑毛病。他的竞争对手陈天桥和丁磊都不玩游戏，这就凸显了史玉柱的优势。他曾与2000个玩家聊过天，每人至少两个小时。

网络游戏广告受到法规限制，他就在中央台投放了一个傻笑的"长发女"版的形象广告。如果你不是游戏玩家，很难看懂这个广告到底是什么意思。但只要是玩家，大凡都能体会到游戏中装备升级所带来的这种"只可意会，不可言传"的快乐。

第二条：测试法则

广告的有效性，只有通过与消费者、竞争对手的真正接触后才能判断。通过试销，能给企业带来调整广告策略、营销策略，甚至调整产品形态的机会和时间。史玉柱一向重视试销的作用。

"脑白金"在江阴和常州进行了长达一年的试销。期间，尝试各种推广、广告、销售手法。为广告创意提供了足够的依据。"保健礼品营销"的方式和十年不变的广告语就来自这些试销活动。"黄金搭档"更是经过了三轮试销，才确定营销策略、广告策略。刚刚上市的黄金万圣酒，从2008年4月开始，在山东青岛、河南新乡两个市场试销。这两个市场的成功，完善了营销广告策略，为启动全国市场铺平道路。

每条"史氏广告"都不厌其烦、长时间地进行市场测试，可想而知，通过这种"层层历练"的广告的效果威力有多大！

第三条：强势落地法则

高空广告要想起效，必须有终端落地的配合。史玉柱就是"如洪水猛兽一样"地抓终端落地执行与线上广告配合。

"脑白金"时代，史玉柱在全国200多个城市设置办事处，3000多个县设置代表处，全国有8000多名销售员。他要求："脑白金"在终端陈列时，出样尽可能大，并排至少3盒以上，且要占据最佳位置。所有的终端宣传品，能上尽量上。宣传品包括：大小招贴、不干胶、吊带包装盒、落地POP、横幅、车贴，配合它宣传的图书《席卷全球》则必须做到书随着产品走。

目前，巨人在全国拥有150多个销售分支机构、1800多个县市办事处和29

万个销售点。在《征途》的推广中，他如法炮制了“脑白金”的落地方式，推广队伍是全行业内最大的，全国有 2 000 多人。他的目标是铺遍 1 800 多个市、县、乡镇，计划这个队伍要发展到 2 万人。

黄金酒的营销队伍：全国将拥有 14 000 人的销售人员，计划经销商覆盖全国 200 多个二、三级城市和上千个县。

第四条：长效俗法则

史玉柱对产品的命名，可谓俗不可耐，不是白金就是黄金。他对黄金真是情有独钟。这些产品的广告，更是让人大跌眼镜。“脑白金”的卡通老人广告系列，如：群舞篇、超市篇、孝敬篇、牛仔篇、草裙篇及踢踏舞篇，毫无创意，篇篇雷同。而广告词也高度一致，“孝敬咱爸妈”、“今年过节不收礼，收礼只收脑白金”，到现在整整“折磨”了 13 亿人民群众近十年之久。

即便如此，这两个产品依然在保健品市场上稳健成长，畅销多年。2007 年上半年，“脑白金”的销售额比 2006 年同期又增长了 160%。

虽然广告很俗，但都是原创性的，这个也很关键，因为这样才能给人深刻的印象。现在我们看到很多模仿“脑白金”广告形式的广告，大多没有成功的可能。

广告只有经过一段时间的投放，才能看见效果。史玉柱打广告，深刻地明白这个道理。所以，“脑白金”的广告一打就是近十年。

第五条：公关先行法则

“脑黄金”时期，史玉柱就重视软性宣传，注重收集消费案例，进行“脑黄金”临床检测报告、典型病例以及科普文章的宣传。为了配合宣传，《巨人报》印数达到了 100 万份，以夹报和直投方式广为散发，成为当时中国企业印数最大的“内刊”。值得一提的是，当时的三株、太阳神还在农村刷墙体广告。

“脑白金”上市初期，史玉柱做不起广告，他就出了一本《席卷全球》的书，对人们的健康认识进行颠覆性洗脑。但书中没有涉及“脑白金”的产品，而是让消费者了解褪黑素。《席卷全球》对“脑白金”的上市推广起到了关键性的作用。为了更深入地用软性的手段灌输“脑白金”的概念，他又启用了大量的软文。日后，这些软文成为营销界的经典之作，为史玉柱在短短三年内销售额达到十几亿元，立下了“汗马功劳”。

2008 年 10 月 28 日，在北京人民大会堂，以“世界第一瓶功能名酒”为噱头的事件营销拉开了黄金酒上市的帷幕，向世界宣告：世界第一瓶具有保健功能的白酒——黄金酒来了！紧接着，就是媒体的争相免费报道。

第六条:塔基法则

史玉柱的产品、广告都是瞄准“8 亿人的塔基”。和“脑白金”、“黄金搭档”、《征途》一样,黄金酒的推广,主要也是瞄准中国白酒消费人群的塔基市场。

第七条:公信力法则

“脑白金”自始至终都在传播它的“美国身份”,以增加产品的可信度。为了更有效地借用报纸本身的媒介公信力,史玉柱要求报纸软文字体、字号要与报纸一致,不能加“食宣”字样,而是要加报花,如“专题报道”、“环球知识”、“热点透视”等,让消费者认为这是新闻报道的一部分,而不是广告。

“黄金搭档”上市筹备期,史玉柱就为其准备好了公信力元素:中国营养学会、瑞士罗氏维生素公司联合研发的产品。

黄金酒这次做得更极致:和销售 250 多亿元的中国白酒大王五粮液合作,这是酒品类中最大的公信力元素。黄金酒还采用国家品酒大师、白酒泰斗品尝“黄金酒”的评语——“五种粮食,六味中药,古法酿造,开盖清香,入口柔和,饮之大补”直接作为广告语的一部分,增加产品的可信度。

第八条:第一法则

史玉柱常说,哈佛大学有一个营销教育案例,说美国人对第一个驾驶飞机飞越大西洋的人记得很清楚,但第二个是谁,一般人都回答不出来。但对第三个飞越的人又记得很清楚,为什么? 因为是第一个女性,所以记住了。在营销方面,一定要把你的“第一”找出来。

“脑白金”既是产品名又是品类名,创建了一个新的保健品品类。“脑白金”采用口服液加胶囊的形式,也是独一无二,并把“礼品营销”发挥到极致。“黄金搭档”是中国第一款复合维生素里添加矿物质,所以才命名为“黄金搭档”。

《征途》不走卡通路线,不针对十四五岁年龄群的人,而是针对成年人,顺利避开直接竞争。还第一个打出了“给玩家发工资”的广告,塑造“有工资的网络游戏”新品类。

第九条:沸点法则

拿破仑常说:“胜负决定于最后五分钟。”西方谚语中有“最后一根稻草可以压断骆驼的背”。这些都足以证明沸点的重要性。广告的媒介投放亦然。使广告进入消费者的心智,就需要足够量的重复,这个过程无法缩减。

史玉柱从不吝啬广告媒介费用的投入。巨人汉卡时期,他把第一桶金 2 万元全部投入广告。“脑白金”更是通过数亿元的媒介投放打出来的。“史氏广告”大额投入,就是在加热水温,试图到达沸点。

"脑白金"时期，在中央台上投放形象广告，区域媒体选用报纸投放功能广告，三天一期，高密度投放。当时，在华东地区每天的广告费用达到10万元。现在媒介投放采用脉冲式广告排期：2月至9月初，广告量很小。每年只集中在春节和中秋节两次高潮。广告密度最大的时段是从中秋节倒推10天，从春节倒推20天，加起来一共30天。到了关键销售旺季，沸点也同步达到了。

史玉柱这次为黄金酒砸的3个亿，也是试图将广告送到沸点位置。据了解，他正谋划对保健酒市场进行更密集的广告轰炸，力度不亚于"脑白金"和"黄金搭档"的广告投放。

第十条：聚焦法则

市场营销中最强大力量来自"聚焦"。市场、渠道、广告都需要聚焦，在收缩战线的时候，会变得更强大。史玉柱极其推崇毛泽东思想，"我就觉得毛泽东的原则是对的，我集中全部人力、物力、财力，集中攻一个点，没有把握把一个城市攻下，你就别忙着打第二个城市"。

集中资源，集中人群，集中市场，会创造局部优势兵力，这是毛泽东战略思想的精髓，现在史玉柱将它用在了商战上。

现在，史大胆白天睁着眼，他在赚保健品的钱。晚上睡觉的时候，他在赚游戏产业的钱。现在，他又要赚保健酒的钱。中国保健酒商战已经吹响号角。史式赌性广告的威力能否再缔造出一个保健酒神话，在这个寒冷的冬天里，让我们一同见证！

（节选自 http://www.sina.com.cn，2008年12月15日《销售与市场》杂志 李亮/文）

请思考：

1. 广告策划的特点、作用在史玉柱的广告中具体体现在哪些方面？
2. 你如何理解、评价史氏广告？

本章小结

本章首先介绍了广告策划的概念，即在市场调查的基础上，根据广告主的营销计划和目标，对一定时期和一定范围内的广告活动的战略和策略进行系统的整体筹划。同时概括了广告策划的特点：目标性、系统性、智谋性、灵活性、创造性、可行性、超前性等。接着阐述了广告策划的作用，具体体现在：保证广告活动的目标性；保证广告活动的计划；保证广告工作的连续性；保证广告活动的创造性；保证广告活动的竞争性；保证广告活动的实效性等方面。

本章着重介绍了广告策划的内容，主要有：广告市场调查、市场细分与产品定位、广告战略的策划、广告媒体渠道策划、广告推进程序策划和广告效果评估等六项内容。

最后简要介绍广告策划的程序，包括：成立策划小组、向有关部门下达任务、具体策划、撰写策划报告、递交报告并接受客户审核、将策划意图交职能部门实施及广告策划效果评估。广告策划的原则包括真实性原则、信息量原则、针对性原则、心理原则、法律道德原则等。

复习思考题

1. 广告策划的含义及特点是什么？
2. 广告策划的作用有哪些？
3. 广告策划的内容包括什么？
4. 广告策划的原则有哪些？
5. 试用广告策划基本原理评析恒源祥12生肖广告。

第二章　广告调查与分析

本章提要

广告市场调查是指采用科学的方法，按照一定的程序和步骤，有目的、有计划、系统地搜集、分析有关消费者、产品与服务业形象以及广告效果等方面信息的行为。本章介绍了广告市场调查的概念、特点及作用，重点阐述了广告市场调查的内容及市场调查问卷的设计，以帮助学生对市场调查的实施程序，问卷设计的原则、技巧有一定的认识与掌握。

本章学习目标

- 掌握广告市场调查问卷的设计方法与技巧；
- 掌握广告市场调查的内容与程序；
- 了解广告市场调查的含义；
- 了解广告市场调查的特点。

导入案例

宝洁公司的市场调查

一个称为“贴身计划”的摸底市场调查静悄悄地铺开。宝洁旗下的护发产品“润妍”品牌经理带领十几个人分头到北京、大连、杭州、上海、广州等地选择符合条件的目标消费者，和她们48小时一起生活，进行“蛔虫”式调查。从被访者早上穿着睡衣、睡眼朦胧地走到洗手间，开始洗脸梳头，到晚上洗发卸妆，女士们的生活起居、饮食、化妆、洗护发习惯尽收眼底。在调查中，宝洁发现消费者认为滋润而又具有生命力的黑发最美。

宝洁还通过一二手资料的调查发现：将一根头发放在显微镜之下，你会发现头发是由很多细微的表皮组成的，这些称为毛小皮的物质直接影响头发的外观。健康头发的毛小皮排列整齐，而头发受损后，毛小皮则是翘起或断裂的，头发看上去又黄又暗。而润发露中的滋养成分能使毛小皮平整，并在头发上形成一层保护膜，有效防止水分的散失，补充头发的水分和养分，使头发平滑光亮，并且更滋润。同时，润发露还能大大减少头发的断裂和摩擦，令秀发柔顺易梳。

宝洁市场调查表明，即使在北京、上海等大城市也只有14%左右的消费者会在使用洗发水后单独使用专门的润发产品，全国平均还不到10%。而在欧美、日本、香港等发达市场，约80%的消费者都会在使用洗发水后单独使用专门的润发产品。这说明国内大多数消费者还没有认识到专门润发步骤的必要性。因此，宝洁推出“润妍”，一方面是借黑发概念打造属于自己的一个新品牌，另一方面就是把润发概念迅速普及。

第一节　广告市场调查的内容

一、广告市场调查的概念

1. 广告环境

广告环境可以分为大环境和小环境。大环境的调查是对影响广告活动和营销活动的经济、政治、社会文化、自然地理等宏观环境调查。广告的宏观环境是指影响和制约广告活动产生、发展及结果的间接环境，包括经济环境、科学技术环境、社会文化环境、政治环境、法律环境等。

广告市场小环境是指广告的市场环境，包括市场态势、产品情况、消费者分析、广告主及竞争者的优势和劣势。广告的微观环境是指影响和制约具体广告活动的直接环境，包括市场结构、竞争对手状况、广告主身状况、广告产品、消费者情况、媒介状况等直接影响现代广告策划、创意、制作、实施等方面的因素。微观环境是现代广告策划过程中进行环境分析的主要部分，因而也是广告调查的重中之重。

这些因素看似与广告活动和市场活动没有直接联系，然而却在某些情形下产生不可忽视的作用。下面对这些环境要素逐一作出分析：

（1）政治、法律环境。

政治环境包括国家政策、法令、条例、重大活动、事件、政治现状的走向等。比如，我国近年来对药品、保健品行业的整顿，如出台新的药品审查制度、禁止地方标准的药品在媒体上发布广告、取消健字号等，就对医药产品的广告和市场推广产生了重大影响。

广告活动还要受其政治和法律环境、管理监督环境的控制和影响。政治和法律环境是指那些控制和影响社会各种组织和个人的法律、政府机构。不同国家的政治形态和法律规定差异很大，比如有关儿童广告、医疗广告、烟草广告等相关规定，各国差异就非常大。从事国际市场营销的企业，必须研究各地的法律规定，避免触犯当地的广告法规。对广告进行监督，主要是通过法律政令监管、行业自律、舆论监督、消费监督等途径来实现。

（2）经济环境。

经济环境包括经济制度、经济发展阶段和购买力状况等内容。经济环境中的购买力因素对市场营销和广告活动有着直接影响。

所谓购买力，是指社会各方面在一定时期用于购买商品或劳务的货币支付能力，是构成市场和影响市场规模大小的一个重要因素。购买力主要是由消费者的收入、支出、储蓄和信贷等因素影响和决定的。消费者收入包括消费者个人的工资、奖金、赠予等收入，其收入状况决定其购买力水平。一般来说，消费者收入增加，会引起消费支出增加，导致市场扩大；收入的增加，也会使储蓄增加，产生潜在购买力，扩大社会总需求。

消费者的收入，又可分为货币收入和实际收入。在货币收入不变的情况下，如果物价下降，其实际收入便增加；如果物价上涨，则实际收入降低。消费者收入的波动，往往导致需求的波动，从而影响企业的经营，进而在广告业引起连锁反应。

（3）社会和文化环境。

人类在某种社会中生活，久而久之必然会形成某种特定的文化，包括一定的态度和看法、价值观念、道德规范以及世代相传的风俗习惯等。文化是影响人们欲望和行为的重要因素。广告要有针对性地向目标消费者进行诉求，必须研究文化、社会阶层、参考群体等因素。

（4）科学技术环境。

科学技术进步，不仅对社会环境和经济环境产生重大影响，而且也对消费者、企业经营直至广告行业自身发展产生巨大作用。新的科学技术会使广告作品的制作工艺提高，增强广告的表现力；科学为广告传播提供必要的物质技术条件，科学的发展延伸了广告传播的覆盖域，加快了广告信息的传输速度，进而扩大了广告的社会影响力。

(5) 自然环境。

自然地理环境包括市场所处的地理位置、气候条件、交通运输及其他重要自然特征。

小案例 2-1　广电总局实施广告新政　地方台面临更多变数

国家广电总局颁发了《广播电视广告播放管理暂行办法》(以下简称《办法》)。《办法》规定，各广播电视播出机构每天播放广告的总量不得超过节目播出总量的 20%；在 19 点至 21 点的黄金时间，电视广告总量不得超过 15%，即 18 分钟，在这一时间内所播放的电视剧中间不得插播广告；在其他时间播放电视剧时，每集中间允许插播一次广告，插播时间不得超过 2 分 30 秒。此外，《办法》规定，在用餐时间，各广播电视播出机构不得播放治疗脚气、痔疮、卫生巾等类广告。《办法》规定各级广播电视管理部门要有专门的机构负责对所辖广播电视播出机构广告播放的日常监管，对群众有关广播电视广告播放活动的批评投诉必须及时处理并给予答复，保障和促进广播电视广告健康持续发展。

2. 广告调查的含义

市场情况在不断地发生变化，而促使市场发生变化的原因，不外乎资金、产品、价格、分销、广告、推销等市场因素和有关政治、经济、文化、地理条件等市场环境因素。这两种因素往往又是相互联系和相互影响的，而且不断地发生变化。企业为适应这种变化，只有通过广泛的市场调查，及时了解各种市场因素和市场环境因素的变化，从而有针对性地采取措施，通过对市场因素，如价格、产品结构、广告等的调整，来应对市场竞争。对于企业来说，能否及时了解市场变化情况，并适时适当地采取应变措施，是企业能否取胜的关键。

广告调查，通常是指和广告有关的部门或单位，为了编制广告计划、掌握广告设计资料、检验广告效果、实现广告目标、广泛收集相关信息的行为。从广义上讲，广告调查是指广告活动中所有的收集、运用材料的行为；从狭义上讲，广告调查是指采用科学的方法，按照一定的程序和步骤，有目的、有计划、系统地搜集、分析有关消费者、产品与服务业形象以及广告效果等方面信息的行为。

广告调查有助于广告主对产品概念的定义，选择目标市场，并研究出所要传达的广告信息是什么。

二、广告市场调查的特点

1. 目的性

广告调研不能漫无目的,因为这样必然造成调研的某些结果与广告策划的实际需要不相符合,甚至相去甚远,从而造成财力与人力的浪费,也给分析研究人员带来不必要的麻烦,给企业的广告活动带来巨大的损失,因此,广告调研必须具有明确的目的。这也是由产品自身的特点和广告活动的特点决定的。

比如,对新产品的广告调研和对老产品的广告调研就有所不同,前者更具风险性和挑战性,一个好的广告可能会使新产品迅速占领市场,而一个劣质广告可能会葬送新产品;对于后者,则要求有目标地找出产品的优势和劣势,扬长避短,保持并提高其市场占有率。

2. 科学性

广告调研对市场状况进行分析和判断,不能凭借个人经验或主观猜测,而是采用现代科学技术手段,经过一系列严密的程序,在科学分析论证的基础上得出结论。广告调研借助的方法包括运用抽样调查法、观察法、实验法和态度测量表法等现代调查技术进行市场调查;运用电子计算机分析、整理市场情报资料,建立反映市场需求结构及其变动的调查模型;运用数理统计方法对调查结果进行误差分析等。其中,每项程序或环节都建立在科学、严密、准确无误的基础上。

3. 系统性

广告调研在指导思想上坚持从系统的观点出发,把影响广告策划的各种因素视为一个有机的系统,注重研究各种因素之间的内在联系,从因素的联系、制约和相互作用中把握市场需求的变化趋势及运动规律。同时,广告调研把对某种产品或某个局部市场的需求调查作为子系统,将其与市场的总体调查按照一定层次联系起来,形成一个完整有序的广告调研系统。

4. 经济性

广告调研是企业市场调查的组成部分,它和企业的其他经济活动一样,要考虑经济效益,即尽可能用最少的费用来完成预期的广告调研目标。因此,在进行广告调研时,一般应考虑以下问题:

(1) 如何利用现有资料。广告公司资料库的现有资料及图书馆、研究机构、政府统计部门、企业等处的现有资料,特别是互联网上的相关资料,都是广告调研时应重点收集的。若善于利用这些资料,便能节省大量调研费用。

(2) 如何进行实地调研。广告公司应确定实地调研的资料数量,根据费用效果比,决定自行组织调研还是委托专门调查公司调研。一般来说,能够自行调研的部分尽量自行解决为好。

三、广告调查的作用

广告调查与市场调查在方法和原则上是共通的,其作用如下:

1. 广告调查为现代广告策划提供科学的依据

在产品高度同质化的情况下,每一种产品都会出现多种品牌竞争的局面,产品要想在竞争中脱颖而出,需要广告赋予其不同凡响的特点和风格,否则就有可能被淹没在市场的汪洋大海之中。而这就需要现代广告策划者通过具体的广告调查了解市场、产品、消费者以及媒介的情况。广告市场调查是现代广告策划的依据和参考,是整个广告活动的开端,广告调查的数据和资料为广告活动提供准确可靠的依据和参考。如果对消费者的人口特征、购买行为与动机和习惯等知之甚少,就不能确定目标市场,广告目标也是空中楼阁;如果对相关媒体的基本情况不够了解,就难以找到最适宜分布广告信息的媒体,而造成广告投入的浪费;没有充分有效的广告调查,现代广告策划也成了无源之水、无本之木,空有表面的口号和目标而没有实现的可能。

2. 广告调查为广告的创意、设计和制作提供实际素材

广告的创意、设计和制作需要大量生活素材,只有从大量的生活素材中提炼出新颖独特的广告创意,才能够实现打动人心的广告效果。广告创意的本质是一种广告策略,而广告策略绝不是闭门造车就可以产生的。曾有广告大师这样说过,“好的创意是用脚想出来的”。也就是说,只有深入社会、深入实践,进行广泛的调查研究才能获得好的广告创意。

只有通过广告调查,才可能确定创意方向,才可能为广告的创意、设计、制作提供丰富的实际素材。

3. 开展市场调查有利于新产品的研制与开发

进行市场调查常常可以发现市场上某一商品生产的空白点,企业决策者则可依据市场调查所显示的空白点研制开发新产品,率先占领市场。市场经营规律告诉人们:第一个打入市场的产品无疑是市场中的领导者品牌,而领导者品牌的销售量则是随后而至同类产品销量的数倍以上。所以,从这点来说,新产品的研制、开发均离不开市场调查。

小案例 2-2

获得2000年广州日报杯全国广告作品评选活动房地产广告类唯一金奖的东润枫景系列广告的成功离不开蓝色创意广告公司对楼盘所作的深入细致的广告调查。东润枫景楼盘毗邻北京中央商务区，被一片数百公顷的城市绿化带环绕，由加拿大设计公司担任设计。

蓝色创意公司将楼盘的定位缩小为“一个适合生活的地方”。他们在调查分析社区环境、区位、规划、建筑风格与气质后，将目标消费者确定为北京中央商务区的中高级白领，即所谓的“高级灰”。在为期半个月的访谈和调查取证后，创作人员收集到与目标消费者的生活形态、消费心理、思想状态、价值观等相关的许多资料后发现：他们有较高的教育文化背景、有审美鉴赏力、懂得享受生活、有生活情趣、有独立的思想和态度，休闲活动以看书、旅游、听音乐、看影碟、会友及健身为主，有优越的物质生活条件，但这是以长期超负荷工作为代价的，多数人已经不是第一次置房产，而再次购房是为了提高生活质量。比较固定的媒体选择是《三联生活周刊》、互联网等。在这个基础上，创作人员对楼盘的目标消费者有了较高的认识，为接下来寻找楼盘与消费者之间的沟通打下了基础。把“发现居住的真意”作为中心广告语后，创作人员进一步开展调查，以寻找这一理念的承载元素，于是全公司的人都来参与，调动各种人际关系与“高级灰”们进行更为深入的接触。这一调查的结果是，咖啡、音乐、书、绘画四样东西成为东润枫景园的识别物，也就顺理成章地成为具体的广告作品的主角。在广告表现上，鉴于“高级灰”们的文化水平、思维方式和优越的地位，广告以智慧的生活观点与受众沟通；由于目标群有一定的审美能力和生活情趣，广告在视觉设计上为受众留下了足够的想象空间；广告更着力以感性诉求表现社区的人文环境，并十分注意细节的雕琢，以营造幽雅、闲适的整体氛围。广告活动实施后，在房展会上一鸣惊人，销量达到广告开始前三个月销量总和的三倍，展会期间七成的客户看过并记得广告。年度销售总结中，71%的住户是三资企业的中高层白领，16%的住户是自由职业者。

实践证明，广告调查不仅对现代广告策划有依据和参考作用，还对广告创意和广告表现都有参考作用，广告调查也可以在媒体计划时成为媒体选择和组合的依据。

4. 广告市场调查有助于准确测定广告效果，评估广告活动

广告效果是广告主最关心的问题，在广告实施之前的事前调查，可以及时

发现问题、纠正失误:在结束后进行调查,可以评估整个广告活动。

任何一个企业只有在对市场情况有了实际了解的情况下,才能有针对性地制定市场营销策略和企业经营发展策略。在企业管理部门和有关人员要针对某些问题进行决策时,如进行产品策略、价格策略、分销策略、广告和促销策略的制定,通常要了解的情况和考虑的问题是多方面的,主要有本企业产品在什么市场上销售较好,有发展潜力;在哪个具体的市场上预期可销售数量是多少;如何才能扩大企业产品的销售量;如何掌握产品的销售价格;如何制定产品价格,才能保证在销售和利润两方面都能上去;怎样组织产品推销,销售费用又将是多少等。这些问题只有通过具体的市场调查,才可以得到具体的答复,而且只有通过市场调查得来的具体答案才能作为企业决策的依据,否则,就会形成盲目的和脱离实际的决策,而盲目往往意味着失败和损失。

四、广告市场调查的内容

广告活动是通过广告媒体向目标市场宣传产品,引起消费者的兴趣,促使消费者购买,最终使企业在市场竞争中取胜的过程。因此,为制作有效广告所进行的广告市场调查应包括广告环境调查、广告主体调查、目标市场调查、市场竞争调查、广告媒体调查、广告效果调查等方面的内容。

(一) 广告环境调查

广告环境就是与广告宣传有一定联系、对广告宣传有一定制约作用的各种条件。由于广告宣传所涉及的因素很多,所以广告环境相当复杂。大体而言,广告环境主要包括地理环境和人文环境。广告的地理环境主要是指广告传播地区的自然环境,特别是广告的目标市场所处的地理位置、交通状况、生态特征、气候特点等。不同地理位置的消费群体往往有特殊的消费需求及习惯,对广告媒体的选择、商品的类型和商品的需求总量等都有制约关系。如我国南方、北方地区,由于气候条件不同,对空调、冰箱等产品的需求差异很大。因此,广告活动要适应地理环境的特点,采取不同的广告方式,以取得最佳的广告效果。人文环境包括的范围极广,主要包括政治法律环境、经济环境和社会文化环境。它们对广告活动的具体开展具有很强的制约作用。

1. 政治法律环境调查

主要包括国家政策法规、地方政府政策法规,具有政策性、法律性的条例、重大政治活动、政府机构情况等。对政治法律环境的分析、了解和掌握,对企业的市场营销和广告策划都十分有益。

2. 经济环境调查

包括世界经济环境、国内经济环境、行业环境等内容。企业的市场营销和广告活动都是在一定的经济环境下进行的，而经济全球化的趋势正加快发展，各国间的经济影响也越来越大，因此，掌握国内外的经济发展趋势对广告人员十分重要。

3. 社会文化环境调查

主要包括人口状况、家庭结构、民俗风情、文化特点、生活方式、流行时尚、民间节日和宗教信仰等内容。广告企业必须对目标市场的社会文化环境进行充分的分析和研究，尤其要注意少数民族禁忌和宗教信仰，这样才能将广告的表现方式把握好。否则，不仅浪费了金钱，还会降低甚至破坏企业的声誉。

(二) 广告主体调查

广告主体是企业及其产品。在对企业及产品有了充分了解认识的基础上，创作出的广告才能准确地宣传企业形象，传递产品信息，使广告受到消费者的喜爱，激发消费者的购买欲望。

1. 企业调查

为制作广告而进行的企业调查，应该侧重企业的发展历史、综合实力、同行业地位及企业形象等方面。企业何时创立，创立的背景如何，创立以来的发展状况，发展规划与战略，企业现有规模包括资产负债、产值利润、技术装备、工人人数及素质，产品种类及规格，企业管理模式、管理组织和制度，企业文化建设，企业在国际、国内同行业中的地位，企业品牌形象、技术形象、市场形象、经营者形象，企业视觉识别等。这些似乎与广告内容无关，但对于企业和广告代理公司来说，却是不可缺少的。进行企业调研，对于宣传企业形象，准确把握企业特色，提高广告的说服力和渗透率，具有极其重要的作用。

2. 产品调查

产品调查是广告市场调查的一项重要内容，对于已经上市的产品，必须花费力气调查清楚。要了解产品的诸多方面，比如产品的生产情况、性能情况、类别情况、生命周期情况、服务情况，我们还要通过调查了解同一类产品市场的结构，以及在此同类产品中不同品牌的特点和在市场中的位置等，进而打造出差异化较高的产品。产品调查内容主要包括：

(1) 广告产品新概念调查。广告产品新概念调查是一种全新意义的产品或服务，它会给消费者带来一种全新的生活感觉和方式。比如，我们生活中本没有净水机器的概念，而它的产生是由于水的污染、生态的破坏而引起的人的健康意识的需要，应该说是源于人们对生活质量的要求不断提高。但是这种思想逐步清晰后，它究竟能为人们的生活带来哪些利益？消费者能否接受这种概念？这种概念是否能够通过一种有形的物品来体现？是否具有开发价值？转换成某种有形的物品后，会不会有人去尝试？有多少人能够接受？这些都需要调查分析才能得出结论。

（2）产品自身调查。如对产品的类别、规格、性能、色彩、风格、技术、指标、产品的适应性，同类产品的替代性，相关产品的互补性，产品的生命周期等的调研。

（3）产品包装调查。在产品的包装物上，大都印有商标、商品性能、用途、保存及使用方法和其他具有广告性质的图像和文字，产品包装本身就是一种广告形式，对此也应进行调研。

（4）产品销售状况调查。如产品的日销售额、月销售额、年销售额、不同地区的销售额、同一地区不同销售单位的销售额及其变化规律，地域、社会、人文、政治等因素对产品销售量的影响状况等的调研。

（5）产品销售过程中的市场表现及获奖情况调查。如产品的国际、国内获奖情况、认证情况、市场表现、媒体的报道及消费者的评价等。

（三）目标市场调查

企业的目标市场，就是企业根据自己的生产经营能力、人财物的资源状况，以及目标顾客群的不同要求，将市场按照一定的标准加以细分，来确定销售服务对象市场。广告的目标市场客观上受到企业目标市场的约束。企业及广告公司确定广告的目标市场，必须在市场细分化的基础上，经过充分的调查研究，从中选择最有效应的市场面，作为广告宣传的主要对象。

广告目标市场调查包含在市场细分的过程中。通过市场细分，目标市场的消费者情况一目了然，有助于广告创作人员把握不同消费市场的特点，准确地把广告焦点对准广告目标，使广告制作有的放矢。

细分目标市场所依据的参数比较多，如地理参数、人口参数、心理参数和行为参数等。它们对广告目标市场的影响是不同的，因此也规定了广告目标市场的调查内容。

（四）市场竞争调查

在市场经济条件下，同类商品的竞争十分激烈。作为一个公司或企业，要在激烈的市场竞争中得以生存和发展，必须充分了解竞争态势和竞争对手的状况。广告调研中，对市场竞争和竞争对手的调研，主要从以下几方面考虑：

1. 同类企业或产品的市场竞争状况

竞争状况调查是广告市场调查的重点，包括它们各自的生产经营管理水平、所占市场份额、产品结构、广告投放、媒体选择组合、促销活动设计，尤其是销售的组织状况、规模与力量、销售渠道选择的方式，还有销售服务、售后服务方式及消费者的评价。另外，还有诸如生产者的技术资源、人力资源和投资背景及在产品的设计、技术、生产、包装、价格方面的信息。通过分析，针对竞争对手的优势和劣势，才能更好地制定有效的营销和广告策略。

2．竞争对手媒体监测

通过大众媒体和其他广告媒体的监测，了解竞争对手的广告投入费用、广告代理商、广告媒体、广告表现形式及广告效果等，研究分析竞争对手在广告宣传策略、广告内容创作和广告媒体选择上的成功经验或失败教训，从而不断改进和修正自己的广告策略和表达方式。这样既可以在广告创作中避免作品的雷同，又可以在他人基础上，创作出独具匠心的广告。西方国家有着比较完善的广告监测手段和服务系统，一般是由专门的广告调查公司来专职进行广告监测工作。一旦有客户提出要求，他们就可以提供这方面的有关资料。有些大公司为了适应激烈的市场竞争，还建立了自己的媒体监测体系，随时监测竞争对手的广告活动，以不断进行自我改进和提高。

（五）广告媒体调查

广告媒体调查是指对各种广告传播媒体的特征、效能、经营状况、覆盖面、收费标准等进行的调查。通过媒体调查，企业可以根据广告的目的要求，运用适当的广告媒体，取得更好的广告效果。

1．报刊媒体调查

（1）媒体性质。如报纸是日报还是晚报，是机关报还是行业报，是专业报纸还是知识性、趣味性报纸等；杂志是专业类杂志还是大众类杂志，是月刊还是季刊、年刊等。

（2）媒体发行量。发行量越大，覆盖面越广，千人广告费用就越低。在调查报刊媒体发行量的同时，还要调查在发行范围内各地区的比例，以便了解报刊在各地区的接触效果。

（3）读者层次。从年龄、性别、职业、收入等方面调查报刊读者的构成情况及其阅读时间、种类等。

2．广播电视广告媒体调查

（1）传播范围。调查广播电台和电视台节目的覆盖范围。

（2）节目编排和构成。调查媒体广播电视节目的组成，了解有特色、质量高的节目，以确定广告投放时段。

（3）视听率。调查各个广播电台、电视台节目的收听收视率，确定广告受众收听收看广播电视节目的时段及对广告节目的关注程度等。

（六）广告效果调查

广告效果调查是在广告制作、发布过程中，为了检测广告效果，评价广告作用而进行的调研。广告效果调查一般分事前调查、事中调查和事后调查。广告效果的事前调查，是指在广告发布前对广告目标对象所作的小范围调查，了解消费者对该广告的反应，据此改进广告设计和创作。事中调查是指在广告作品正式发布后到整个广告活动结束之前的广告效果的调研，主要是针对广告作品和广告媒体的选择运用方式的调研。广告效果的事后调查，是指广告活动结束后对广告效果所做的调研，以确定广告的实际效果，总结经验，在下次广告活动中取得更佳的广告效果。广告效果调查的内容主要有对广告经济效果的调查、对广告心理效果的调查、对广告社会效果的调查。具体来说，就是在广告制作、发布的不同阶段，对广告创意及其表达效果的调查，对媒体、媒体选择的调查，对目标顾客接受广告的态度及对广告评价的调查，对社会各界接纳企业形象的效果的调查，对广告为企业带来的实际经济效果的调查等。

第二节　广告市场调查的步骤

广告调研的程序是指广告调研从开始准备到结束全过程工作的先后次序和具体步骤。在广告调研活动中，建立一套系统的科学程序，有助于提高广告调研的工作效率与质量。一般来说，广告调研的全过程大体可分为准备阶段、调查实施阶段以及分析和总结三个阶段，每个阶段又可以划分为若干具体步骤。

一、准备阶段

这是广告市场调查工作的开端。准备是否充分，对于实际调查工作和调查的质量影响很大。广告调查准备阶段的主要任务是明确调研的目的、要求，广告调查的范围和规模，调查力量的组织等问题，在此基础上，制定调研方案和计划。

（一）明确调查目标

对于每一项具体化的调查工作来说，首要的是必须明确：通过这项调查，试图达到什么样的目的；对这个课题的研究，能够帮助我们解决什么样的问题。因此，调查目标必须清楚地阐明并以一种假设性的方式提出，如调查市民对摩托车的需求量在三年中的变化，那么，这个目标就是“摩托车需求量在这三年中的变化”，为了使调查的最终结论产生意义，可以根据直观印象来假设这种需求在三年内已经产生了某种变化，这就是调查目标的确定。一个可靠的调查结论能够帮助组织解决各自的生产或销售问题。

调研目标的确定是制订广告调研计划的第一步，是一个由抽象到具体、由一般到特殊的过程。调研人员首先要限定调研的范围，找出企业营销活动和广告活动中存在的问题；然后根据现有的基础资料、企业运转的实际情况、生产经营活动、产品的现状及企业外部资料，进行合乎逻辑的推理和科学的判断，提出几个假设目标；最后缩小问题范围，确定调研目标。

在调查目标确定过程中，特别要注意的是，不能受传统的思维方法和观念束缚，力戒主观因素在验证假设中的影响；调查中的假设应不带偏见，在未经证实之前，它们都不是结论。

（二）对调研本身进行可行性研究

广告调查部门对初步提出来的调查目标，要收集有关资料作进一步分析研究，必要时还可以组织非正式的探测性调查，以判明问题的症结所在。同时，要根据广告调查的目的，对调查的范围和规模大小，调查的力量、时间和费用，从经济效益和社会效益角度进行可行性研究。如果原来提出的调研目标不切实际，或涉及面太宽，调查的范围和规模过大，内容过多而无法在限定时间内完成调查任务，就应对调查目标进行调整，以免造成人力和财力的浪费。

（三）拟定调查方案和工作计划

对广告调查目标经过上述可行性分析和研究之后，如果决定要进行正式调查，就应制定周详的调查方案和工作计划。制定调查方案是广告人员根据组织形象的现状和目标要求，分析现有条件、设计最佳行动方案的过程。其内容包括调查指标设计、广告调查对象及调查活动规划三个部分。

1. 调查指标设计

一项广告调查的指标通常由下列几个部分组成：

（1）调查的指导思想，即对选题的意义、重要性和调查的思想方法、注意事项等作出概要说明。

（2）调查的对象和范围，即对调查什么及其存在领域和范围作出界定。这不仅对开展调查有指导意义，也是调查结论存在的重要前提条件。

（3）调查指标内容。调查指标的设计应与调查目的相吻合，如果调查是以探测性为目的，即要对某个问题达到初步的认识和粗略的了解，调查指标设计就应主要用来描述其状态或过程，以收集有关社会现象的信息。如果是以解释性为目的的调查研究，那就要注重对问题因果关系的探讨，为分析原因打下基础。此外,有些调查指标还应根据调查课题的需要,描述组织在相关问题方面的现实状态与追求目标之间的差距;有些指标设计离不开理论假设的指导,所谓理论假设就是对调查问题可能依据的一些条件或情况作出主观判断,然后再经过实际的调查去验证那些假设是否成立,从而找到解决问题的途径。

2. 广告调查对象

广告调查对象是解决"向谁调查"的问题,在进行社会调查过程中,我们感兴趣的是社会现象或社会问题,因此着眼点是整体、集合,而不是某个孤立的个体;但另一方面,调查研究对象作为整体,又是由个别单位构成的,我们在实际调查时,往往就是从这些个别单位入手进行广告调查。

3. 调查活动规划

调查活动规划是广告调查的主体部分,就是对具体调查工作进行策划,把调查活动的具体步骤、各个环节都详细地计划出来,形成一种谋划方案,以指导和控制实际的调查活动。虽然不同的广告项目其活动方案规划是千差万别的,但一般具有以下内容:① 确定并规划完成调查课题的一系列调查方法和措施;② 设计调查步骤并作出时间规划;③ 确定调查活动的人员配置和人员培训措施;④ 经费预算和各种调查必备物品的选用及分配;⑤ 替补方案和各种补救措施的规划。

总之,广告调查活动在原则及内容等方面应遵循方案策划的基本要求;同时,广告调查作为一种采集信息的技术,广告人员在实际应用中要根据具体情况,灵活规划活动方案。

二、实施阶段

广告调查方案和调查计划经有关部门或领导批准以后,就进入了调查实施阶段。这是广告调查中最复杂的阶段。这一阶段的主要任务是,组织调研人员深入实际,按照调查方案或调查计划的要求,系统地收集各种可靠资料和数据,听取被调查者的意见。这一阶段大体包括以下步骤:

(一) 设立广告调查机构,组织调研人员学习或培训

广告调查部门应根据调查任务和调查规模的大小配备调查人员,建立广告调查队或小组。调查人员可以是本单位调查部门的专职人员,也可以是从其他部门抽调的人员,对调研人员的选择将直接关系到广告调查的质量。

为了保证调研结果的可靠性,需要集中组织调研人员学习或培训。其主要内容包括:明确调查方案,掌握调查技术,了解与广告调查目标有关的方针、政策、法令和必要的经济知识、业务技术知识等,也可对调查人员进行模拟训练,

将调查过程中可能碰到的问题充分表现出来，以锻炼受训者应付、处理实际问题的能力。

（二）组织调研人员，收集现有资料

广告调查所需的资料，可分为原始资料和现有资料两大类。原始资料是指需要通过实地调研才能取得的第一手资料。现有资料是指政府机关、企事业单位或个人现有的第二手资料，取得这部分资料比较容易、花费较少。在实际调查中，应当根据调查方案所提出的资料范围和内容，尽可能组织调研人员收集现有资料。

1. 收集现有资料的途径

（1）从本单位资料室收集。内部资料可以责成有关人员提供。

（2）从外单位或个人收集。根据所需资料的性质，向有关单位或个人收集。

（3）从图书馆收集。有关报刊、文献上公开发表的文章、公报等资料，可以以此途径收集。

（4）从互联网上收集。遵循网络规范，通过 Usenet 讨论组、电子邮件讨论组及有关单位的网站，收集与广告调研目标有关的资料。

2. 收集现有资料应注意的事项

（1）必须保证资料的准确性和可靠性。

（2）对于统计资料，应弄清指标的含义和计算的口径，必要时应调整计算口径，使之符合调查项目的要求。

（3）对某些估计数据，要了解其估算方法和依据，判断其可靠程度。

（4）某些保密资料，应当根据有关保密的规定，由专人负责收集、保管，严防泄密。

（三）确定调查单位，收集原始资料

在广告调研中，仅靠收集第二手资料是不够的，还必须实地调研收集原始资料，这样才能保证资料收集的完整性和客观性。在实地调研中，应当根据调研方案所确定的方式，先选择好调研单位，然后由调研人员通过常用的观察法、实验法和问卷法，直接向被调查者收集第一手资料。

在此阶段的主要工作就是问卷资料的搜集，最普通的方法是由被调查者自行答卷和调查人员访谈两种。问卷发放的总数与回收上来的数目之比称为回收率。对于回收率，调查人员应有足够的估计，100% 的可能性是很小的。美国社会学家肯尼迪·贝利认为 50% 的回收率是可以令人满意的，60% 是相当成功的，而 70% 以上则可以说是非常成功的。这可以作为我们的一个参考系数。

小案例 2-3

曾经有两位美国社会学家对美军在越南战争中的士气问题进行调查，他们使用了系统的抽样方法，选择逢10的号码作为样本，然而结果完全出乎意料，官兵的士气远比假设的要高。经过对抽样方法的鉴定，他们悟出了一个道理：原来军队的花名册排列是由“三等兵、二等兵……少尉、中尉、上尉”的顺序排列的，每10个人恰好构成一个循环；这样，他们逢10抽取的样本都是清一色的某个军阶的军官，而军官的士气相对来说要高。这样的调查结论在推及军队官兵总体时就失去了意义。两位美国学者后来对此作了改进，将每一军阶的士兵或军官放在一组，将第1—100号列为三等兵组，第101—200号列为二等兵组……，然后重新系统抽样，最后得出的结论推及总体时就较全面、客观、富有代表性。

三、结果处理阶段

调查工作全部结束之后，无疑会搜集到大量的资料。这些资料如果未经加工整理和分析，是不能用以说明任何问题的，因此，有必要对全部资料进行系统的加工整理，以便为下一步的资料分析工作做好准备。

（一）整理分析调研资料

1. 资料的检查、核实和订正

对于调查所得资料，在整理编校过程中，首先要检查资料是否齐全，有无重复或遗漏之处，是否有差错，有关数据之间是否有矛盾；然后对资料中所存在的问题，及时复查核实，予以订正、删改或补充，力求资料真实可靠；最后将挑选出来的全部资料按照一定的逻辑顺序排列，使之前后连贯一致，并且根据实际需要，将其中某些数据进行换算或调整，以便进行比较。

2. 资料的分类汇总

分类汇总工作是把已搜集到的并经过编辑选取出来的大量资料从形态上进行编组或按大类分堆集中，使之成为某种可供备用的形式。这项工作必须在资料分析工作开始前做妥。汇总资料从建立专用的资料卷宗入手，根据广告调查报告主要叙述的题目，设立卷宗对有关资料按价格、竞争企业、消费情况、市场环境等分专题入卷归案，以供随时调用。同时，为解决一份资料多种用途的问题，还应建立资料互查表和统计工作表。

3. 资料的分析和综合

资料的分析和综合是一项难度很大的工作，一般可以采用数理统计方法，如多元回归分析、因素分析、判断分析、相关分析和多向量表等方法，运用相关软件如 SPSS、SAS 等对信息资料进行多变量分析，找出变量之间的相互关系，结合各变量的内在联系，从中得出合乎实际的结论。

（二）编写调查报告

广告调查报告是对广告调查工作的书面总结报告，建立在客观反映市场情况和如实分析数据资料的基础之上，是调查工作的最后成果。它不能有任何虚假成分和主观臆断，否则将直接损害企业的切身利益，也将危及广告调查部门的声誉。

广告调查报告的格式一般由标题、目录、概述、正文、结论与建议、附件等几部分组成。

1. 标题

标题和报告日期、委托方、调查方，一般应打印在扉页上。一般要在与标题同一页，把被调查单位、调查内容明确而具体地表示出来。有的调查报告还采用正、副标题形式，一般正标题表达调查的主题，副标题则具体表明调查的单位和问题。

2. 目录

如果调查报告的内容、页数较多，为了方便读者阅读，应当使用目录或索引形式列出报告所包括的主要章节和附录，并注明标题、有关章节号码及页码。一般来说，目录的篇幅不宜超过一页。例如：

目　录

1. 调查设计与组织实施
2. 调查对象构成情况简介
3. 调查的主要统计结果简介
4. 综合分析
5. 数据资料汇总表
6. 附录

3. 概述

概述主要阐述课题的基本情况，它是按照市场调查课题的顺序将问题展开，并阐述对调查的原始资料进行选择、评价、作出结论、提出建议的原则等。主要包括三方面的内容：

第一，简要说明调查目的。即简要地说明调查的由来和委托调查的原因。

第二，简要介绍调查对象和调查内容，包括调查时间、地点、对象、范围、调查要点及所要解答的问题。

第三，简要介绍调查研究的方法。介绍调查研究的方法，有助于使人确信调查结果的可靠性，因此对所用方法要进行简短叙述，并说明选用方法的原因。例如，是用抽样调查法还是用典型调查法，是用实地调查法还是文案调查法，这些一般是在调查过程中使用的方法。另外，在分析中使用的方法，如指数平滑分析、回归分析、聚类分析等方法都应作简要说明。如果部分内容很多，应有详细的工作技术报告加以说明补充，附在市场调查报告的附件中。

4. 正文

正文是市场调查分析报告的主体部分。这部分必须准确阐明全部有关论据，包括问题的提出到引出的结论，论证的全部过程，分析研究问题的方法，还应当有可供市场活动的决策者进行独立思考的全部调查结果和必要的市场信息，以及对这些情况和内容的分析评论。

5. 结论与建议

结论与建议是撰写综合分析报告的主要目的。这部分包括对引言和正文部分所提出的主要内容的总结，提出如何利用已证明为有效的措施和解决某一具体问题可供选择的方案与建议。结论和建议与正文部分的论述要紧密对应，不可以提出无证据的结论，也不要没有结论性意见的论证。

6. 附件

附件是指调查报告正文包含不了或没有提及，但与正文有关、必须附加说明的部分。它是对正文报告的补充或更详尽说明，包括数据汇总表及原始资料背景材料和必要的工作技术报告，例如为调查选定样本的有关细节资料及调查期间所使用的文件副本等。

此外，编写广告调查报告时还应该注意以下几个问题：

（1）坚持实事求是原则。调研报告要如实反映情况和问题，绝不能弄虚作假。对报告中引用的事例和数据资料，要反复核实，内容必须确凿、可靠。

（2）突出重点。调研报告的内容应紧扣调研主题，突出重点。语言要准确精练，条理清晰。

（3）要考虑读者的观点、阅历，尽量使报告适合于读者阅读。

（4）尽可能使报告简明扼要，不要拖泥带水。

（5）用标准格式写作，使用普遍词汇，尽量避免行话、专用术语。

（6）务必使报告所包括的全部项目都与报告的宗旨有关，剔除一切无关资料。

(7) 仔细核对全部数据和统计资料,务必使资料准确无误。

(8) 充分利用统计图、统计表来说明和显示资料。

(9) 按照每一个项目的重要性来决定其篇幅的长短和强调的程度。

(10) 务必使报告打印工整匀称、易于阅读。

第三节 广告市场调查问卷的构成设计

一、广告市场调查问卷构成

广告市场调查问卷是指记载需要调查的影响广告策划、广告定位的有关因素和项目的表式,调查问卷设计得是否完善,直接影响到调查效果。

市场调查是市场运作中必不可少的一个环节,而问卷调查是市场调查中最有效也是被经常使用的一种方法。在问卷调查中,问卷设计是非常重要的一个环节,甚至决定着市场调查的成功与否。

问卷的基本结构一般包括四个部分,即说明信、调查内容、编码和结束语。其中,调查内容是问卷的核心部分,是每一份问卷都必不可少的内容,而其他部分则可根据设计者的需要取舍。

1. 说明信

说明信是调查者向被调查者写的一封简短信,主要说明调查的目的、意义、选择方法以及填答说明等,一般放在问卷的开头。

2. 调查内容

问卷的调查内容主要包括各类问题,问题的回答方式及其指导语,这是调查问卷的主体,也是问卷设计的主要内容。

问卷中的问答题,从形式上看,可分为开放式、封闭式和混合型三大类。开放式问答题只提问题,不给具体答案,要求被调查者根据自己的实际情况自由作答。封闭式问答题则既提问题,又给出若干答案,被调查者只需在选中的答案中打"√"即可。混合型问答题,又称半封闭型问答题,是在采用封闭型问答题的同时,最后再附上一项开放式问题。

指导语就是填答说明,是用来指导被调查者填答问题的各种解释和说明。

3. 编码

编码一般应用于大规模的问卷调查中。因为在大规模问卷调查中,调查资料的统计汇总工作十分繁重,借助于编码技术和计算机,则可大大简化这一工作。编码是将调查问卷中的调查项目以及备选答案给予统一设计的代码。编码既可以在问卷设计的同时就设计好,也可以等调查工作完成以后再进行。前者称为预编码,后者称为后编码。在实际调查中,常采用预编码。

4. 结束语

结束语一般放在问卷的最后面,用来简短地对被调查者的合作表示感谢,也可征询一下被调查者对问卷设计和问卷调查本身的看法和感受。问卷的结尾还可以加上1—2道开放式题目,给被调查者一个自由发表意见的机会。然后,对被调查者的合作表示感谢。在问卷的最后,一般应附上一个“调查情况记录”。这个记录一般包括:

(1) 调查人员(访问员)的姓名、编号;

(2) 受访者的姓名、地址、电话号码等;

(3) 问卷编号;

(4) 访问时间;

(5) 其他,如设计分组等。

具体的调查问卷举例如下:

×××特许经营公众调查问卷

1. 您的基本情况:

性别:□女士　□先生

您的年龄:

□25岁以下　□26—35岁　□36—45岁　□46—60岁　□60岁以上

2. 您的受教育程度:

□初中　□高中/中专等　□大专　□本科　□研究生

3. 您的就业情况:

□在职　□待业　□下岗　□退休　□学生　□军人

4. 您的职位:

□董事长　□部门主管　□总经理/副总经理　□市场营销/销售总监

□财务总监/总会计师　□专业人士　□行政经理/人事经理

□其他(请注明)

5. 您以前是否有过从商经验:

□有　□无

6. 您是否从事特许经营活动:

□是　□否

7. 如果您对特许经营感兴趣,您选择特许项目的标准将依次是:

□加盟费低　□知名度高　□行业有发展潜力　□特许体系完善

8. 您在特许经营方面打算投入多少资金?

□1 万元以下　□1 万—5 万元(含 5 万元)　□5 万—20 万元(含 20 万元)

□20 万—50 万元(含 50 万元)　□50 万—100 万元(含 100 万元)

□100 万元以上

9. 您计划何时开始投资(请选一项)?

□未来六个月　□未来两年　□未来一年　□尚无计划

10. 如果您有投资计划,您最感兴趣的行业将是(请选出所有适用项目):

(1) 餐饮:

□中式快餐　□西式快餐　□正餐　□饮品

(2) 零售业:

□便利店　□百货店　□超市　□服装服饰　□药店　□眼镜店

□其他

(3) 商业服务:

□会计及审计事务　□速印　□速递　□商业清洗　□其他

(4) 汽车服务:

□美容保养　□维修　□租赁　□零配件　□其他

(5) 其他行业:

□教育培训　□洗衣　□美容和保健　□IT 行业　□家居装修

□彩扩店　□房地产中介　□其他(请注明)

11. 您认为最有影响力的特许加盟品牌(请填写三家):

中式快餐:

中式正餐:

西式快餐:

餐饮老字号:

汽车服务:

超市、便利店:

洗衣店:

药店:

美容和保健:

服装专卖店:

12. 您主要从哪些报刊上了解特许经营方面的信息(请列出三个以上)?

____________、____________、____________

13. 您了解《商业特许经营管理办法》吗?

□了解 □不了解

14. 您是否参加过特许经营研讨会或展览会?

□是 □否

15. 您参加活动的主要目的是:

□寻找盟主 □招募加盟者 □了解特许经营相关知识

16. 如果您是加盟者,您对您的特许总部的评价为:

□满意 □一般 □不满意

17. 您认为合格的特许加盟体系应具备以下哪些条件(请选出所有适用项目):

□独立法人资格 □注册商标 □有直营店

□正式签约十天前需向加盟者披露详细真实的信息

□开展特许经营有一年以上时间 □有向加盟者提供服务和支持的能力

□其他

二、广告市场调查问卷设计

广告市场调查的问卷设计从总体上讲应符合如下基本条件:① 问题必须简明扼要和有较强的信息涵盖量。② 问题要符合人们通常的逻辑思维进程,保证能获得对方答复。③ 问题须具有典型意义,能够代表一定阶段内市场发展的基本趋向。④ 问题应便于评议、分析和综合说明。

设计调查问卷是一项技术性很强的工作,除了要求具备以上条件外,设计问卷还要注意概念的确定性,尽量避免一般性问题或与调查内容无关的枝节事项,避免对被调查者进行引导、诱引。

(一) 问卷设计的原则

1. 穷尽性原则

穷尽性是指所列出的答案要包括所有可能的情况,不能有遗漏,不至于部分调查对象因为所列答案中没有合适的可选而放弃回答。对有些不具穷尽性的问题,可以在所列出的若干答案后加上“其他”或“其他(请说明)”。例如:

你的婚姻状况是:

A. 已婚 B. 未婚

本题显然忽略了“离婚”、“丧偶”两种情况，导致部分调查对象无法回答，从而使有效信息流失。需注意的是，若一项调查结果，选择“其他”的比例较高，说明答案设计不恰当，有些重要的带普遍性的类别没有列出，难以达到调查目的，应重新设计答案。

2. 互斥性原则

互斥性是指答案与答案之间不能相互重叠、相互包含或交叉，即对同一个问题，只能有一个选项适合调查对象。例如：

您在医院的职务是：

A. 行政领导　　B. 科室主任　　C. 临床医生　　D. 护理人员

E. 其他

本题中前三项，对某些人员来讲，就可能存在交叉问题。

又如：

您小孩每月零食开支：

A. 50 元左右　　B. 100 元左右　　C. 150 元左右　　D. 200 元左右

E. 高于以上数字。

如果某个小孩每月零食开支 75 元，就难以在 A、B 两项中作出选择。

3. 对称性原则

在提供带有对比性的选项时，要全面考虑，避免片面化，否则设计出的问卷无法客观反映被访者的观点态度。特别是对有对比意义的选项，数目要对称，防止产生误导。例如：

贵公司去年用于员工培训的经费约为 50 万元，你认为今年员工培训经费投入应：

A. 适度增加　　B. 维持不变　　C. 稍做压缩　　D. 大幅减少

E. 取消年度预算转入明年

本题提供的五个选项“重心偏移”，B、C、D 三项含有“减少”之意，含有“增加”之意的仅一项，容易给调查对象以选择有关“减少”选项的暗示。

4. 通俗性原则

就是说，答案中不要使用陌生的、过于专业化的术语，以及那些模棱两可、含混不清或易产生歧义的词或概念。例如：

您的性格属于：

A. 胆汁质　　B. 多血质　　C. 黏液质　　D. 抑郁质

题中涉及的四个选项是心理学专用术语，很多调查对象可能因不懂其含义而无法回答。有必要换另外同义的通俗说法，或对这四个选项加以说明。

5. 梯度性原则

对问卷中涉及渐进性的问题,应该设计若干具有梯度的选项,而且梯度间距应该合理。例如:

你上周阅读长篇小说多少部?

A. 0部　　B. 1—10部　　C. 11—20部　　D. 21部以上

对于本题而言,由于选项之间梯度太大,绝大多数调查对象可能选择前两项。而且,对于选择B项者,也无多大实际统计意义。所以,应该缩间距。另外,在一周时间内看10多部甚至20多部长篇小说,也不符合客观实际。可以考虑将答案选项改为:“A. 未读或不足1部;B. 1—2部;C. 3—4部;D. 5部以上”。

(二) 问卷设计的程序

问卷设计的程序一般包括十大步骤,即确定所需信息、确定问题的类型、确定问题的内容、研究总的类型、确定问题的提法、确定问题的顺序、问卷的排版和布局、问卷的测试、问卷的定稿、问卷的评价。

1. 确定所需信息

确定所需信息是问卷设计的前提工作。调查者必须在问卷设计之前就把握所有达到研究目的和验证研究假设所需要的信息,并决定所有用于分析使用这些信息的方法,比如频率分布、统计检验等,并按这些分析方法所要求的形式来收集资料,把握信息。

2. 确定问卷的类型

制约问卷选择的因素很多,而且研究课题不同,调查项目不同,主导制约因素也不一样。在确定问卷类型时,先必须综合考虑这些制约因素:调研费用、时效性要求、被调查对象、调查内容。

3. 确定问题的内容

确定问题的内容似乎是一个比较简单的问题。然而事实上不然,这其中还涉及一个个体的差异性问题,也许在你认为容易的问题在他为困难的问题;在你认为熟悉的问题在他为生疏的问题。因此,确定问题的内容,最好与被调查对象联系起来。分析一下被调查者群体,有时比盲目分析问题的内容效果要好。

4. 确定问题的类型

问题的类型归结起来分为四种:自由问答题、两项选择题、多项选择题和顺位式问答题,其中后三类均可以称为封闭式问题。

(1) 自由问答题。

自由问答题,也称开放型问答题,只提问题,不给具体答案,要求被调查者根据自身实际情况自由作答。自由问答题主要限于探索性调查,在实际的调查问卷中,这种问题不多。自由问答题的主要优点是被调查者的观点不受限制,便于深入了解被调查者的建设性意见、态度、需求问题等;主要缺点是难于编码和统计。自由问答题一般应用于以下几种场合:作为调查的介绍;某个问题的答案太多或根本无法预料时;由于研究需要,必须在研究报告中原文引用被调查者的原话。

(2) 两项选择题。

两项选择题,也称是非题,是多项选择的一个特例,一般只设两个选项,如"是"与"否","有"与"没有"等。两项选择题的特点是简单明了;缺点是所获信息量太小,两种极端的回答类型往往难以了解和分析被调查者群体中客观存在的不同态度层次。

(3) 多项选择题。

多项选择题是从多个备选答案中择一或择几。这是各种调查问卷中采用最多的一种问题类型。多项选择题的优点是便于回答,便于编码和统计;缺点主要是问题提供答案的排列次序可能引起偏见。这种偏见主要表现在三个方面:

第一,对于没有强烈偏好的被调者而言,选择第一个答案的可能性大大高于选择其他答案的可能性。解决问题是打乱排列次序,制作多份调查问卷的同时进行调查,但这样做的结果是加大了制作成本。

第二,如果被选答案均为数字,没有明显态度的人往往选择中间的数字而不是偏向两端的数字。

第三,对于 A、B、C 字母编号而言,不知道如何回答的人往往选择 A,因为 A 往往与高质量、好等相关联。解决办法是得用其他字母,如 L、M、N 等进行编号。

(4) 顺位式问答题。

顺位式问答题,又称序列式问答题,是在多项选择的基础上,要求被调查者对询问的问题答案,按自己认为的重要程度和喜欢程度顺位排列。在现实的调查问卷中,往往是几种类型的问题同时存在,单纯采用一种类型问题的问卷并不多见。

5. 确定问题的措辞

很多人可能不太重视问题的措辞,而把主要精力集中在问卷设计的其他方面,这样做的结果有可能降低问卷的质量。

下面是几条法则,不妨试试。

(1) 问题的陈述应尽量简洁。

(2) 避免提带有双重或多重含义的问题。

(3) 最好不用反义疑问句,避免否定句。

(4) 注意避免问题的从众效应和权威效应。

6. 确定问题的顺序

问卷中的问题应遵循一定的排列次序,问题的排列次序会影响被调查者的兴趣、情绪,进而影响其合作积极性。所以,一份好的问卷应对问题的排列作出精心的设计。

一般而言,问卷的开头部分应安排比较容易的问题,这样可以给被调查者一种轻松、愉快的感觉,以便于他们继续答下去。中间部分最好安排一些核心问题,即调查者需要掌握的资料,这一部分是问卷的核心部分,应该妥善安排。结尾部分可以安排一些背景资料,如职业、年龄、收入等。个人背景资料虽然也属事实性问题,十分容易回答,但有些问题,诸如收入、年龄等同样属于敏感性问题,因此一般安排在末尾部分。当然在不涉及敏感性问题的情况下也可将背景资料安排在开头部分。

还有一点就是注意问题的逻辑顺序,有逻辑顺序的问题一定要按逻辑顺序排列,即使打破上述规则。这实际上就是一个灵活机动的原则。

7. 问卷的排版和布局

问卷的设计工作基本完成之后,便要着手问卷的排版和布局。问卷排版的布局总的要求是整齐、美观、便于阅读、作答和统计。

8. 问卷的测试

问卷的初稿设计工作完毕之后,不要急于投入使用,特别是对于一些大规模的问卷调查,最好的办法是先组织问卷的测试,如果发现问题,再及时修改。测试通常选择20—100人,样本数不宜太多,也不要太少。如果第一次测试后有很大的改动,可以考虑是否有必要组织第二次测试。

9. 问卷的定稿

当问卷的测试工作完成,确定没有必要再进一步修改后,可以考虑定稿。问卷定稿后就可以交付打印,正式投入使用。

10. 问卷的评价

问卷的评价实际上是对问卷的设计质量进行一次总体性评估。对问卷进行评价的方法很多,包括专家评价、上级评价、被调查者评价和自我评价。

专家评价一般侧重于技术性方面，比如说对问卷设计的整体结构、问题的表述、问卷的版式风格等方面进行评价。

上级评价则侧重于政治性方面，比如说在政治方向方面、在舆论导向方面、可能对群众造成的影响等方面进行评价。

被调查者评价可以采取两种方式：一种是在调查工作完成以后再组织一些被调查者进行事后性评价；一种方式则是调查工作与评价工作同步进行，即在调查问卷的结束语部分安排几个反馈性题目，比如，"您觉得这份调查表设计得如何？"

自我评价则是设计者对自我成果的一种肯定或反思。

（三）问卷问题设计的基本技术手段

1．二项选一法

又称是否法或真伪法。即问题分为两种情况，被调查者只能选择其一。

例如："你是否喜欢喝可口可乐？"

A．喜欢（　）　　B．不喜欢（　）

2．多项选择法

即问卷设计给出两个以上答案，被调查者可在所给答案中选择一项或多项。

例如："在购买电冰箱时，你认为电冰箱哪种指标最重要？"（择一选之）

A．内部容积大（　）　　B．制冷迅速（　）

C．耗电量小（　）　　D．噪音小（　）

E．外形美观（　）　　F．结构合理（　）

3．排序法

即给出若干答案，让被调查者进行选择，并按重要程度排出先后顺序的方法。

例如："促使你买海尔冰柜的主要原因是什么？"（择三并按重要程度排序。）

A．名牌（　）　B．价格（　）　C．广告（　）　D．颜色（　）

E．性能（　）　F．他人推荐（　）　G．售后服务（　）

第一位　第二位　第三位

4．自由回答法

即问卷的问题不拟定答案，被调查者可以不受答案限制，而自由发表意见。这种方法可缩短问答者间的距离，但却难以形成一般性结论。

例如："你喜欢哪种款式的夏装？""你喜欢哪个品牌的化妆品？"

5. 漏斗法

又称过滤法，是指最初提出的问题范围广泛，应答者自由回答，然后逐步缩小范围，到最后所问的则是特殊的专门性问题。这种方法的特点是调查内容逐步概括，并归属调查主题，省略枝节性表面属性的问题，操作简便自然，有利于对调查问题的全局了解。

6. 比较法

即让被调查者对几种产品的品牌、商标、广告等，按照喜欢程度进行比较选择。这种方法不仅判断出所比较项目的顺序，也可以测定出所比较对象间的评价距离。

例如：

	喜欢	较喜欢	一般	不喜欢	很不喜欢
A 牌广告					
B 牌广告					
C 牌广告					

7. 文字联想法

即先列出一些词汇，每一个让被调查者写出他脑海中涌现出的几个字或几句话，主要用于产品、企业等命名调查。

例如："下面有几个名词，逐一去看，看后分别写出你想出的字、词或句。"

A. 长虹　　B. 康师傅　　C. 太阳神

（四）设计调查问卷应避免的问题

问卷调查法是目前在市场调查中的一种常用方法，它是通过所设计的调查问卷，直接对单位或个人进行调查的一种方法。由于它具有简明、通俗、客观、真实、反馈快、保密性好等特点，已被越来越多的企业（公司）、市场研究与咨询机构等所采用。如何通过问卷调查活动获取准确、全面而又有价值和符合要求的资料，关键在于能否设计出一份高质量的调查问卷表。然而，问卷设计需要很高的技巧，它是一门科学，也是一种艺术。缺乏理论和经验往往不能设计出完美的调查问卷，从而使调查无法搜集到准确而全面的资料，不能正确地分析和说明市场的变化情况。在这里我们把调查问卷设计中经常出现的错误作一归纳，并提出相应的对策。

1. 问题定义不准确

一个问题对于每个被调查者而言，应该代表同一主题，只有一种解释。定义不清的问题会产生很多歧义，使被调查者无所适从。

例如，"您使用哪个牌子的洗发液？"这个问题表面上有一个清楚的主题，但仔细分析会发现很多地方含糊不清，如被调查者使用过一个以上的洗发液品牌，则他对此可能会有四种不同的理解或回答：① 回答最喜欢用的洗发液品牌；② 回答最常用的洗发液品牌（最常用但并不一定是最喜欢用的，例如受支付能力的影响）；③ 回答最近在用的洗发液品牌；④ 回答此刻最先想到的洗发液品牌。另外，在使用时间上也不明确：上一次？上一周？上一月？上一年甚至更长时间？都可由被调查者随意理解，这样的问题显然无法搜集到准确的资料。因此，明确定义你的问题极其重要，以下几条或许会对实际工作有所帮助：

（1）采取六要素明确法，即在问题中尽量明确什么人、什么时间、什么地点、做什么、为什么做、如何做六要素。问题的含糊往往是对某个容易产生歧义的要素缺乏限定或限定不清引起的。因此在设计问题或检查问题时，可以参照这六要素进行。如上面的问题在明确几个要素后改为："在过去的一个月中，你在家中使用什么牌子的洗发液？如果超过一个，请列出其他的品牌名称。"这样定义的问题显然明确多了。

（2）避免使用含糊的形容词、副词，特别是在描述时间、数量、频率、价格等情况的时候。像有时、经常、偶尔、很少、很多、相当多、几乎这样的词，对于不同的人有不同的理解。因此，这些词应用定量描述代替，以做到统一标准。下面这个例子中。②显然比①精确得多。

"请问在普通的一个月中，你到百货商店的采购情况如何？"

① A．从不　　B．偶尔　　C．经常　　D．定期

② A．少于一次　B．1—2 次　　C．3—4 次　　D．超过 4 次。

（3）避免问题中含有隐藏的选择和选择后果，使隐藏的选择和后果明晰化。无论是是非式问题还是选择式问题，都是在几个备选选项中作出选择，因此必须使被调查者清楚所有的备选选项及其后果，否则不能全面地搜集信息。如下面这个例子中，②显然比①好得多。

一家航空公司想分析旅客对短途飞机旅行的需求量，①"在做 300 公里以内的短途旅行时，您喜欢乘飞机进行吗？"②"在做 300 公里以内的短途旅行时，你喜欢乘飞机呢，还是喜欢坐汽车或者其他方式？"

2．问题形式不妥当

问题的形式多种多样，大的可分为开放式、是非式、选择式、排序式、评分式、联想式等等；小的则涉及一些语言技巧的运用和处理。问题形式的选择具有相当的艺术性，合理的形式选择与处理应使被调查者愿意，并且以最小的努力就能提供客观真实的答案。不恰当的形式选择会导致被调查者不愿意或不能够提供问题所要求的信息。

例如,①“请问你家每人平均每年的食品支出是多少?”

②“请问你个人每月的工资收入是多少?”

③“人们都说A牌电视机比B牌电视机好,您是不是也这样认为?”

这三个问题都存在形式运用不当的问题。第一个问题要求被调查者付出额外的努力,进行复杂的计算:首先把每月的食品支出估算出来,然后乘以12,最后再除以家庭成员数以得出结果。这样烦琐的计算可能使被调查者单方面结束访问。第二个问题涉及敏感的个人隐私,直接的提问容易遭拒绝。第三个问题则带有引导性倾向,会影响被调查者的选择。因此,问题形式的选择应注意以下几点:

(1)避免问题中包含过多的计算。问题的设计应着眼于取得最基本的信息,计算应在数据处理阶段通过计算机程序进行,这样可以减少被调查者的负担。例如上面第一个问题可以改为“请问你家每月食品支出大概是多少”和“请问你家有几口人”两个小问题。取得这两个数据后,计算人均年食品支出也就容易多了。

(2)避免单纯依靠被调查者的记忆回答问题,应提供一定的提示或选择。在当今信息过度的时代,遗忘和记忆的差错往往导致被调查者无法提供全面和准确的资料。例如,很多人都不能直接回答“昨天晚上你看了哪个牌子的洗发液广告?”这个问题,但要是提供可供选择的选项,回答则容易并准确得多。因此,这类问题应采用选择式,而非填空式。

(3)避免直接提问窘迫性问题。窘迫性问题指应答者不愿在调查人员之前作答的某些问题,如私人问题、不为一般社会道德所接纳的行为或态度或有碍声誉的问题。这类问题直接提问往往会遭拒绝,因此应改为采用非直接、联想式提问。如上面第二个问题,可以提供几个收入段“1 000元以下,1 000元至2 000元,2 000元至3 000元,3 000元以上”作为选项,在一定程度上会降低窘迫性。此外,还可通过说明信息的正当用途降低敏感性。

(4)避免出现诱导性倾向,提问尽量客观。在有外界压力存在的情况下,被调查者提供的是符合压力施加方偏好的答案,而不是他自己真正的想法。因此,提问应创造被调查者自由回答的气氛,避免诱导性倾向。如上面第三题的结果会夸大A牌比B牌好的比例,应改为“您认为A牌和B牌电视机哪个更好”,这样更为客观。

3. 问题顺序不正确

问题顺序的安排有一定的规律可循。正确的排序应该合乎问题之间的逻辑,前后连贯,先易后难,避免因顺序的安排不当而导致访问被调查者中止。现在有很多问卷在顺序安排上存在错误,比如问卷开始就要求被调查者填写姓名、性别、年龄、婚否、职业等等,好像在填申请表,而不是调查,这样很容易招致被调查者的反感和拒绝。在进行问题顺序安排时可参考以下几点:

(1) 基本信息应安排在最前,分类信息居中,鉴别性信息放在最后。调查信息主要包括三种信息类型:一类是基本信息,是达到研究目标所必需的信息。如对产品、价格、分销、促销信息的调查;一类是分类资料,即将被调查人按年龄、性别、职业等予以分组归类的资料;第三类是鉴别性信息,如被调查人的姓名、住址等。一般来说,应将最主要的问题(基本信息)置于最前面,然后列举后两类问题,只要前面的问题得到回答,那么后面的问题如果被调查者不愿回答或因事中止也就无关大局了。

(2) 先易后难。容易、直观、清楚的问题置前,困难、复杂、敏感、窘迫的问题置后。随着调查的进行,调查人员与被调查者交流的深入,被调查者可能降低或消除原有的戒备心理,愿意回答一些复杂、敏感的问题,从而使调查获得尽可能多的信息。这一点的目的与第一点目的相同,它可作为第一点的补充。

(3) 总括性问题应先于特定性问题。总括性问题指对某个事物总体特征的提问。如"在选择冰箱时,哪些因素会影响你的选择?"就是一个总括性的问题。特定性问题指对事物某个要素或某个方面的提问。如"您在选择冰箱时,耗电量处于一个什么样的重要程度?"总括性问题应置于特定性问题之前,否则会影响总括性问题的回答。

4. 问题取舍不合理

问题的数量必须合理,应该既能保证搜集到全面的资料,又尽量保持问卷的简短,同时也尽力使问卷整体连贯、和谐、生动,能调动被调查者的积极性。现在有的问卷过于冗长,其中充斥着一些与调查主题毫不相关的问题;有的虽然短小,却不能全面搜集所需资料,而且过于严肃、死板,全文贯穿一问一答的形式,压抑被调查者的主动性。问题的取舍应注意以下几点:

(1) 按调查主题组织问题,每个问题都应有益于调查信息的取得。首先要明确调查的主题是什么,这是整个调查的基础,也是问卷设计的灵魂和核心所在。应绝对避免为节省费用而附带调查主题之外的问题。问题东拉西扯,会使被调查者产生调查组织不严密的印象,影响他们的答卷态度。

(2) 为了融洽调查气氛,不至于过于严肃、呆板,可以设置一些表面上与调查主题无关,但实质上有益于调查的问题。当问卷的调查主题较为敏感时,这点尤其有效。如在问卷开始,可以设置一些轻松的开放式问题,请被调查者畅述自己的看法,有利于调动被调查者的积极性;在各类信息的连接处,可以设置一些过渡性问题，顺畅被调查者的思维。

(3) 为节省调查时间，保证被调查者符合调查对象的标准，可以在问卷开始设置一个“过滤性”问题，检查被调查者的合格性。如想调查现有掌上电脑的不足之处，则必然要调查掌上电脑的使用者。可以在问卷开始提问“您使用过掌上电脑吗?”这样就可检查被调查者是否合格，及时“过滤”不合格者了。

5. 问题排版装订不雅观

问卷的排版装订也是问卷设计的重要内容。排版应做到简洁、明快、便于阅读，装订应整齐、雅观、便于携带，便于保存。现在的一些调查问卷，卷面排版凌乱，为了节省用纸或为了使问卷显得简短，压缩了一切可以压缩的空间，使卷面显得异常复杂和冗长，容易使被调查者产生反感情绪；有些问卷用纸粗糙低劣，装订混乱，类似街头小广告，也易遭拒绝。问卷的排版装订可参考以下几点：

(1) 应避免为节省用纸而挤压卷面空间。如多项选择题的选项，应采用竖排形式。竖排虽占用一定的空间，但能使卷面简洁明快，一目了然，便于阅读和理解。

例如，可对选项的两种排版方式作一比较。“您的月工资收入是(　)”

横排方式　A. 100 元以下　B. 100 元到 2 000 元　C. 2 000 元到 3 000 元
D. 3 000 元以上

竖排形式　A. 1 000 元以下
B. 1 000 元到 2 000 元
C. 2 000 元到 3 000 元
D. 3 000 元以上

显然竖排形式比横排方式更为直观、明快。多题累加之后，此点更为明显。

(2) 同一个问题，应排版在同一页。避免翻页对照的麻烦和漏题的现象。

(3) 问卷的问题按信息的性质可分为几个部分，每个部分中间以标题相分，如第一、二、三、四部分形式。这样可以使整个问卷更为清楚，也便于后阶段的数据整理与统计。

(4) 调查问卷用纸尽量精良。超过一定的页数，应把它们装订成小册，配上封皮，而不应仅仅用订书钉订在一起而已。这样既可利用纸的双面进行排版，节省用纸，还便于携带和保存；更可使问卷显得庄重、专业，使被调查者以更认真的态度对待调查。

案例分析

雀巢速溶咖啡广告调查

当年速溶咖啡投放市场时,家庭主妇们纷纷抱怨速溶咖啡的味道不好,不像是真正的咖啡。但在随后的蒙眼试饮的实验中,这些家庭主妇并不能分辨出速溶咖啡和鲜咖啡的区别。显而易见,是消费心理使她们产生了抵触。后来,调查人员设计出两张内容几乎完全相同的购货单,要求参加测试的人员分别推测购物单主人的社会特征和个人特征。参加测试的人员的判断呈现出显著的差别:看到速溶咖啡购物单的测试者中,有相当高比例的人认为购物单主人必然是一个"懒惰、浪费、安排不好家庭计划、蹩脚的妻子";而看到普通咖啡购物单的测试者则认为,购物单主人必然是一个"勤俭、有家庭观念和喜欢烹调的人"。显然测试者把自己对购买速溶咖啡的忧虑和不良印象通过虚构的形象反映出来。速溶咖啡公司迅速开展一个针对性的广告宣传活动来改变人们的不良印象。广告设计人员将广告主题由原来的"又快又方便"转为"质地醇厚";广告画面的视觉中心是一杯热气腾腾的美味咖啡,它的背景是一颗颗颗粒饱满的褐色咖啡豆;再配之以"味道好极了!"的广告语。由于有了准确的重新定位,极富视觉冲击力的广告画面以及诱人的广告语,使产品迅速打开了新的饮料市场。

结合案例内容,回答下列问题:

1. 请分析当时速溶咖啡面对的主要广告环境。
2. 以案例中的速溶咖啡为例,谈谈广告调查与广告策略之间的关系。
3. 根据以上案例材料,你认为该调查问卷设计应注意的主要问题是什么?
4. 开展由教师所确定产品的广告调查工作,具体要求:

(1) 确定调查的基本思路,包括确定问题、确定时间、确定范围和形式。

(2) 根据要求进行问卷设计,了解和分析产品、消费者、竞争对手以及广告活动的情况。

本章小结

广告调查是指企业组织为有效开展广告活动,利用科学的调查研究方法,对与广告活动有关的资料进行收集、整理、分析和解释。广告调查的目的是为成功地开展广告活动提供准确、有效的信息,它是广告活动的基础。广告市场调查是包括广告市场所在的社会环境调查、消费者调查和产品调查等。

调查程序一般是确定调查选题、制定调查方案、收集资料和实施调查方案、广告调查资料的整理、广告调查资料分析、撰写调查报告。

广告调查报告是调查者根据广告调查活动所获得的信息资料和据此而形成的分析结论所撰写的一种文体,撰写广告调查报告是广告调查活动的最后步骤。它的主要作用有:运用多种方法考察和评价广告活动的效果,以总结经验教训,为今后的工作提供借鉴;向决策部门报告广告工作的完成情况;利用广告工作的成果,对组织内部成员进行激励。广告调查报告的文体结构一般分为标题、导言、正文、结尾、署名、附录等部分。

复习思考题

1. 什么是广告环境,其构成是怎样的?
2. 广告调查的范围包括哪些方面?
3. 企业为什么要进行广告调查?
4. 广告调查的常用方法有哪些?

第三章　市场细分与产品定位

本章提要

市场细分是根据市场调研结果，依据消费者的需要和欲望、购买行为和购买习惯等方面的差异，把某一产品的市场整体划分为若干消费者群的市场分类过程，它对企业的生产、营销起着极其重要的作用。本章介绍了市场细分的概念、原则及作用，重点阐述了市场细分的依据、步骤，产品定位的内容，使学生对产品定位的方法有一定的认识。

本章学习目标

- 掌握市场细分的含义、依据及步骤；
- 掌握产品定位的内容、方法及步骤；
- 了解市场细分的原则；
- 了解产品生命周期的内容。

导入案例

宜家(IKEA)是创立于1943年的一家瑞典家居用品企业，其创始人是瑞典人坎普拉德，宜家创立之初主要经营文具邮购、杂货等业务，后转向以家具为主业，在不断扩张的过程中，产品范围扩展到涵盖各种家居用品。宜家发展稳健而迅速，在60年的时间里，发展到在全球共有180家连锁商店，分布在43个国家,雇佣员工7万多名。2003年,宜家获得110亿欧元的销售收入和超过11亿欧元的净利润,成为全球最大的家居用品零售商。宜家的经营理念是"提供种类繁多、美观实用、老百姓买得起的家居用品"。从创建初期,宜家就决定与家居用品消费者中的"大多数人"站在一起。这意味着宜家要满足具有不同需要、不同品位、不同梦想、不同追求以及不同财力的消费者需求,同时使希望改善家居状况并创造更美好生活的人得到满足。针对这种市场定位,宜家的产品定位于"低价格、精美、耐用"的家居用品层次。

在欧美等发达国家,宜家把自己定位成面向大众的家居用品提供商。因为其物美价廉、款式新、服务好等特点,受到广大中低收入家庭的欢迎。但到了中国之后,其市场定位做了一定的调整,因为中国市场虽然广泛,但普遍消费水平低,原有的低价家具生产厂家竞争激烈,家具接近饱和,市场上的国外高价家具也很少有人问津。于是,宜家把目光投向了大城市中相对比较富裕的阶层。宜家在中国的市场定位是"想买高档货,而又付不起高价的白领"。宜家作为全球品牌满足了中国白领人群的心理;宜家卖场的各个角落和经营理念上都充斥着异国文化;宜家家具有顾客自己拼装、自由选购等特点。

1997年,宜家开始突出考虑儿童对家居物品的需求,因为儿童对于家居用品的需求也很大,并且这个领域竞争并不激烈。为了设计更加适合儿童需求的产品,宜家与两支专家队伍进行合作开发新产品。儿童心理学家和儿童游戏方面的教授帮助宜家设计、开发旨在培养儿童运动能力和创造力的产品。同时,宜家利用儿童帮助自己来评选出优胜产品。在宜家展示厅,设立了儿童游戏区、儿童样板间,在餐厅专门备有儿童食品,所有这些都得到孩子们的喜爱,使他们更乐意光顾宜家。

宜家家居出售的产品全部由宜家公司独立设计,产品风格与众不同。宜家强调产品"简约、自然、清新、设计精良"的独特风格;宜家源于北欧瑞典(森林国家),其产品风格中的"简约、清新、自然"也秉承北欧风格。大自然和家都在人们的生活中占据了重要的位置。实际上,瑞典的家居风格完美再现了大自然:充满了阳光和清新气息,同时又朴实无华。

走进宜家卖场仔细品味,宜家的家居产品无论从单件产品还是从家居整体展示;从罗宾床、比斯克桌子到邦格杯子,无不是简约、自然、匠心独具,既设计精良又美观实用。和其他厂商的家居用品比较,宜家给人的印象是:宜家是上述诸多优点的集合,而上述诸多优点集合起来也就是宜家!宜家的这种风格也确实能够打动大多数消费者的心,激起人的购买欲望。

宜家的这种风格贯穿在产品设计、生产、展示销售的全过程。为了贯彻实现这种风格，希望自己的品牌以及自己的专利产品能够最终覆盖全球，宜家一直坚持由自己亲自设计所有产品并拥有其专利，每年有100多名设计师在夜以继日地疯狂工作以保证“全部的产品、全部的专利”。宜家一贯强调产品设计精美、实用、耐用。当然，单纯的设计精美并不难，但是在低价格的基础上同时做到精美、实用、高质量难度却很大。宜家拥有一大批优秀的设计师保证宜家家居用品的设计。他们不但经验丰富，而且能够与经验丰富的生产商紧密合作，找出能够充分利用原材料的方法；同时他们也通晓如何既生产低成本的家具，同时仍旧保持原来的设计创意。宜家家居用品的耐用也是一大特点，如沙发接受压力挤压的次数可达几十万次，橱柜的门接受开关的次数可达几十年。当然，要做到产品的精美、耐用需要多方面的努力，从产品设计、选材到工艺流程等都进行了不懈努力。宜家的《商场指南》里写着：“请放心，您有14天的时间可以考虑是否退换。”14天以内，如果你对已购货品不满意，还可以到宜家办理更换等值货品或退款手续。

如果你不懂怎样挑选地毯，宜家会用漫画的形式告诉你“用这样简单的方法来挑选我们的地毯”：一是把地毯翻开来看它的背面；二是把地毯展开来看它的里面；三是把地毯折起看它鼓起来的样子；四是把地毯卷起看它团起来的样子。每个顾客在作出购物决定之前，如果对所购商品的特性一无所知，那么他肯定会感到手足无措。反之，他所掌握的商品信息越全面、越真实，他就越容易作出购买决定。宜家的做法，实在高明。

宜家最为人所津津乐道的特点还有DIY，宜家的所有家具都需要顾客自行组装。宜家为所有家具都配有十分具体的安装说明书，顾客可以根据说明书轻松地把家具组装起来，在节省搬运费的同时，也增加了动手的乐趣。另外，平板包装对于宜家来说节省了成本，对于顾客来说则方便了购买运输和搬家时的搬迁。

第一节　市场细分

一、市场细分概述

（一）市场细分的含义及依据

1．市场细分的含义

市场细分（market segmentation）是指营销者通过市场调研，依据消费者的需要和欲望、购买行为和购买习惯等方面的差异，把某一产品的市场整体划分为若干消费者群的市场分类过程。每一个消费者群就是一个细分市场，每一个细分市场都是具有类似需求倾向的消费者构成的群体。例如，在手表市场上，有的消费者需要计时准确且价格低廉的低档手表，有的消费者要求计时准确、耐磨且价格适中的中档手表，而有的消费者则要求计时准确、美观且能代表身份的名贵手表。因此，手表市场也就被相应地细分为低档、中档和名贵手表这三个子市场。

要准确掌握市场细分这一概念，需注意以下两个问题：

第一，所谓的市场细分，并不是指将整个产品市场划分为家电市场、服装市场、化妆品市场等，而是根据顾客对同类产品需求所表现出的差异性，将所有顾客划分成若干个群组。市场细分的实质是将顾客分类。

第二，市场细分的基础是顾客同质需求的差异性，如果不存在这种差异性，企业就不可能也没有必要进行市场细分。实际上绝大部分同质需求都或多或少有一定差异，即绝大部分市场都可以细分。

小案例 3-1　日本钟表

日本钟表欲进入美国市场，一直以为美国的消费者只需要名表，对美国的手表市场需求了解不够。经过一番调查后发现，美国市场对手表的需求有三类不同的消费群体。31%的消费者要求手表名贵，“手表是身份的象征”；46%的消费者要求计时准确、耐用、价格适中；23%的消费者要求价格低廉、计时准确。

美国本地钟表厂商和瑞士手表厂商一向只关注第一类消费者的需求，着眼于生产和经营优质名牌、价格昂贵的手表，而近70%的消费者的需求并没有得到满足。日本钟表厂商发现了这个机会，以样式新颖、价格便宜的电子手表占领“低廉、计时准确”的细分市场，以式样新颖、售价适中的机械手表占领“计时准确、耐用、价格适中”的细分市场，取得了很大的成功。

2. 市场细分的依据

市场细分要依据一定的细分变量来进行。消费者市场的细分变量主要有地理变量、人口变量、心理变量和行为变量四类。

(1) 地理细分。所谓地理细分，就是企业按照消费者所在的地理位置、地理条件以及其他地理变量来细分消费者市场。消费者所在的地理位置不同，其需求特点也不同。地理细分的具体变量有国家、地区、乡村、城市规模、交通条件、人口密度、地形地貌、气候和其他变量。

(2) 人口细分。即根据人口统计因素,如年龄、性别、家庭收入、职业、教育、宗教、民族、国籍、家庭、生命周期等因素来细分市场。

(3) 心理细分。就是按照消费者的心理特征对市场进行细分。由于社会阶层、生活方式、性格、购买动机等不同,同样性别、年龄、收入的消费者会有不同的需求特征,这是心理因素的影响。心理因素包括生活格调、个性、购买动机、价值取向等。

(4) 行为细分。即根据消费者购买行为的不同来细分市场。消费行为的细分变量包括:消费者进入市场的程度、对品牌的忠诚程度(品牌偏好)、购买或使用品牌的时机、使用数量的多少及使用频率、消费者追求的利益点等。

小案例 3-2 "野马"汽车

1962 年担任福特汽车公司分部总经理的艾柯卡从调查中发现,未来十年是年轻人的世界,今后汽车市场的主要消费者是年轻人。针对青年人的口味,福特公司把轿车设计得鼻子长尾部短,满足了青年人喜欢运动和爱刺激的心理。同时,价格也不贵,青年人都买得起。最后,还为这款车起了一个令青年人遐思的名字——"野马",有广阔天空任君游的味道,十分适合青年人的口味。这款汽车推出后,一年内便销售了 41 万辆,创下了全美汽车制造业的最高纪录。

(二) 市场细分的原则

企业可根据单一因素,亦可根据多个因素对市场进行细分。选用的细分标准越多,相应的子市场也就越多,每一子市场的容量相应就越小。相反,选用的细分标准越小,子市场就越少,每一子市场的容量则相对较大。如何寻找合适的细分标准,对市场进行有效细分,在营销实践中并非易事。一般而言,成功、有效的市场细分应遵循以下基本原则:

1. 可衡量性

指细分的市场是可以识别和衡量的,亦即细分出来的市场不仅范围明确,而且对其容量大小也能大致作出判断。有些细分变量,如具有"依赖心理"的青年人,在实际中是很难测量的,以此为依据细分市场就不一定有意义。

2. 可进入性

指细分出来的市场应是企业营销活动能够抵达的,亦即企业通过努力能够使产品进入并对顾客施加影响的市场。一方面,有关产品的信息能够通过一定媒体顺利传递给该市场的大多数消费者；另一方面，企业在一定时期内有可能将产品通过一定的分销渠道运送到该市场。否则，该细分市场的价值就不大。比如，生产冰淇淋的企业如果将我国中西部农村作为一个细分市场，恐怕在一个较长时期内都难以进入。

3. 有效性

即细分出来的市场，其容量或规模要大到足以使企业获利。进行市场细分时，企业必须考虑细分市场上顾客的数量，以及他们的购买能力和购买产品的频率。如果细分市场的规模过小，市场容量太小，细分工作烦琐，成本耗费大，获利小，就不值得去细分。

4. 对营销策略反应的差异性

指各细分市场的消费者对同一市场营销组合方案会有差异性反应，或者说对营销组合方案的变动，不同细分市场会有不同的反应。如果不同细分市场顾客对产品需求差异不大，行为上的同质性远大于其异质性，此时，企业就不必费力对市场进行细分。另一方面，对于细分出来的市场，企业应当分别制定独立的营销方案。如果无法制定出这样的方案，或其中某几个细分市场对是否采用不同的营销方案不会有大的差异性反应，便不必进行市场细分。

小案例 3-3　百事可乐

可口可乐是世界上最畅销的饮料之一，自 1886 年问世以来，一直奉行无差异市场营销策略，其广告语“请喝可口可乐”使用至今。

百事可乐公司比可口可乐公司晚 12 年创建，为了争夺市场份额，百事可乐公司进行了激烈的挑战。除了强调便宜（其广告语是“一样的价格，可饮两倍量”），争取年轻人（广告歌“今天生龙活虎的人们一致同意，年轻人就喝百事可乐”）外，还执行了差异化策略。竞争对手百事公司推出了七喜汽水，争取“非可乐”细分市场，开展了一场“无咖啡因”广告运动，对可口可乐造成了巨大的冲击。可口可乐在此打击下，不得不放弃无差异市场策略，也推出雪碧、芬达、雪菲力等各种风格和口味的饮料，以满足不同市场需要。

（三）市场细分应注意的事项

1. 细分标准应选择准确

影响消费者购买行为的因素有很多，然而在细分市场时不能选择过多的标准，宜抓主要矛盾，否则既不经济也不适用。

2. 细分后的市场规模应适度

市场细分不是分的越细越好,市场分的太细,影响企业的生产规模和效益。当发现市场细分太细时,要进行反细分化。细分出来的市场必须大到足以使企业实现它的利益目标。

3. 动态的细分市场

市场特性是动态变化的,所以细分市场的标准也不能一成不变,应根据市场的变化,进行有创意的市场细分。

二、市场细分的作用

细分市场不是根据产品品种、产品系列来进行的,而是从消费者(指最终消费者和工业生产者)的角度进行划分的,是根据市场细分的理论基础,即消费者的需求、动机、购买行为的多元性和差异性来划分的。市场细分对企业的生产、营销起着极其重要的作用。

(一) 市场细分的作用

1. 有利于选择目标市场和制定市场营销策略

市场细分后的子市场比较具体,比较容易了解消费者的需求,企业可以根据自己的经营思想、方针及生产技术和营销力量,确定自己的服务对象,即目标市场。针对较小的目标市场,企业便于制定特殊的营销策略。同时,在细分的市场上,信息容易了解和反馈,一旦消费者的需求发生变化,企业可迅速改变营销策略,制定相应的对策,以适应市场需求的变化,提高企业的应变能力和竞争力。

2. 有利于发掘市场机会,开拓新市场

通过市场细分,企业可以对每一个细分市场的购买潜力、满足程度、竞争情况等进行分析对比,探索出有利于本企业的市场机会,使企业及时做出投产、移地销售决策或根据本企业的生产技术条件编制新产品开拓计划,进行必要的产品技术储备,掌握产品更新换代的主动权,开拓新市场,以更好适应市场的需要。

3. 有利于集中人力、物力投入目标市场

任何一个企业的资源、人力、物力、资金都是有限的。通过细分市场,选择了适合自己的目标市场,企业可以集中人、财、物及资源,集中在一个或几个细分市场上,争取局部市场上的优势,有的放矢地制定营销策略,然后再占领自己的目标市场。

4. 有利于企业提高经济效益

前面三个方面的作用都能使企业提高经济效益。除此之外,企业通过市场细分后,可以面对自己的目标市场,生产出适销对路的产品,既能满足市场需要,又可增加企业的收入;产品适销对路可以加速商品流转,加大生产批量,降低企业的生产销售成本,提高生产工人的劳动熟练程度,提高产品质量,全面提高企业的经济效益。

(二) 市场细分的步骤

1. 选定产品市场范围

公司应明确自己在某行业中的产品市场范围,并以此作为制定市场开拓战略的依据。

2. 列举潜在顾客的需求

可从地理、人口、心理等方面列出影响产品市场需求和顾客购买行为的各项变数。

3. 分析潜在顾客的不同需求

公司应对不同的潜在顾客进行抽样调查,并对所列出的需求变数进行评价,了解顾客的共同需求。

4. 制定相应的营销策略

调查、分析、评估各细分市场,最终确定可进入的细分市场,并制定相应的营销策略。

第二节　产 品 定 位

一、产品分析

(一) 产品的定义

1. 产品

产品(product)是"一组将输入转化为输出的相互关联或相互作用的活动"的结果,即"过程"的结果。在经济领域中,通常也可理解为组织制造的任何制品或制品的组合。

2. 产品类别

通用的有下述四种产品类别:

第一,服务。这种产品通常是无形的,是为满足顾客的需求,供方(提供产品的组织和个人)和顾客(接受产品的组织和个人)之间在接触时的活动以及供方内部活动所产生的结果，并且是在供方和顾客接触上至少需要完成一项活动的结果。如医疗、运输、咨询、金融贸易、旅游、教育等。服务的特性包括：安全性、保密性、环境舒适性、信用、文明礼貌以及等待时间等。

第二，软件。这种产品由信息组成，是通过支持媒体表达的信息所构成的一种智力创作，通常是无形产品，并可以方法、记录或程序的形式存在。如计算机程序、字典、信息记录等。

第三，硬件。硬件通常是不连续的具有特定形状的产品。如电视机、元器件、建筑物、机械零部件等，其量具有计数的特性，往往用计数特性描述。

第四，流程性材料。流程性材料是将原材料转化成某一特定状态的有形产品，其状态可能是流体、气体、粒状、带状。如润滑油、布匹，其量具有连续的特性，往往用计量特性描述。

一种产品可由两个或多个不同类别的产品构成，产品类别（服务、软件、硬件或流程性材料）的区分取决于其主导成分。例如，产品“汽车”是由硬件（如轮胎）、流程性材料（如燃料、冷却液）、软件（如发动机控制软件、驾驶员手册）和服务（如销售人员所做的操作说明）所组成。硬件和流程性材料经常被称为货物。

该定义说明，产品是广义的概念，既可以是交付给顾客的最终产品，也可以是生产过程中的半成品和外购件。

有人把产品理解为商品，其实是不确切的。产品和商品的区别在于，商品是用来交换的产品，商品的生产是为了交换，而当一种产品经过交换后进入使用过程后，就不能再称之为商品了；当然，如果产品又产生了二次交换，那么在这段时间里，它又能被称为商品了。

（二）产品生命周期理论

1. 产品生命周期

产品生命周期（product life cycle），是产品的市场寿命，即一种新产品从开始进入市场到被市场淘汰的整个过程。就产品而言，也就是要经历一个开发、引进、成长、成熟、衰退的阶段。这个周期在不同技术水平的国家里，发生的时间和过程是不一样的，期间存在一个较大的差距和时差。正是这一时差，表现为不同国家在技术上的差距，它反映了同一产品在不同国家市场上的竞争地位的差异，从而决定了国际贸易和国际投资的变化。

典型的产品生命周期一般可以分成四个阶段，即投入期（或引入期）、成长期、成熟期和衰退期。

第一阶段:投入期

指产品从设计投产直到投入市场进入测试阶段。此时产品品种少,顾客对产品还不了解,除少数追求新奇的顾客外,几乎无人实际购买该产品。生产者为了扩大销路,不得不投入大量的促销费用,对产品进行宣传推广。该阶段由于生产技术方面的限制,产品生产批量小,制造成本高,广告费用大,产品销售价格偏高,销售量极为有限,企业通常不能获利,反而可能亏损。

第二阶段:成长期

成长期是指产品通过试销效果良好,购买者逐渐接受该产品,产品在市场上站住脚并且打开了销路。这是需求增长阶段,需求量和销售额迅速上升。生产成本大幅度下降,利润迅速增长。与此同时,竞争者看到有利可图,将纷纷进入市场参与竞争,使同类产品供给量增加,价格随之下降,企业利润增长速度逐步减慢,最后达到生命周期利润的最高点。

第三阶段:成熟期

指产品开始大批量生产并稳定地进入市场销售。经过成长期之后,随着购买产品的人数增多,市场需求趋于饱和。此时,产品普及并日趋标准化,成本低而产量大。销售增长速度缓慢直至转而下降,由于竞争的加剧,导致同类产品生产企业之间不得不在产品质量、花色、规格、包装服务等方面加大投入,在一定程度上增加了成本。

第四阶段:衰退期

是指产品进入了淘汰阶段。该阶段产品在市场上已经老化,不能适应市场需求,市场上已经有其他性能更好、价格更低的新产品吸引消费者的需求。此时成本较高的企业就会由于无利可图而陆续停止生产,该类产品的生命周期也就陆续结束,以至最后完全撤出市场。

产品生命周期是一个很重要的概念,它和企业制定产品策略以及营销策略有着直接的联系。管理者要想使其产品有一个较长的销售周期,以便赚取足够的利润来补偿在推出该产品时所作出的一切努力和经受的一切风险,就必须认真研究和运用产品生命周期理论,此外,产品生命周期也是营销人员用来描述产品和市场运作方法的有力工具。

2. 产品生命周期曲线

生命周期曲线的特点是:在产品开发期间,该产品销售额为零,公司投资不断增加;在引进期,销售缓慢,初期通常利润偏低或为负数;在成长期,销售快速增长,利润也显著增加;在成熟期,利润在达到顶点后逐渐走下坡路;在衰退期,产品销售量显著衰退,利润也大幅度滑落。如图 3-1 所示:

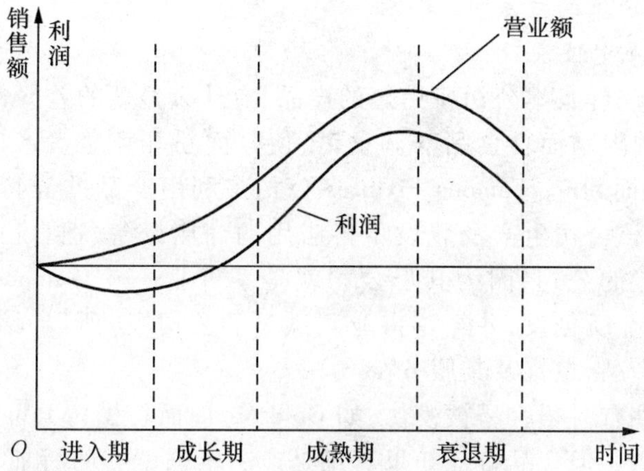

图 3-1　产品生命周期曲线

二、产品定位

（一）产品定位的概念

很多人对产品定位与市场定位不加区别，认为两者是同一个概念，其实两者还是有一定区别的。具体说来，目标市场定位（简称市场定位），是指企业对目标消费者或目标消费者市场的选择；而产品定位，是指企业对用什么样的产品来满足目标消费者或目标消费市场的需求。从理论上讲，应该先进行市场定位，然后再进行产品定位。产品定位是对目标市场的选择与企业产品结合的过程，也就是将市场定位企业化、产品化的工作。

（二）产品定位的内容

在产品定位中，一般说来应该考虑以下内容：

（1）产品的功能属性定位。即产品主要是满足消费者什么样的需求？对消费者来说，其主要的产品属性是什么？

（2）产品的产品线定位。即产品在整个企业产品线中的地位，本类产品需要什么样的产品线，即解决产品线的宽度与深度的问题。

（3）产品的外观及包装定位。产品的外观与包装的设计风格、规格等。

（4）产品卖点定位，即提炼出产品 USP（独特销售主张）。

（5）产品的基本营销策略定位。确定产品的基本策略——做市场领导者、挑战者、跟随者还是补缺者；确定相应的产品价格策略、沟通策略与渠道策略。

（6）产品的品牌属性定位。主要审视产品上述策略的实施决定的品牌属性是否与企业的母品牌属性存在冲突；如果冲突，如何解决或调整。

(三) 产品定位的方法

1. 产品差异定位法

营销人员应自问:本公司所销售的产品,有什么显著的差异性? Pillsbury 公司在面粉包装内附赠面食食品烹调食谱,使其面粉和竞争者产生差异性,并称此为"您想要的面粉"。Famous Fixtures 公司是利用产品差异特性为产品定位的另一个例子,该公司生产及装设零售店用的商店设备,把自己定位为对零售店拥有丰富经验的公司,因为其母公司就是零售业——"Famous Fixtures:零售业所拥有、零售业所创设,并经零售业测试过的公司"。所以,该公司产品差异性不只是在其产品,也推及其服务。

产品差异性有时很容易被模仿,如 Gold Meda 面粉模仿 Pillsbury 面粉,在包装袋内附赠食谱。但产品特征如果真正是产品本来就有的特征,就不容易模仿了,如上述第二个例子。制造商店设备的公司大多数都不是零售商业者所创设的,它们通常只想制造自己理想中的设备,在生产及装设零售商设备时,并没有真正站在零售店的立场来思考。而 Famous Fixtures 则确实是道道地地由零售店业者所创立的公司。此外,在这两个定位实例中,产品定位始于差异性,而这些差异性对目标市场都是有意义的。对家庭主妇而言,产品差异性包括为家人烹调食物的新方法或更好的方法。对零售业者而言,Famous Fixtures 具有零售导向,知道如何布置零售店才能提高销售,同时也了解迅速完成零售店装置、早日开始营业的重要性。

2. 主要属性/利益定位法

营销者自问:产品所提供的利益,目标市场认为很重要吗? 一家医院针对消费者所作的初级研究中,发现个人保健是病人认为非常重要的利益点,但是没有一家竞争者强调这一点。因此,这家医院将自己按基本推销想法定位为:"我们关心你的……还有很多。"结果使这家医院在个人保健中,由排名第三迅速提升为第二名,造成虽有四家提供不同层次个人保健的医院,但却只有一家强调这种重要特征为其特有的特性。在此特别强调的是,营销人员为公司所塑造的外在定位形象,对公司内部人员也会产生积极的影响。

在零售业中,最重要的消费者特征莫过于品质、选择性、价格、服务及地点等。其所持零售观念、购买特征会随着对目标市场的重要性而有所改变。品质和价格不只对零售业者很重要,在为产品与服务定位时同样如此。必须牢记,品质和价格这两项特征会转变为第三种非常重要的特征:价值。如果率先塑造,并且确实掌握,价值将是一种绝佳的竞争印象,这也是定位的良好考虑点。营销人员曾经成功地协助一家鞋子零售业顾客,将其低价位连锁店的形象,重新定位为富有价值的连锁店。这种价值定位转换为广告主题“物美价廉的好鞋子”,避开过分强调价格,而特别强调品质。

3. 产品使用者定位法

找出产品的正确使用者/购买者,会使定位在目标市场上显得更突出,在此目标组群中,为他们的地点、产品、服务等特别塑造一种形象。一家纺织品连锁店为自己定位为,以其过人的创意为缝纫业者服务的零售店,即为喜爱缝纫的妇女提供“更多构想的商店”。

一家公司专门销售热水器给公司行号冲泡即溶咖啡,以取代需要酿煮的咖啡。针对目标顾客群,该公司直接将产品定位为:“在办公室中泡咖啡的人,向烦人的酿煮咖啡说再见吧!”对在办公室负责准备咖啡者,直接在信函上以“办公室咖啡准备者”称呼,此时的定位则直接针对使用者及办公室行政人员二者。

4. 使用定位法

有时可用消费者如何及何时使用产品,给产品定位。Coors 啤酒公司举办年轻成年人夏季都市活动,该公司产品的定位为夏季欢乐时光、团体活动场所饮用的啤酒。后来,又将此定位转换为“Coors 在都市庆祝夏季的来临”并向歌手 John Sebastian 购得《都市之夏》(Summer in City)这首歌的版权。另一家啤酒公司 Michelob,根据啤酒使用场合为自己定位,然后扩大啤酒的饮用场合,Michelob 将原来周末饮用的啤酒,定位为每天晚上饮用的啤酒——即将“周末为 Michelob 而设”,改为“属于 Michelob 的夜晚”。

5. 分类定位法

这是非常普遍的一种定位法。产品的生产并不是要和某一事实上的竞争者竞争,而是要和同类产品互相竞争。当产品在市场上是属于新产品时,此法特别有效——不论是开发新市场,或为既有产品进行市场深耕。淡啤酒和一般高热量啤酒之竞争,就是这种定位的典型例子。

在企业对企业(B2B)营销的场合,一家广告公司曾以广告及营销代理商的身份,将自己直接定位为不同于其他的代理公司,尤其是和没能提供完整服务的广告代理商有着明显的差异性:

“如果你的代理商认为你所需要的只有广告,你就需要更换一家新的代理商了。”

“如果你的代理商认为广告和营销并无不同,你就需要更换一家新的代理商了。”

“如果你的代理商认为促销是一种不雅的用词,你就需要检讨这家代理商的去留了。”

6. 针对特定竞争者定位法

这种定位法是直接针对某一特定竞争者，而不是针对某一产品类别，如Avis挑战Hertz的做法——“因为我们名列第二，所以必须更努力”。速食零售业中，Burger King把自己定位为汉堡口味远胜于麦当劳，温娣则以“牛肉在哪里？”向麦当劳挑战；哈帝则指出这家竞争者的潜在弱点，为自己寻求更有利的定位。

挑战某一特定竞争者的定位法，虽然可以获得成功（尤其是在短期内），但是就长期而言，也有其限制条件，特别是挑战强有力的市场领袖时更明显。市场领袖通常不会放松懈，他们会更巩固其定位。Avis尽管以第二名的姿态，努力向前行，但Hertz仍然保有其第一名的地位，麦当劳面对许多竞争者，反而显得更强劲、更出色。请记住：一家小小的公司很不容易正面挑战大规模公司。

7. 关系定位法

当产品没有明显差异，或竞争者的定位和公司产品有关时，关系定位方法非常有效。利用形象及感性广告手法，可以成功地为这种产品定位。

在零售业的例子中，美国威斯康星州麦迪逊市一家小银行Randall州立银行，就曾经采用这种关系定位法。这家银行并不大，所拥有的资源也很有限，但却试图以分行遍布各地及提供更多服务项目，和大规模金融机构竞争。于是，这家小银行与人们对城市历史引以为豪的心情建立起一种关系，1970年初期定位为“社会古迹的守护者”，此一主题在1976年和建国200年一样永垂不朽。该银行的标志也经过修改，以特别强调这种定位。该银行原来了无生气的墙壁，也装上当地巨幅的历史照片。为配合这些改变，该银行精心制作了歌颂该城市历史的一系列电视广告，并阐发了“关心麦迪逊，也关怀Randall州立银行”的主题，结果大获成功。此一新定位执行的第一年，原本年年衰退的存款开始呈现大幅增长。值得一提的是，此一存款金额以及占有率的增长，并没有投入太多经费。

8. 问题定位法

采用这种定位法时，产品的差异性就显得不重要了，因为若真有竞争者的话，也是少之又少。此时为了涵盖目标市场，需要针对某一特定问题加以定位，或在某些情况下，为产品建立市场地位。70年代中期，美国的公用事业几近独占，虽没有直接竞争者，顾客却认为存有可信度的问题。能源成本提高、石油禁运及通货膨胀加剧的影响，使可信度的问题愈趋严重，全美国的公用事业都面临同样的难题。于是，能源公司把自己定位为：了解及重视顾客所关心之能源问题的公用事业。此一定位反映在房屋成长上：“只要我们携手合作，就能克服。"经事前及事后研究显示,此一策略在短短的15个星期之内,就大幅改变了顾客对能源公司的态度。

小案例3-4 西南航空公司

在美国,西南航空公司不是最大的航空公司,但它却是1973年以来每年都能盈利的航空公司。这在航空业中是非常罕见的,从这个意义上讲,西南航空无疑是最成功的航空公司。其成功之道,就是专注于细分市场以及准确的产品定位。

西南航空抓住了航空市场的空隙,不到大城市间的长途"热线"去凑热闹,而是专注于短途航运业务。他们以此降低航空费用,并不断开辟新的航线,通过提供较低的价格让人们觉得乘飞机比坐汽车更经济,用水准较高的服务让人们更愿意选择他们的飞机,从而不断扩大市场范围,提高公司的知名度。

西南航空公司通常会选择其他航空公司收费高而服务并不太好的市场,以较低的价格、较高的服务水准进入并占领。而保持有吸引力的低价位(他们的票价可以只是别的航空公司票价的五分之一到三分之一)的同时又能获得可观盈利的原因则在于他们的成本节约。西南航空只使用一种型号的飞机,尽量选择二流机场,通过提高飞机的使用效率、更有效地使用登机通道、减少管理费用、降低营运开支等方式节约成本,提高收益。

(四)产品定位的步骤

实战中,应将产品固有的特性、竞争优势等和目标市场的特征、需求、欲望等结合在一起考虑。具体步骤如下:

(1)分析本公司与竞争者的产品。分析本身及竞争者所销售的产品,是定位的良好起点。

(2)找出差异性。比较自己产品和竞争产品对产品目标市场正面及负面的差异性,详细列出适合所销售产品之营销组合关键因素。有时候,表面上看来是负面效果的差异性,也许会变成正面效果。

(3)列出主要目标市场。

(4)指出主要目标市场的特征。

(5)满足目标市场的需求。接着就是把产品特征和目标市场的需求与欲望结合在一起。有时候,营销人员必须在产品和目标市场特征之间,画上许多条线,以发现消费者尚有哪些最重要的需求/欲望,未被公司产品或竞争者的产品所满足。

案例分析 >>>

“海尔”洗衣机

“海尔”洗衣机厂依靠雄厚的技术力量，有针对性地研制、开发了多品种、多规格的洗衣机产品，以满足不同层次消费者的需求，使“海尔”洗衣机厂一举成为中国洗衣机行业跨度最大、规格最全、品种最多的企业。

跨度最大：“海尔”能同时规模生产亚洲波轮式、欧洲滚筒式、美洲搅拌式洗衣机，使中国的老百姓可以得到世界不同风格的洗衣机享受。

规格最全：大到一家人一周所有的衣服，小到孩子的一双袜子，每隔 0.2 公斤，“海尔”就有一款洗衣机满足顾客的洗衣需求。

品种最多：从双桶半自动、全自动洗衣机到洗衣、脱水、烘干三合一洗衣机，“海尔”应有尽有。

——根据目前国内许多家庭居住面积小、没有足够的洗衣空间的情况，“海尔”设计并推出了中国第一批“极限设计、全塑外壳”的“小神童”系列全自动洗衣机。

——在市场调查中，他们还发现有一部分用户在使用全自动洗衣机时，往往不是一次性将洗衣、脱水程序完成，人们希望将不同的衣服分开洗涤，然后一起脱水。按全自动洗衣机原理，这是不科学、不可取的。但对“海尔”人来说，“用户永远是对的”。不久，中国第一台电脑后置仿生设计的“小神功”全自动洗衣机问世了。这种洗衣机具有高节能的特点，一度电可洗 33 公斤衣服，深受消费者的青睐。

——当科技人员发现农村的水质越来越硬、衣服越来越难洗净时，便开发了专利产品“爆炸”洗净的气泡式洗衣机，即利用气泡爆炸破碎软化作用，提高洗净度 20% 以上。

——“海尔”的普及型滚筒洗衣机“丽达”六姐妹，不但具有高档“玛格丽特”洗衣机的品味，而且符合大众消费水平，满足了小康家庭的洗衣享受，拓展了各消费层次的选择空间。

——“用户的需要就是我们永远的追求。”为了使人们能够彻底地从洗衣烦恼中解脱出来，“海尔”推出了中国第一台迷你型即时洗“小小神童”洗衣机，它的问世成功地填补了机洗和手洗的空白，小到一双袜子，大到所有的衣物（1.5

公斤)均可立即洗涤,并解决了内外衣分开洗,不同脏度、不同颜色的衣服分开洗的问题,使洗衣机进入一个全新的梦幻组合时代。

问题:

1. 洗衣机市场细分的标准有哪些?
2. "海尔"产品是如何满足各层次的消费者的需求?
3. 该案例给你的启示是什么?

本章小结

1. 市场细分是指营销者通过市场调研,依据消费者的需要和欲望、购买行为和购买习惯等方面的差异,把某一产品的市场整体划分为若干消费者群的市场分类过程。

2. 市场细分的依据主要有地理变量、人口变量、心理变量和行为变量四类。

3. 市场细分的原则有可衡量性、可进入性、有效性、差异性。

4. 市场细分的步骤包括选定产品市场范围、列举潜在顾客的需求、分析潜在顾客的不同需求、制定相应的营销策略。

5. 产品生命周期是产品的市场寿命,即一种新产品从开始进入市场到被市场淘汰的整个过程。就产品而言,也就是要经历一个开发、引进、成长、成熟、衰退的阶段。

6. 产品定位是对目标市场的选择与企业产品结合的过程,也即将市场定位企业化、产品化的工作。

7. 产品定位的方法包括产品差异定位法、主要利益定位法、产品使用者定位法、使用定位法、分类定位法、针对特定竞争者定位法、关系定位法、问题定位法。

8. 产品定位的步骤包括分析本公司与竞争者的产品、找出差异性、列出主要目标市场、指出主要目标市场的特征、满足目标市场的需求。

复习思考题

1. 市场细分的含义及依据是什么?
2. 市场细分的步骤有哪些?
3. 产品定位的内容包括什么?
4. 产品定位的方法有哪些?
5. 产品生命周期是什么?

第四章　广告战略策划

本章提要

广告战略是指在一定时期内指导广告活动的带有全局性的宏观谋略，这是广告策划的中心环节，是广告活动成败的关键。本章介绍了广告战略策划的概念、特征；阐述了企业营销战略下的广告战略；重点讲述了广告战略设计，强调从九个角度来设计广告战略；又简单介绍了广告预算策划的内容、方法、步骤及预算的分配等内容。

本章学习目标

- 了解广告战略策划的概念、特征；
- 掌握企业营销战略下的广告战略；
- 重点掌握广告战略设计；
- 了解广告预算策划的相关内容。

导入案例

耐克的创始人菲尔·耐特起初的本意是从日本向美国进口价格低廉的运动鞋，耐克与当时的体育用品霸主阿迪达斯根本无法相提并论，销售量仅是其几十分之一。在耐克公司成立并默默存在了几年之后，到 1984 年中期，耐克和阿迪达斯几乎同时拥有了一项将气垫放入运动鞋内以减轻鞋重的技术，并且它们在同一时间段将这款鞋推向市场,结果这件事成了耐克品牌崛起的转折点。因为耐克进行了广告定位集约,与乔丹签订一份为期五年的合同,邀请乔丹作为其品牌代言人,创造性地把乔丹与气垫鞋结合起来,成为耐克市场战略和整个运动鞋、运动服生产线的核心,不但增加了耐克的品牌魔力,也为耐克公司创造了展示其新技术的最佳途径。同时,耐克在广告传播道路上,集约强势媒体,广告传播更重视效果而不是数量,增加广告投入,将品牌推到众人面前。迈克尔·乔丹既是耐克进行广告集约的工具,也是耐克新的符号标识。一系列的广告集约不仅使耐克新系列的球鞋马上脱销,而且带动了耐克其他运动系列产品销售量的大幅增长。在1984年到1987年的短短三年时间内,其销售量从不到100万美元一路飙升到2亿美元。相比之下,阿迪达斯产品的销量并无实质性的突破。至此之后,耐克这一名气普通的运动鞋品牌跻身世界知名品牌行列,产品的销售总量超过阿迪达斯和锐步这两个老牌运动知名品牌,确立了全球第一运动品牌的地位。

第一节　广告战略策划的概念与特征

广告战略策划是广告策划的中心环节,是决定广告活动成败的关键。一方面,广告战略是企业营销战略在广告活动中的体现;另一方面,广告战略又是广告策划活动的纲领,它对广告推行程序策划、广告媒体策划、广告创意等具有统帅作用和指导意义。

一、广告战略策划的概念

广告战略是指在一定时期内指导广告活动的带有全局性的宏观谋略。具体说来,广告战略是根据市场分析、产品分析、消费者分析得到的资料,对广告开展的方法、劝说侧重方式和媒介选择总体原则等做出决策。

广告战略策划是指对整个广告活动的指导思想、目的、原则等的宏观运筹与谋划。

小案例4-1　通用汽车的广告战略

通用汽车曾推出五款平面广告,从制造、质量、销售、售后服务和技术合作等具体行为反映其“用户第一、质量第一、服务第一”的企业精神。

一则广告题为“质量是创造出来的，而不是检查出来的”，强调“精益生产，关键在于不能退而求其次”。

一则广告题为“我们要求所有的别克零部件供应商都要通过严格的QS 9000质量认证”，强调“做大好事，必须小心求证”。

一则广告题为“众人同心，其利断金”，强调“造世界水平的别克，靠的是世界水平的人”。

一则广告题为“能人背后有能人，别克背后有泛亚技术中心”。

一则广告题为“在上海通用汽车特约售后服务中心有熟人的感觉，是花钱买不到的”。

通过以上五则广告环环相扣的诉求，使消费者从企业的行为中，深深体验到了别克的文化，产生了共鸣。

二、广告战略策划的特征

广告战略策划具有以下几个特征：

1. 全局性

广告战略策划要进行宏观的运筹与谋划，会影响企业的未来发展方向，因而具有全局性。一方面，广告战略是企业营销战略的一部分，既要体现企业营销总体构思的战略意图，又要服务于企业的营销战略；另一方面，还要着眼于广告活动的全部环节，广告战略统帅广告指导思想、广告重点、广告目标、广告策略、广告创作、广告实施、广告效果评估等广告活动。

2. 指导性

广告战略策划解决的是整体广告策划活动的指导思想与方针的问题，对广告策划的实践性环节提供宏观指导，对各个具体环节具有指导意义，能使广告活动有的放矢，有章可循。

3. 对抗性

广告战略策划要针对主要竞争对手的广告意图，制定出符合实际情况的抗衡对策。作为市场竞争产物的广告活动，在广告战略的确定中，要考虑企业、产品、市场等方面的竞争因素，做出好的广告策划，使自己立于不败之地。

4. 目标性

广告战略策划要解决广告活动中的主要矛盾，保证广告目标的实现。广告战略的目标性体现在企业的营销目标和广告战略目标两个方面。营销目标是在企业战略思想指导下，在战略期内企业全部市场营销活动所要达到的总体要求。广告战略目标是广告活动所要达到的预期目标。没有广告目标或者广告目标不明确,广告战略策划也就失去意义。

5. 稳定性

广告战略是在市场调查的基础上经过分析研究制定的,对整个广告活动具有"牵一发而动全身"的指导作用,在一定时期内具有相对的稳定性。当然,随着条件和环境的变化,广告战略具有一定的适应性。

小案例 4-2　百威啤酒公司进军日本市场的广告战略

百威啤酒是美国最畅销的啤酒,长久以来被誉为"啤酒之王"。百威之所以成功,除了确实是美国首屈一指的高品质啤酒外,还与其卓越的市场策略和广告策略有着重要关系,我们从百威啤酒成功进军日本市场可见其一斑。

百威是 1981 年以后进入日本市场的,1982 年在日本进口啤酒中名列前茅,销量比 1981 年增加 50% ,1984 年就取得了销售 200 万瓶的业绩。

企业必须为自己的产品确立正确的目标。百威啤酒能取得成功首先在于它把握了日本年轻人市场的变化,确立了以年轻人为诉求对象的广告策略。日本年轻人有购买实力,有更多时间去追求自己喜欢的事情,新奇而又昂贵的产品很能吸引他们。他们有自己的口语表达方式和独特的语言,往往是市场舆论的制造者和领袖。如果想用广告来打动他们,就必须认识他们,了解他们对事物的看法。只有这样,才能推出有效的广告打动年轻人的心。

百威先将主要的广告对象设定在 25—35 岁的男性,他们的生活形态是:平常都喝啤酒,对运动与时装都非常感兴趣,喜欢多姿多彩的休闲活动。这个对象的设定与百威啤酒原本就有的"年轻人的"和"酒味清淡的"形象十分吻合。

设定目标后,百威就把重点放在杂志广告上,专攻年轻人市场,并推出特别精致的激情海报加以配合。广告的诉求重心是极力强化品牌的知名度,以突出美国最佳啤酒的高品质形象。在行销的第一、第二阶段里,广告传播都建立在"全世界最有名的高品质啤酒"这一概念上,视觉上重点强调标签和包装。

第二节　企业营销战略下的广告战略

根据企业在市场上的竞争地位,可将企业分为四种类型:市场领导者、市场挑战者、市场追随者和市场补缺者。处于不同地位的企业,应该制定和实施不同的竞争策略，这也必然引起广告策略的改变。

一、市场领导者的竞争战略

绝大多数行业都有一个居于领导地位的企业，它在相关的产品市场上占有最大的市场份额。其他企业会承认它的领导地位，有的会向它发起挑战。市场领导者的策略失误，很可能会导致其丧失领导地位。所以，必须从扩大市场总需求、保护市场占有率和提高市场占有率三方面进行努力。

1. 扩大市场总需求

市场领导者占有最大的市场份额，因此当市场总需求扩大时它获利最多。市场领导者扩大市场总需求可以从寻找产品新的使用者、新的用途和增加产品的使用量三方面着手。

（1）寻找新的使用者。一些潜在顾客可能因为不知道企业的产品，或者对企业的产品不感兴趣，或者他们认为企业产品的价格不合理或存在缺陷等因素而没有购买企业的产品。企业可以从这些群体中发掘新的使用者。

小案例 4-3　强生婴儿洗发精进入成人市场

当美国的出生率下降时，强生公司极为关注婴儿洗发精未来的销售情况。公司发现家庭的其他成员偶尔也会使用婴儿洗发精，于是决定针对成人开展广告宣传活动。在很短的时间内，强生公司的婴儿洗发精成为整个洗发精市场的领导品牌。

（2）发现和推广产品的新用途。如果企业能发现和推广产品的新用途，也能扩大市场总需求。

小案例 4-4　杜邦公司的尼龙新用途

尼龙在 20 世纪 30 年代被研发后，最初仅限于在高端行业使用，如降落伞等。后来杜邦公司不断在民用领域开发尼龙的用途，使尼龙逐渐走入普通百姓的生活，成为衬衣的原料，进而又成为制作汽车轮胎、椅套、地毯的原料。由于杜邦公司不断研发将尼龙的新用途应用于日常生活，公司名声大振。

(3) 促使使用,增加使用。企业可以通过适当方式,说服顾客更多地使用企业产品,这也能有效增加产品的销售量。

2. 保护市场占有率

市场领导者还必须注意不使自己的业务受到竞争者的打击。有的市场挑战者总是在寻找市场领导者的薄弱之处,伺机发起进攻,以便取而代之。

市场领导者要保护自己的市场占有率,就必须不断地进行创新。在任何时候都不能满足于现状,要使企业在行业的新产品开发、顾客服务、销售渠道的效益性和降低成本等方面都居于领先地位。如吉列公司从20世纪90年代开始研制传感剃须刀,获得29项专利成果,产品在市场上无人能够仿制,畅销世界各个国家和地区,拥有7亿顾客。

进攻是最好的防御。市场领导者要抓竞争者的弱点,主动出击。当企业不能主动发动进攻时,就应对企业的市场进行认真研究,制定正确的应对挑战者进攻的防御策略,确定哪些部分应不惜代价加以防守,哪些部分可以放弃而不会给企业带来危害,从而正确配置企业的资源。防御策略的目标是减少受到攻击的可能性,或将攻击引向对企业造成危害较小的地方并削弱其攻势。

小案例 4-5 可口可乐应对百事可乐的挑战

针对百事可乐的挑战,可口可乐在1970年终于找到对市场领导者来说最有力的防御战略,那就是领导者地位本身这个有利条件,推出了"地道货"这个竞争概念,其涵义是其他可乐都是模仿可口可乐而来的。在广告中强调"可口可乐是正宗货",并在广告中特别写上"7X"字样的秘密符号,提出"可口可乐真正令你心旷神怡"等竞争口号,以对抗百事可乐的"百事可乐令你轻松愉快"。为了夺回被百事可乐拉走的一大批青年消费者,可口可乐推出了使青年们入迷的"罗素摇浪"广告,从而夺回了一大批青年消费者;可口可乐同时还推出不同瓶装可乐,巩固了自己的市场地位。

3. 提高市场占有率

市场领导者还可以设法提高其市场占有率,以进一步增加利润。兰切斯特法则认为,当双方的力量对比达到3∶1的优势时,强者不可战胜,故3∶1又被称为不可战胜之数。由兰切斯特法则引申而成的商战理论认为,当竞争双方的市场占有率对比为3∶1时,则强者不可战胜,3∶1又被称为不可战胜之数在商战领域中依然适用。所以,市场领导者在保住已有份额的前提下,要设法提高自身的盈利能力,稳坐市场占有率榜首。

二、市场挑战者的竞争战略

市场挑战者,是指在市场上居于次要地位,采取向市场领导者或其他竞争者发起攻击的方式来争取更多市场份额的企业。

在市场的早期阶段,第三位、第四位也具有吸引力。因为此产品销量在不断增长,新的消费者在不断进入市场,他们不了解哪些产品居于领先地位,往往购买他们感兴趣的产品,而这些产品可能正处于第三、四位。但随着市场的成熟,最终将形成两强相争的局面。如饮料是可口可乐和百事可乐,胶卷是柯达和富士,汽车是通用和福特,快餐业是麦当劳和肯德基。美国通用电气公司总裁韦尔奇曾说过:“只有那些市场上数一数二的公司,才可能在日益激烈的国际竞争中获胜。”因此,该公司要求它的产品在所有市场上都占有第一或第二的地位,否则便撤出该市场。而宝洁公司(P&G)具有强大的竞争力也在于它的产品中有70%以上都居于第一或第二的位置。

市场挑战者为追求市场占有率应该做好确定战略目标和进攻对象及选择进攻策略两方面的工作。

小案例 4-6　利弗 2000 型香皂战胜 P&G

美国利弗兄弟公司凭借其利弗2000型产品,取得了很大的成就。利弗兄弟公司曾一直落后于它的竞争劲敌宝洁公司,而今,因其推出了能供全家用的多功能利弗2000型产品,一跃而在肥皂业中坐上了头把交椅。现在,不必再为妈妈买一块润肤香皂,为爸爸买一块除臭香皂,再为宝宝买一块柔性香皂了。利弗宣称,它是第一家成功地将所有这些清洁功效浓缩于一块芬芳皂块中的公司。

利弗2000型香皂有一则欠雅的电视广告,它向人们展示,这种香皂可用于清洗“人体两千个部位”。该产品1993年的销售额为1.13亿美元,使利弗公司在香皂收入方面首次超过宝洁公司。包括多福、佳丽斯和利肤宝在内的所有利弗产品,在全年总计16亿美元的肥皂销售额中占35%,而宝洁公司仅占32%,后者的产品有爱肤丽、爵士、舒肤佳、考斯特和佳美等。

三、市场追随者的竞争战略

市场追随者是指在市场中居于次要地位、参与市场竞争但不准备向市场领导者或其他竞争者发起进攻的企业。美国学者库普斯和莱布兰德通过对美国和加拿大的 1 600 家企业的调查研究提出，一个企业要想在市场竞争中取胜，最好的方法是创造性地模仿市场领导者。创造性模仿的系统方法是“参照”，通过与强者的对比，发现自己的优势和不足或寻找领导者领先的原因，以便为企业开发新产品、开展市场营销活动、制定目标和战略提供依据。参照已经成为一种管理技巧，为越来越多的西方大企业所采用，如施乐公司、通用汽车公司、柯达、福特、杜邦等一些大企业还设立了专门从事参照活动的部门。

市场跟随者必须找到一条不致引起竞争性报复的发展道路。一个市场追随者必须了解如何掌握现有的顾客，并且在新的顾客群中争取更多的顾客。每一个市场追随者都应该设法为其目标市场带来现实的利益——地理位置、服务、融资等。再者，由于追随者往往是挑战者的主要攻击目标，因此追随者必须随时保持低的制造成本以及高的产品品质与服务，以免遭受打击。此外，一旦有新的市场出现，追随者更应该积极地进入该市场。不过，追随者并非仅是被动地模仿领导者；相反的，追随者必须自行决定一条不会引发报复的成长途径。

方太董事长茅理翔说：“我们要老老实实甘当老二。能长久当老二，就是一个成功者、胜利者。”正是这样理性和稳健的选择，使得方太厨具抵挡住了降价竞争、多元化发展和争夺行业老大的诱惑，坚守企业的战略定位和行业定位。可谓一个理性经营和志在千里的成功典范。

四、市场补缺者的竞争战略

市场补缺者是指那些致力于在一个或很少几个细分市场上开展营销活动、建立相对的竞争优势而避免与大企业竞争的那些企业。对于市场补缺者来说，理想的市场细分应该具有以下特点：具有足够的规模和购买力；有增长潜力；被主要竞争者所忽视或者对其缺乏吸引力；企业具备为此细分市场服务的能力和资源；企业在顾客中的既有信誉能对抗大企业在细分市场上发起的进攻。市场补缺者的竞争策略是实行专业化营销。

市场补缺者不但要善于发现适宜的细分市场，还应不断拓展细分市场、进入新的细分市场和保护企业的细分市场。由于经营一个细分市场风险较大，市场补缺者通常选择两个或两个以上的细分市场，在这些细分市场上经营成功后，企业的生存适应性将大为加强。

小案例 4-7　维珍:永远的“补缺者”

从1970年到现在,维珍集团成为英国最大的私人企业,旗下拥有200多家大小公司,涉及航空、金融、铁路、唱片、婚纱直至避孕套,俨然半个国民生产部门。红白相间的维珍品牌在英国的认知度达到了96%,但是,维珍产品在所处的每一个行业里都不是名列前茅的老大或老二,而是一只“跟在大企业屁股后面抢东西吃的小狗”。这正是维珍的老板布兰森本人所期望的。

维珍总是选择进入那些已经相对成熟的行业,给消费者提供创新的产品和服务。可以说,在它进入的每一个行业里,维珍都成功地扮演了“市场补缺者”和“品牌领先者”的角色。维珍公司将目标顾客定位于“不循规蹈矩的、反叛的年轻人”,向他们提供的是那些行业领导者没意识到或不屑于做的空白市场。维珍创出了足够多的新产品准确地填补这些价值缺口,既与已有市场上竞争激烈的产品不同,又与目标顾客的需求非常吻合,如维珍航空、维珍移动通信、维珍可乐等。

由于不具进攻色彩,跳出了现实市场这个竞争圈子,最大限度地避免了直接竞争,从而逃脱了“价格战”的杀身之祸。它凭借价值行销模式得以天马行空,频频出手,不断地给大家制造惊喜。

第三节　广告战略设计

广告战略设计就是设计众多广告战略方案,并从中选择最能体现广告战略思想,符合广告产品及企业的实际,适应市场营销需要的广告战略方案。

根据广告战略策划的一般经验,可供选择的广告战略主要有以下几种:

一、从市场角度设计广告战略

1. 目标市场战略

目标市场战略是企业把广告宣传的重点集中在目标市场上的一种广告战略。

根据市场学理论,市场本身是一个抽象概念,目标市场是对市场的具体细分,即以消费者为对象,依照消费者的欲望和需求的差异性,把市场划分为若干个消费者群体,每一个消费者群体便是一个细分市场。企业产品最适合哪个群体消费者,这个消费群体便是该产品的“目标市场”。针对目标市场设计的广告战略,便是目标市场战略。

2. 市场渗透广告战略

市场渗透广告战略是一种站稳、巩固原有市场,并采取稳扎稳打的方式,逐渐开辟新市场的广告战略。这主要包括两方面内容:

(1) 尽可能挖掘原有老顾主的购买潜力。稳定原有的消费者,保持老顾主购买老产品的数量。这些消费者对老产品的性能比较了解和信赖,在一定条件下形成了习惯购买行为,要力争让原有的消费者更多地购买原有产品。

(2) 在稳定原有市场占有的基础上,利用原有的产品及市场去争取更多的消费者,开辟新的市场。从同行业竞争对手的市场范围内把消费者争取过来。这就要求广告策划人尽可能突出广告产品的独特优势,做好老产品更新与新产品开发的宣传,争取潜在的消费者,把产品卖给新客户,努力使潜在的消费者变为现实的消费者。

海达表的广告曾成功地运用过这种战略。它在上市时,选择重庆和哈尔滨作为市场渗透的目标市场,进行重点广告宣传,产生了较好的宣传效果。然后,又利用在重庆市场造成的宣传优势,将海达表的广告宣传向周边的云、贵、川市场渗透;利用在哈尔滨市场造成的宣传优势,将海达表的广告宣传向黑、吉、辽等市场渗透。从而达到了利用老客户、老市场去开辟新市场、争取新客户的目的。

一般跨地区、跨国经营的商品可考虑采用这种广告战略。一是它能最大限度地合理使用广告资金,二是它能利用成熟市场对新市场的号召力,使商品在跨市场间的流动更合理,而且能减少促销成本。

3. 市场开发广告战略

市场开发广告战略,是指在原有的市场基础上,巩固其产品在原有市场的占有率,同时将未改变的原有产品打入新市场的广告战略。这一战略的实质是向市场广度进军,采取市场开发战略的企业,通常是老产品在原有的市场上趋于饱和状态。例如,日本电器公司在中国的营销战略,就是使日本国内业已饱和的电器消费市场的产品转向中国市场,开发了中国这一新市场。

小案例 4-8 指南针地毯

比利时一名聪明的地毯商将扁平的指南针嵌入祈祷的地毯上。这种特殊的指南针不是指南或北的方向,而是直指圣城麦加方向。伊斯兰教徒无论走到哪里，只要把地毯往地上一铺，很快就能找到圣城麦加的方向。这种地毯在穆斯林地区一经推出，立即成了抢手货，几个月内，在中东和非洲就卖掉了25 000多条。这名商人不仅赚了钱，还成为著名的“地毯大王”。

二、从内容角度设计广告战略

1．企业广告战略

企业广告战略是以提高企业知名度、树立企业形象、宣传企业信誉为主要内容的广告战略。一般说来，企业广告战略的重点不是直接宣传其产品，而是通过对企业的规模、业绩、历史、实力、精神等特点的宣传来提高企业的知名度和美誉度。

2．产品广告战略

产品广告战略是以推销产品为目的，向消费者提供产品信息，劝说消费者购买其产品的广告战略。一般说来，产品广告战略的重点是宣传该产品独有的特点、功能以及给消费者带来的好处、利益点。

（1）品牌战略。

这里首先予以说明的是，品牌和产品之间有一个重要的区别。产品是带有功能性目的的产品。所有的品牌都是产品，但并非所有的产品都是品牌。

品牌是能为消费者提供其认为值得购买的功能利益和附加价值的产品。

附加价值是品牌定义中最重要的部分。所有最重要的附加价值都是非功能性的。詹姆斯·韦伯扬把它简明扼要地描述为：“通过广告在产品的有形价值上附加的无形价值。”比如一套衣服，作为一种产品，它的功能性利益是它保暖、遮盖。雅戈尔西服除了具有保暖、遮盖的功能性利益外，还附加了“成功”、一定的社会地位等非功能性利益，从而使雅戈尔成了一种品牌。

因此，附加价值源于使用此品牌的人的主观心理感受，而品牌大多由广告培育而成。因而，在广告策划中采用品牌战略就大有必要和成功的可能。

品牌战略即在广告活动中，不仅需要宣传产品独特的功能利益，而且同时应通过合适的广告意象给产品附加有别于同类产品的非功能性个性和形象，从而打造品牌、塑造品牌形象的广告战略。

奥格威说：“每一则广告都是对品牌形象的长期投资。”这也就是说，品牌形象是广告多次反复地将某一产品与某个意象、某种个性和象征长期联系在一起所产生的心理效应，这可算是广告策划中采用品牌战略的依据。

(2) 差别战略。

就是在广告活动中侧重宣传广告产品的特别之处,强调产品差别的广告战略。

采用这种广告战略可以从广告产品与同类产品的差别入手进行宣传。如果产品质优,则可侧重强调产品的质量优势;产品独特,可侧重宣传产品的与众不同;产品新潮,可侧重宣传产品体现了时尚潮流。还可以通过宣传产品在原料上、设计上、性能上、价格上的变更来劝说消费者购买,从而占领市场。

(3) 系列战略。

就是在广告活动中将产品组合成系列来进行宣传的广告战略。采用这种广告战略,必须从整体协调的角度考虑问题,要有计划地将产品组合成一个系列来进行广告宣传,使各种产品之间的广告宣传互相配合,起到相得益彰的效果。这种战略多采用广告形式相对稳定、广告内容不断变化的宣传手段。

例如,某企业生产出了统一商标品牌的系列美护肤品,做广告时就可能采用产品系列广告战略。在第一则广告中将全部系列产品同时推出,第二则广告则只推出两件做重点宣传。以此类推,逐则推出各种产品,直到最后一刻,再回过头来进行一次大组合,将全部系列产品推出。如此循环往复,既可利用媒体有限的空间来充分展示系列产品的全貌,又可以保持有限空间的单纯性,来突出单一产品。

三、从时间角度设计广告战略

1. 长期广告战略

长期广告,是指为期两年以上所实施的广告。长期广告战略是指对广告内容所作的两年以上的宣传的广告战略。其着眼点不是现在,而是未来。

例如,天津手表厂对某项体育活动提供赞助,对推销其产品海鸥表不会产生近期效果,但从长远来看,对提高海鸥表的知名度、树立企业和产品形象具有长远意义,有利于企业的生存和发展。这就是采取了立足于未来的长期广告战略。一般说来,长期广告战略不但着眼于开拓市场,打开产品销路,而且还着眼于提高产品的知名度,树立企业的良好形象。因而,长期广告战略要注重全局性、系统性和深远性,强调广告目标的长期性和连贯性。

2. 中期广告战略

中期广告,也称年度广告,是指为期一年的时间所实施的广告。中期广告战略,是指对广告内容作为期一年的广告宣传的广告战略。

采用这种广告战略,要在计划时间之内,反复针对目标市场传递广告信息,持续地加深消费者对商品或企业的印象。保持消费者头脑中的记忆度，努力发掘潜在市场，提高商品知名度，促使消费者重复购买。一般说来，中期广告战略通常作用于时间性、季节性不强的产品。采用中期广告战略，要注意产品的实际销售效果，同时也应兼及品牌的知名度。还要考虑到一年时间内广告频度的安排，力求适当有变化，疏密有致。

3．短期广告战略

短期广告，是一年内按季度、月份所实施的广告。短期广告战略是指在有限的市场上，在较短的时间内推销某一产品的广告战略。一般说来，短期广告战略适用于新产品或时令性较强的产品。

新产品刚入市场时，要对准目标市场进行短期突击性的广告宣传。它有利于集中优势抢占上风，在短期内迅速造成浩大声势，扩大广告影响，收到迅速提高商品销售额的效果。如台湾三阳公司野狼125摩托车在上市之前的一个月内，就集中进行短期的“轰炸性”悬念广告，告知消费者一种新型摩托车即将上市，收到奇好的促销效果。

一些季节性、节假日性强的商品也适合采用短期广告战略。如季节性较强的电风扇、羽绒服、取暖器等商品，应随季节变化的规律，适时开展短期广告宣传活动。时机的选择要适当，过早会造成广告费的浪费，过迟延误时机而直接影响商品的销售。最好在销售旺季即将来临时就逐步推出广告，为旺季销售作好外在准备和心理准备。一旦销售旺季到来，广告宣传就迅速推向高潮。旺季一过，广告活动也可以结束。

四、从空间范围角度设计广告战略

1．特定区域广告战略

特定区域广告，是指对某一特定区域范围内所作的广告。

特定区域广告战略，是根据广告宣传所针对的特定区域的情况，对该区域的广告活动作统筹规划的广告战略。广告宣传可能根据不同地区的不同特点制定不同的广告战略。如电视机广告，在经济发达地区，可以宣传其功能齐全、款式新颖、辐射低，有利于健康等信息；在经济欠发达地区，则应突出其物美价廉、经久耐用等信息。

小案例 4-9　日本索尼公司的“昏招”

在泰国推销录音机的时候，索尼公司为求创新，曾用释迦牟尼做广告。在广告片中，释迦牟尼出现在电视上，这位佛祖先是安详侧卧，闭目入定。但随着索尼录音机不断播放出动人的音乐，这位佛祖开始凡心萌动，睁开了双眼，最后，他竟然随着音乐开始不停地起舞……

索尼公司原来的想法是，佛祖在泰国是最有权威的象征，如果连佛祖都被索尼的产品打动了，那普通百姓能不照着佛祖的来吗？可它恰恰忘了考虑文化因素。在泰国，对佛祖是不能有丝毫轻慢的，索尼公司竟让佛祖随意“凡心萌动”，岂不是对佛祖的大不敬？结果，当这一广告在泰国播出后，索尼公司不仅没有达到推销产品的目的，反而遭到泰国政府的抗议和泰国人民对该产品的抵制。最后，索尼公司不得不停播这则广告，并向泰国人民公开道歉。

不同的文化背景决定了人们对各种现象的不同反应，从而影响他们的行为取向，这一点是企业在策划广告时必须考虑到的。

2. 全球广告战略

全球广告是指以国际市场作为目标市场的广告。全球广告战略是以世界市场为目标市场，对广告活动所作的世界范围内的全局性的统筹谋划的广告战略。一般说来，全球性广告战略谋划深远、考虑全面，注重广告口号、广告风格、广告表现手法的一致性，以期在世界范围内塑造一个统一的产品形象或企业形象。如美国百事可乐，统一配方、统一品味、统一规格瓶装。在广告宣传上，强调“新一代的选择”以统一的主题在世界各地与可口可乐抗衡。同时在广告宣传中还统一标识、统一口号，形成了统一的品牌形象，表现出广告战略的宏观性和深远性。

小案例 4-10　中国制造

30 秒时间可以告诉人们什么？如果是视频广告，它的信息量可能无比丰富：一名矫健的晨跑者风驰而过，他的跑鞋是糅合了美国科技元素的“中国制造”；豪华住宅内，主妇端着豆浆，她打开的冰箱是融合了欧洲风格的“中国制造”；一台 MP3 播放器装在跑车上，它是使用了硅谷软件的“中国制造”；还有模特身上华丽的服饰，是由法国设计师设计的“中国制造”；穿梭、往来世界各地的商务飞机,更是全球合作下的"中国制造"。

"中国制造",就是世界合作的产物——这则由商务部全球投放的形象广告,正在美国有线电视新闻网(CNN)中播出,令世界眼前一亮。法新社评论道,它应是中国政府首次全球推广中国货的尝试。

五、从发挥优势角度设计广告战略

1. 集中广告战略

这是选择产品优势或市场优势集中宣传的广告战略。

采用这种广告战略时,广告宣传要选择产品占有率高的广告战略区,集中宣传产品的质量、价格,良好的售后服务等优于同类产品,以争取使用同类产品的用户转而使用自己的广告产品。先突破这一点,取得市场优势,步步为营,蚕食市场,将原有老产品"嫁接"到新市场上去,进而向市场进军。这种战略花钱少、见效快。

2. 整体广告战略

这是将企业形象与产品形象作为统一整体进行宣传的一种广告战略。

在广告内容上,既宣传产品,也宣传企业;在广告范围上,是全方位的广告宣传;从广告媒体上看,则采用多种媒体组合搭配的方式;从宣传层次上,则是建立多种宣传渠道,形成多层次宣传网。

整体广告战略常用在新产品的导入期和成长初期,它有利于通过各种媒介宣传统一的广告内容,迅速提高产品和企业的知名度,以达到创品牌的目的。

整体广告战略还适用于有实力的企业产品的成长后期和衰退期。因为企业的社会生命周期长于产品的市场生命周期。消费者对产品和企业都有了解后,企业的产品即使进入衰退期,企业也可以利用消费者对本企业产品的信任而赢得消费者等待本企业新一代产品问世的耐心。消费者的这种耐心对于企业经营或销售来说,是至关重要的。它为产品的更新和改进提供了必要的时间。整体战略的意义之于老产品衰退期、新产品尚未问世之际的意义就在于此。但整体广告战略计划需要巨额广告资金,一般中小企业难以承受。广告策划人应依据广告主的实力予以采用。

六、从消费者心理角度设计广告战略

1. 广告诱导心理战略

这是抓住消费者潜在的心理需求,通过某种承诺,使消费者接受广告宣传的观念，自然地诱发出一种强烈购买欲望的广告战略。

小天鹅“爱妻号”洗衣机就是抓住了丈夫体贴、怜爱妻子的心理做广告诱导丈夫们购买。而“威力洗衣机——献给母亲的爱”这则电视广告，是从儿女体贴母亲洗衣的辛苦，满足了儿女们孝敬母亲的心理需求。这两种产品的广告就采用了广告诱导心理战略。

2. 广告迎合心理战略

这是根据消费者不同性别、年龄、文化程度、收入水平、工作性质，在广告中迎合不同消费者的需求的一种广告战略。

例如服装广告，在经济发达地区，消费者注重的是质地、款式、个性。那么，广告就要迎合消费者的这种心理需求，“杉杉西服，不要太潇洒”，“琴曼西服衬衫，尽显男士风度”。在经济落后地区，消费者注重的则是价格低廉、保暖、凉爽、结实耐穿，那么广告宣传也要迎合消费者的这种心理。

采用迎合消费者心理需求的广告战略，关键就是要弄清消费者最关心的是产品哪方面的内容，广告就应去突出宣传产品在这方面的特点和相关信息。

3. 广告猎奇心理战略

这是在广告中采用新奇的媒体、新颖的形式、独具特点的内容等特殊的手法，使消费者产生强烈的好奇心，从而引发购买欲望的广告心理战略。

例如：1993 年美国航空航天局发明了一种最新的“太空广告”，即利用火箭和飞行器发射广告，登广告者只需付 50 美元，即可在火箭体表买下 1.77 米长的广告区。这种媒体材料新、形式奇，给人以全新的刺激。

采用这种心理战略的关键在于，用新奇的手法引起消费者的注意，但也要讲究分寸。记住过于刁钻、怪异的事物，其怪异程度如果超出了人们的接受能力和承受度，是不会引起人们的好感的，相反，会让大家产生排斥心理。

七、从传播范围渠道的角度设计广告战略

1. 全方位战略

全方位战略即不作地域选择，而尽可能在最广大的范围内多方面、多角度地大肆宣传。广告“四处开花”，辐射面大，就可能取得“东方不亮西方亮”的效果。这种战略适合于资金雄厚、产品面向全国的大企业。

2. 多层次战略

多层次战略是指采用多种宣传渠道，形成全国性或地方性的宣传网络。采用这种战略，就会既利用多种媒体进行宣传，又利用人员推销进行宣传，体现出广告宣传的多层次性。

八、从媒体角度设计广告战略

1. 多媒体战略

多媒体战略是指选择多种广告媒体同时做广告，花钱虽多，但传播范围广，覆盖面大，效果非常好。资金雄厚的企业多采用多媒体广告战略。如力士香皂在媒体运用上就采用了多媒体广告战略，采用电视媒体中妇女爱看的节目段做广告，选择广播电台《家庭》、《现代生活》杂志为媒介做广告。多种媒体组合宣传，传播范围广，效果好，若资金雄厚，最好采用这种战略。

2. 单一媒体战略

单一媒体战略是指只用一种媒体做广告的广告战略。采用这一战略，花钱不多，有一定的效果，但特别要注意媒体的选择。要在资金允许的范围内根据广告产品的性能特点、消费者的媒体接受情况，选择具有权威性、针对性，覆盖面广，收听收视率或阅读率高的媒体。比如汽车和其他自动化机器的制造商和杂货商多采用印刷广告。化妆品、食品、药品用电视广告效果最好。当然选择何种媒体做广告取决于广告主的广告预算和支付能力以及产品的特点和市场范围。

九、从进攻性角度设计广告战略

1. 进攻型战略

进攻型战略是以竞争对手或市场某一目标为出发点，通过广告宣传，在广告的覆盖面、促销力、信任度及产品的公众知名率、市场占有率等方面超过主要竞争对手。这是一种赶超性进攻战略。一些能够左右市场的大公司，经常运用大量的广告来保持产品或企业的知名度、市场占有率，即使产品畅销，也不间断地做广告。

2. 防守型战略

防守型战略是指在广告活动中以防御对手为主的广告战略。由于受主客观因素制约，不愿进攻或没有进攻实力的企业，就应防止被竞争对手击败。这种战略在广告宣传上处于守势，只求保持原有的销售市场的知名度，不求开发潜在市场。

第四节 广告预算策划

一、广告预算的内容

广告预算是指企业为达到一定的广告目标而对其广告活动费用制订的计划，它规定了一定时期内企业开展广告活动的费用总额、使用范围和使用方法。广告预算提出在广告计划期内广告费用可以开支的数目和具体分配方案，是企业广告活动得以顺利实现的保证。

不同企业对广告预算的内容界定各不相同。根据国际公认的广告费用开支表，我们把广告费用分为五大块：

(1) 媒体费用。即购买各种广告传播媒体所发生的费用，如购买广播电视广告时间的费用，购买报纸杂志广告版面的费用，以及购买户外、交通广告，电影、幻灯广告，DM 直邮广告，直接广告等广告媒体费用。

(2) 管理费用。诸如广告部门工作人员的工资及办公经费，支付给广告公司广告制作者的手续费和报酬，广告部门工作人员的差旅费，广告部门固定资产折旧费等。

(3) 调研费。指围绕广告活动的各种调查费用，如广告效果调查费用、消费者调查费用以及广告产品调查费用等。

(4) 设计制作费。用于美术、印刷、制版、照相的费用，广播电视广告作品的设计费等。

(5) 各项杂费。如广告材料的运费、橱窗广告安装费等。

小案例 4-11 "秦池现象"错在 CCTV 抑或商家?

秦池酒厂本是山东一家县属企业，多年寂寞之后，1995 年斥巨资夺得 1996 年中央电视台黄金时段广告"标王"；1996 年销售业绩直线上升，销售收入、利税分别是上年的 5—6 倍；1996 年以 3.2 亿元再夺 1997 年度中央电视台广告"标王"。但 1997 年起秦池风光不再，开始品尝恶性透支打广告战的苦果。世人称之为"秦池现象"，社会各界对该现象评议纷纷。有一部分人归咎于 CCTV，认为它太贪、太"黑"。另一部分人认为，秦池酒厂的利令智昏给自己套上了沉重的枷锁，它严重违背了广告预算的最高法则——量力而行，出现了战略上的致命失误。当下的中国，与秦池同样命运的企业绝不在少数！

二、广告预算的方法

确定广告预算总额的方法很多,每种方法都有其长处和短处,没有一种方法被公认为是最科学的。因此,企业在编制广告预算时,往往采取两种以上的方法。企业常用的广告预算方法有:

1. 目标达成法(目标任务法)

运用这种方法,就是根据企业的营销战略和营销目标,具体确定广告规划和广告目标,再根据广告目标编制广告计划,确定企业的广告预算总额。

美国市场营销专家阿尔伯特·费雷(Albert Fery)将目标任务法的操作程序归纳为七个步骤,具体情况如下:

(1) 确定企业在特定时间内要达到的营销目标。

(2) 确定企业的潜在市场的基本特征,包括:① 值得企业去争取的消费者对广告产品的知晓程度;② 消费者对广告产品的态度;③ 现有消费者购买产品的情况。

(3) 分析潜在消费者对广告产品的态度变化及广告产品的销售量变化情况。

(4) 选择适当的媒体开展广告宣传,提高产品的知名度。

(5) 制定恰当的广告媒体策略,确定为达到既定广告目标所需要的广告暴露次数。

(6) 计算为达到预算的广告目标还需要增加多少广告暴露次数。

(7) 确定最低的广告费用即广告预算总额。

目标任务法是在广告调研的基础上来确定广告预算总额,它的科学性较强,但比较烦琐。在计算过程中,如果有一步计算不准确,最后得出的广告预算总额就会有较大的偏差。

2. 销售额百分比法

销售额百分比法是以一定期限内的销售额的一定比率预算广告费的方法。由于执行标准不同,又可细分为计划销售额百分比法、上年度销售额百分比法、平均销售额百分比法及计划销售增加额百分比法四种。其计算公式为:

$$\text{广告费用} = \text{销售总额} \times \text{广告费用占销售总额的百分比}$$

例如,某公司上年度销售总额为1 000万元,今年拟投入的广告费用占销售总额的4%,那么,该公司今年的广告预算为:

$$\text{广告费用} = 1\,000\text{ 万元} \times 4\% = 40\text{ 万元}$$

这种方法简单易行,其优点是:计算简单,广告支出与产品销售状况直接挂钩,销售状况越好,广告费用也越高,企业不至于感到财务压力。

但该方法也有很大缺陷,即因果倒置。广告活动的目的是要创造消费,提高销售额,而不是以销售来决定广告。因此,在广告实践中,这种方法很容易造成广告费用支出的机械性,当市场景气时,广告支出多,而当销售降低时,广告支出反而减少了,从而会进一步恶化市场形势。

3. 利润百分比法

利润百分比法是根据一定期限内的利润总额比率预算广告费的方法。根据利润额的不同含义,又分为净利润百分比法和毛利润百分比法,其广告费用的计算公式与销售额百分比法相同。

利润百分比法把广告费用和利润直接挂钩,适合于不同产品之间的广告分配。但该方法不是以广告促进销售作为出发点,而是首先考虑利润多少。利润多,便多支出一些广告费;利润少,便少支出一些广告费。如果企业没有利润,停止广告宣传,则显然是不适合的。如新产品上市初期,尽管利润尚未实现,却仍需支出大量的广告费,以宣传和推销新产品。所以,利润百分比法是一种比较被动的方法,应慎重采用。

4. 销售单位法

销售单位法是按每一销售单位投入的广告费编制广告预算的方法。其计算公式为:

广告费用 = 单位产品分摊广告费 × 本年度计划产品销售数量

例如,某饮料生产企业上年销售饮料 10 万箱,广告投入 10 万元。今年计划销售 15 万箱,则广告投入为:

$$\frac{10\text{ 万元}}{10\text{ 万箱}} \times 15\text{ 万箱} = 15\text{ 万元}$$

销售单位法对于经营产品比较单一,或专业化程度比较高的企业来说,非常简单易行。但这种方法的缺陷也是比较明显的。对于那些生产、经营多元化的企业,这种方法计算手续繁杂,且灵活性较差,将广告支出和销售情况因果倒置,没有考虑到市场上的变化因素。

5. 竞争对抗法

竞争对抗法是以主要竞争对手的广告费支出为依据,确定本企业足以与之抗衡的广告预算方法。在这里,企业明确地把广告当成了进行市场竞争的工具。

运用竞争对抗法的前提,是要调查主要对手的广告费数额及其变动状况,掌握其某种商品的市场占有率,计算竞争对手单位市场占有率支出的广告费数额。其基本计算公式如下：

$$广告预算 = \frac{竞争对手广告费数额}{竞争对手产品市场占有率} \times 本企业预期市场占有率$$

与竞争对手的广告费用保持同一水准，可维持本企业原有的市场占有率。增加广告费用，提高广告预算，则必将冲击竞争对手的产品市场占有率。

运用竞争对抗法确定广告预算的主要缺点是广告费用大，容易造成浪费。其次，由于竞争对手对其广告费用情况的封锁，使信息不实，容易造成失误。资金不足的中小企业在采用这种方法时要特别慎重。如果企业的资金雄厚，企业为了在市场上建立强有力的地位，则运用这种方法是行之有效的。

6. 支出可能额法（量力而行法）

这是指企业根据自己的经济实力，即财务承受能力来确定广告费用总额的方法。这种方法也称为"量体裁衣法"、"竭尽所能法"，许多中小企业都采用这种方法。

"量力而行"是指企业将所有不可避免的投资和开支除去之后，再根据剩余资金来确定广告预算的规模。

三、广告预算的步骤

广告预算的步骤包括以下几方面：

1. 调查研究阶段

在编制预算之前必须对企业所处的市场环境与社会环境进行调查，对企业自身情况和竞争对手的情况进行调查。这是制定广告预算的前提。

2. 综合分析阶段

在经过全面调查后，要结合企业的广告战略目标和调查情况进行综合分析研究，进而确定广告预算的总额、目标和原则。

3. 拟订方案阶段

根据已确定的广告预算总额、目标与原则，拟订广告预算的分配方案。广告预算方案的选择涉及许多部门和许多因素，因此，要集思广益，尽可能设计出切实可行的方案。如果有多种方案，就要通过反复分析与比较，从多种方案中确定费用相对小而收益相对大的方案。

4. 落实方案阶段

将最后确定下来的预算方案具体化，包括广告经费各项目的明细表及责任分担；广告预算按商品、市场、媒体及别的项目预算分配；广告计划细目的实施和预算总额之间的协调等。方案的落实是广告预算实现的保证。

四、广告预算的分配

在制定年度广告预算之后，还需要在各个广告活动和计划之间进行进一步的预算调配。各个企业均有其不同的市场目标、销售任务、销售范围以及销售对象，因而其广告预算的分配标准也不一样，这直接影响到企业的广告效益。掌握分配思路，可以提高广告费的使用效率。

(1) 按广告的商品分配预算。在广告商品种类较少而分配地区又较多的情况下，企业一般按商品来分配广告预算。这样便于集中宣传主要商品种类。

(2) 按广告的媒体分配预算。广告媒体费用一般占整个广告预算费用的70%—90%，而广告信息的传播效果又主要是通过媒体效果来体现的，因此按照广告媒体的不同来分配广告预算是企业常采用的方法。它又可分为在不同媒体间的广告预算分配和在同一类型媒体内的广告预算分配两种。

(3) 按广告的地区分配预算。如果商品种类较多而销售地区又较集中，企业一般按广告的不同地区分配广告预算。此时，应根据各个地区对商品的现时需求和潜在需求、市场细分和目标市场的分布以及市场竞争等因素合理分配。

(4) 按广告的时间分配预算。对于一些季节性强的商品和一些新上市的产品，企业还经常采用按广告的时间分配广告预算的方法。因此，就有长期性广告预算和短期性广告预算，突击性广告预算、均衡性广告预算以及阶段性广告预算等不同的时间分配形式。

(5) 按广告的机能分配预算。为了便于对广告财务上的管理和监督，企业还经常采用按广告的不同机能分配广告预算的方法。广告预算按广告媒体费、广告设计制作、一般管理费和广告调研费等进行分配。

案例分析 >>>

迪斯尼的广告战略：销售文化

“销售文化”已成为现代广告战略定位的一大理念。以跨国公司在中国“销售文化”的范例来看，从麦当劳到肯德基，从白兰地到轩尼诗XO，从可口可乐到雀巢果汁，这些跨国公司的产品不断涌入中国市场，中国人尤其是改革开放之后的一代人，已在相当程度上接受了西方销售的文化观念，成为这些文化商品的忠实顾客。可以说，现代广告的重要的战略选择就是“销售文化”，它是一个企业保持长久生命的源泉。

迪斯尼公司一直是商业经营的成功范例，尤其是1996年2月和美国广播公司（ABC）合并为迪斯尼/ABC集团公司后，它已成为集广播电视、书刊、音乐作品、出版、影视动画节目制作、名牌产品等于一身的世界上规模最大、经营范围最广的综合性文化娱乐和媒体公司之一。

一、“沃尔特”时代：有形文化诞生无形广告

作为迪斯尼的创建者，沃尔特从来没有考虑过采用什么广告战略。在对待广告的态度上，虽然当时很多大企业已靠广告战略开拓了广阔的市场，但沃尔特·迪斯尼依然保守。当然，这时的广告在人们的意识中还只是有形的报纸、广播中的单纯销售商品的广告。沃尔特反对的也正是这些有形广告。但沃尔特却很注重各种文化宣传，虽然没有意识到这会促生现代企业的广告战略。

卡通文化培养了沃尔特的文化宣传意识，他很早就注意到了对卡通受众市场占有的必要性。在沃尔特的努力下，到1931年，迪斯尼的会员已达100万，凡有文化的地方都知道米老鼠，米老鼠的狂热给沃尔特带来了滚滚财源。但在人们惊呼米老鼠的魔力之时，却很少有人意识到“销售文化”的广告战略的重要意义。

沃尔特本着让最大多数人了解迪斯尼的想法，力排众议，决定在电视中介绍并播放迪斯尼节目。为了增强名人的宣传效应，虽然沃尔特很怕上镜头，他还是坚持自己介绍电视节目。他意识到自己的缺点：(1) 抽烟过多而引起的声音沙哑；(2) 有时发音不准。他无法改变第一个缺点，但他力求避免发音不准。即使重录一遍，也一定力求发音清晰、准确。尽管这种宣传现在看来也是一种广告，但沃尔特不欺骗观众，不过分称赞自己的影片，也不谈他自己。

沃尔特制作的影片从没有色情、暴力成分，他一直在着力制作健康、温馨、幽默的家庭影片。相对于个人收益来说，沃尔特更注重社会效益。梦想以一种健康、向上的文化影响社会，这也是他做迪斯尼文化宣传的原因。

由于迪斯尼文化的世界性影响，二战期间，沃尔特还应国家文化机构的要求，出任文化大使，赴南美国家访问，为迪斯尼的跨国业务，也更为美国的文化形象进行文化宣传。这时迪斯尼45%的收入来自国外，迪斯尼在世界已有广泛的影响，像对待明星一样，沃尔特走到哪里，人们就跟到哪里。

二、从“恩斯诺”以后：有形广告嫁接无形文化

到1984年，恩斯诺做了迪斯尼的新领导后，广告战略才被提到议事日程上来。恩斯诺出身于商业世家，受过良好的现代经济理论教育，有着丰富的现代

管理知识和成功的经营实践，同时有与时俱进的开创精神。他领导下的迪斯尼面貌焕然一新。现代感、高效率和富有创新意识成为当今迪斯尼的主要特征。恩斯诺对迪斯尼进行了改造，为迪斯尼注入了最现代的活力，也奠定了迪斯尼跨国公司的基本样貌。我们会为沃尔特的诚实可信而心仪，但也会为恩斯诺的开拓性的投机才能而叹服。

恩斯诺把自己在商业广告炒作的经验融合进迪斯尼传统的正面文化宣传之中，制定出创造商业文化氛围的“销售文化”广告战略，以卡通文化创造商机。从1984年恩斯诺接手迪斯尼直到今天，迪斯尼都在行之有效地贯彻着“销售文化”的广告战略。

恩斯诺是喜欢在广告上大把花钱的现代投机型商人，他起用广告人才，制订详细的广告计划。但他又很谨慎，在每次大笔花广告费之前都作好广告调查与小规模的广告试点。一旦确定效果不菲，必将花大笔钱进行电视、广播、报纸、橱窗等全方位的广告轰炸。恩斯诺还开展了迪斯尼产品的邮购业务，“沃尔特家庭礼品目录”的广告每周寄出280万份，迪斯尼已是全国第五大邮购目录公司。除了宣传自己的商业文化外，恩斯诺更善于利用其他商家的文化广告宣传。例如，与已有自己文化影响的麦当劳和可口可乐联合宣传。恩斯诺还投资5.1亿美元设计了“制片之旅”——“迪斯尼—米高梅制版厂主题游乐园”。在这个主题乐园的宣传上，恩斯诺利用了大众汽车公司的广告宣传，他同意大众汽车把其新生产的雪佛莱轿车在其新建的主题乐园展销，新乐园在大众汽车广告中被不断提到，结果大众付出了50万元广告费，而迪斯尼在这个免费宣传中获利数百万美元。

恩斯诺很会使迪斯尼文化和当代时尚文化嫁接融合，使其具有生机。在广告宣传上，也以青春时尚劲歌热舞来吸引年轻人。恩斯诺注重发展从沃尔特继承下来的文化精神，但他是把企业文化作为一种商业手段来看待，他发展了宣传迪斯尼文化的唱片业和出版业，1989年又接收了一家濒临破产的意大利杂志，刊登迪斯尼的卡通故事。同时利用因特网，建立迪斯尼网站，在宣传卡通文化的同时大做商品广告。

经过恩斯诺“销售文化”的努力，迪斯尼业绩非凡，其商业运营收入每年都有大幅递增。

问题：

1. 迪斯尼的广告战略在前后两位领导人任期中各有什么特点？
2. 案例中的哪些做法值得我们借鉴？

本章小结

广告战略策划，就是根据市场分析、产品分析、消费者分析得到的资料，对广告开展的方法、劝说侧重方式和媒介选择的总体原则等作出决策。广告战略策划的特征包括全局性、指导性、对抗性、目标性及稳定性。

广告战略是企业营销战略的重要组成部分，它的实施要在营销战略指导下进行，以企业的内外条件为出发点，针对本企业在市场中所处位置制定广告战略。

本章的重点在于阐述广告战略设计，具体包括市场角度、内容角度、时间角度、空间范围、自身优势、消费者心理、传播范围渠道、媒体角度、进攻性角度等九个方面，涵盖了广告战略设计的方方面面，这也是在实践中重点关注的内容。

广告预算是广告策划的重要方面，它起着约束作用。本章主要阐释了广告预算的内容、方法、步骤以及广告预算的分配。

复习思考题

1. 广告战略策划的概念及特征是什么？

2. 作为市场领导者、市场挑战者、市场追随者、市场补缺者，各自应采取怎样的广告战略？

3. 结合某企业实际谈广告战略设计。

4. 广告预算的方法有哪些？

5. 如何分配广告预算？

第五章　广告创意(上)

本章提要

广告创意就是广告人员对广告活动所进行的创造性思维活动。本章介绍了广告创意的概念、原则及创意方法,重点阐述了广告文案的创意,以帮助学生对广告创意有所认识,并能进行广告文案创意。

本章学习目标

- 掌握广告策划的含义、原则;
- 熟悉广告创意的过程;
- 了解广告创意的思维方法;
- 了解广告创意的方法;
- 掌握广告文案的含义、结构。

导入案例

美国宝洁公司有一种拥有二十多年历史的用过即扔的方便尿布,可是在市场上却只有不足1%的市场占有率。于是,他们委托著名的广告大师瓦特·哈布斯(Whit Hobbs)为其策划广告,哈布斯检查了这种尿布原来的广告策略构思——一种给予母亲的方便。他对此概念进行了分析、评判,发现这种广告概念会使母亲感觉到自己是一个懒惰的、浪费的、不肯花更多时间照顾儿女的妈妈。

于是,哈布斯否定了原来的构想,重新提出了广告构想——一种更好的照顾方式,一种使婴儿更舒服、更干燥的现代化尿布。使用这种尿布,不是对母亲更好,而是对婴儿更有益。同时,他还给尿布重新取了一个富有吸引力的名称——"帮宝适"。这种以满足母亲爱心的新广告推出之后,产品销路很快就打开了。

第一节　广告创意概述

美国DDB公司首脑人物威廉·彭力克说:"我们没有时间,也没有金钱,容许大量以及不断重复的广告内容,我们互换我们的战友——创意,要使观众在一瞬间发生惊叹,立即明白商品的优点,而且永不忘记,这就是创意的真正效果。"

现代广告的核心在于创意,其魅力也在于创意。正确掌握广告创意的本质、原则、过程和方法,是提高广告创意水平的保证,也是广告成功运作的保障。

一、广告创意的基本内涵

广告策划之后,广告活动就进入实质性的创意阶段。此时,广告创作者要考虑的是如何充分、艺术性地表达广告主题的问题。成功的广告战略首先来自不同凡响的卓越创意。创意是引起消费者注意,激发消费者购买欲望的驱动力。

(一)创意

创意作为一个名词是指偶有创新的意识、思想、点子。作为一个动词,创意是指创造性的思维活动。创意并不是只有在广告理论与实践活动中才存在的概念,它是多元的,在经济、社会的许多领域,都存在一个创意的问题。

文艺创作有创意问题,公共关系活动有创意问题,科学研究有创意问题,企业经营也有创意问题等。凡是与创作活动联系起来、与人们的思维活动联系起来的表述,就经常用创意这个词。

(二)广告创意

广告创意就是广告人员对广告活动所进行的创造性思维活动。具体说来,就是为实现广告目标,广告人员根据市场调查结果、商品特性和公众心理对广告的主题、内容和表现形式所做出的创造性意念和艺术构想。

（三）广告创意的原则

1. 目标原则

广告创意必须与广告目标和营销目标相吻合。在创意活动中,广告创意必须围绕着广告目标和营销进行创意,必须是从广告服务对象出发,最终又回到服务对象的创造性行为。广告创意的轨道就是广告主的产品、企业和营销策略,任何艺术范围的营造,都是为了刺激人们的消费心理,促成营销目标的实现。广告大师大卫·奥格威说:“我们的目的是销售,否则便不是广告。”如果广告创意脱离了目标原则,不管它多么美妙,都是一个莫名其妙、不知所云的失败广告。

例如,美的空调电视广告的画面上,巩俐面对着“美的”空调,然后回头嫣然一笑,随即响起一句广告口号“美的空调,美的享受”。这个“嫣然一笑”,并没有把成千上万的人导入“消费一族”,而是使人们对巩俐的笑难以忘怀。此广告的败笔在于,它将广告创意和营销目标本末倒置,它只让消费者停留在广告本身,却忽视了广告中的商品。

广告创意的目标原则告诉我们,任何创意都必须首先考虑广告创意要达到什么目的,起到什么样的效果。唯有妙不可言的创意和“步步为营”的营销目标有机融合在一起,才是一则成功的广告。

2. 关注原则

日本广告心理学家川胜久认为:“要捉住大众的眼睛和耳朵,是广告的第一步作用。”意思是说,广告创意要千方百计地吸引消费者的注意力,使其关注广告内容。只有这样,才能在消费者心中留下印象,才能发挥广告的作用。而要吸引消费者的注意力,同时让他们来买你的产品,非要有好的点子(即创意)不可。因此,运用各种可能的手段去吸引尽可能多的消费者的注意,是广告创意的一个重要原则。

例如,白加黑感冒片的电视广告中,五彩缤纷的电视画面突然消失了,屏幕上一半黑一半白,而且信号极不稳定。此画面一下子引起人们的注意:“怎么了,电视出毛病了?”正当你着急的时候,屏幕上出现一行字:“感冒了,怎么办?你可选择白加黑的方法。”紧张的神经这才松弛下来,而下面的广告信息已经乘机钻进你的脑际:白天吃白片,不打瞌睡;晚上吃黑片,可以睡得香。这则广告给人印象深刻,其成功之处在于出人意料,打破现状,引人注意。

3. 简洁原则

简洁原则又称“KISS”原则。KISS是英文“Keep It Simple Stupid”的缩写,意思是“使之简单”。广告创意必须简单明了、纯真质朴、切中主题,才能使人过目不忘,印象深刻。广告大师伯恩·巴克认为:“在创意的表现上光是求新求变化、与众不同并不够。”

杰出的广告既不是夸大,也不是虚饰,而是要竭尽你的智慧使广告信息单纯化、清晰化、戏剧化,使它在消费者脑海里留下深刻而难以磨灭的记忆。如果过于追求创意表现的情节化,必然使广告信息模糊不清,令人不知所云。

例如,台湾地区的一则“家庭计划生育”报纸广告堪称经典之作。计划生育广告历来是让广告人士颇为头疼的事,稍有不当就会被斥为“粗俗”和“性教唆”倾向,而台湾黄禾广告公司却以“一语天然万古新,豪华落尽见真淳”的简洁、质朴创意,获两项国际广告大奖。该广告的画面上只有一个避孕套头和一个婴儿奶嘴,其余部分均为空白,给人疏朗、明快之感。文章也只有一句话:“多一分小心,少一分担心。”极为简单、原始,有说服力,画面和文章都简练到像一首唐人绝句,多一字则累赘,少一字则害意,因而给人留下深刻难忘的印象。

4. 情感原则

以情感为诉求重点是当今广告创意的主流,因为在一个高度成熟的社会里,消费者的消费意识日益成熟,他们追求的是一种与自己内心深处的情绪和情感相一致的“感情消费”,而不仅仅注重于广告商品的性能和特点。因此,若能在广告创意中注入浓浓的情感因素,便可以打动人,从而影响人,达到非同一般的广告效果。许多成功的广告创意,都是在消费者的情感方面大做文章,从而脱颖而出。

小案例 5-1　美国贝尔电话公司的广告

一天傍晚,一对老夫妇正在进餐时电话铃响了起来,老妇人去另一房间接电话。回来后,老先生问:“谁的电话?”老妇回答:“是女儿打来的。”又问:“有什么事吗?”老妇人回答:“没有。”老先生惊奇地问“没事?几千里地打电话来干什么?”老妇人呜咽道:“她说她爱我们。”两人相对无言,激动不已。这时出现旁白:“用电话传递你的爱吧!”

这则广告从最易引起人们共鸣的亲情入手,通过远在千里之遥的子女用电话向老迈的父母表达爱心,从而赋予电话以强烈的感情色彩,营造了一种浓浓的亲情氛围,最后推出要宣传的企业——贝尔电话公司。整个创意很有感染力。

二、广告创意的过程

(一) 收集资料阶段

广告创意是不可能凭空虚构,仅通过想象就能产生的,而是迈出斗室,在深入市场调查研究后想出来的。广告创作人员需要积累生活经验和文化知识,需要深入调查研究,为每一个创意收集所需要的依据和内容。新颖、独特的广告创意是在周密调查、充分掌握信息的基础上产生的。因此,首先应该做好调查研究工作,主要是了解有关商品、市场、消费者、竞争对手等方面的信息。信息资料掌握得越多,对构思创意越有益处,越可触发灵感。

小案例 5-2

我国工业展览在美国洛杉矶展出时,它的巨幅广告是:"妈咪,我要到中国去! 10 美元全家就可以去一次!"这是芝加哥电视台广告设计师设计的广告。他说:"做广告最主要是争取读者。设计前,先要问一声,这个广告主题是设计给谁看的。"他接到设计任务时,曾亲临洛杉矶中国工业展览馆现场观察,发现布置得堂皇富丽、金碧辉煌,就好像到中国一游。同时发现参观展览的多数是全家一起去的,而提议要去参观的多半是好动的孩子向妈妈提议的。因此,他便构思出上述富有新意和人情味的广告。

广告创意的过程也是创意者运用自己拥有的一切知识和信息,产生出某种新颖而独特的产品的过程。在这里,创意者的素质直接影响着广告创意的优劣。为了不断提高广告创意的水平,创意者必须要做生活的有心人,随时随地注意观察和收集生活中的一切信息,以备创意时的厚积薄发。

小案例 5-3

曾为万宝路香烟策划出牛仔形象的著名广告大师李奥·伯奈特在谈到他的广告创意时说,创意的秘诀就在他的文件夹和资料剪贴簿内。他说:"我有一个大夹子,我称之为'Corny Language'(不足称道的语言),无论何时何地,只要我听到一个使我感动的只言片语,特别是适合表现一个构思,或者能使此构思神龙活现、增色添香,或者表示任何种类的构想,我就把它收进文件夹内。"

“我另有一个档案簿，鼓鼓胀胀的一大包，里面都是值得保留的广告，我拥有它已经25年了。我每个星期都查阅杂志，每天早晨看《纽约时报》以及芝加哥的《华尔街时报》时，我把吸引我的广告撕下来，因为它们都作了有效的传播，或是在表现的态度上，或者在标题上，或是其他的原因。”

“大约每年有两次，我会很快地将那个档案翻一遍，并不是有意要在上面抄任何东西，而是想激发出某种能够适用到我们现在做的工作上的东西来。”

广告大师们就是通过不断的信息收集和积累，为自己建造了一座创意的“水库”，源源不断的创意便从这里喷涌而出。

（二）分析资料阶段

主要是对获得的资料进行分析，找出商品本身最吸引消费者的地方，发现能够打动消费者的关键点，也就是广告的主要诉求点。

首先把商品能够打动消费者的关键点列举出来，主要有几个方面：

（1）广告商品与同类商品所具有的共同属性有哪些，如产品的设计思想，生产的工艺水平，产品自身如适用性、耐久性、造型、使用难易程度等方面有哪些相通之处。

（2）与竞争商品相比较，广告商品的特殊属性是什么，优点、特点在什么地方，从不同角度对商品的特性进行列举分析。

（3）商品的生命周期正处于哪个阶段。

（4）列出广告商品的竞争优势会给消费者带来的种种便利。

（5）找出消费者最关心、最迫切需要的要求，抓住这一点，往往就抓住了创意的突破口。

随后将列出的有关商品的特性做成一个表，左侧按重要程度从上到下列出商品的性能、特点，右侧列出这些性能、特点给消费者带来的各种便利。如表5-1所示。

表5-1　某品牌小轿车的特性

新型小轿车的特性	这些性能带给消费者的利益
车速快	车速快
耗油量小	耗油量小，能提高效率，节约开支
安全系数高	安全
具有环保性能	具有环保性能，说明该车具有现代意识
价位不高	价位不高，能够使中等收入的家庭成员进入有车族的行列

通过这样的列表方式，可以清楚商品性能与消费者的需求和所能获取利益

之间的关系,然后用简短的几句话来进行描述,最后结合目标消费者的具体情况,找出商品的诉求重点。

美国广告界权威人士詹姆斯·韦伯·扬曾说:“广告创意是一种组合商品、消费者以及人性的种种事项。真正的广告创作,眼光应该放在人性方面,从商品、消费者及人性的组合去发展思路。”也就是说,要从人性需求和产品特质的关联处追求创意,而不能简单地从商品本身出发。

比如,要为一种不必用开瓶器就能打开的啤酒作广告,有这样两种广告表现形式:日本人是用一位年轻漂亮的少女的纤弱的手指打开啤酒瓶盖,以表示可以毫不费力地打开啤酒,无需开瓶器。美国人则找到一位其貌不扬、衣衫褴褛的五十岁左右的老年人作模特,他右手拿着啤酒,对着电视观众说:“今后不必再用牙齿了!”随即咧开嘴得意地一笑。就在他笑的一瞬间,人们发现原来他有一颗门牙没有了。这样人们在惊奇之余,很快就强烈地感受到这种不必用开瓶器就能开启的啤酒所带来的好处,既形象又强烈,还能久久回忆,给人留下非常深刻的影响。

这两种广告虽然推销的是同一种商品,但因其创意的出发点不同,所收到的广告效果也截然不同。前者是从商品本身的特点出发,直接把商品推销重点表现出来;后者则是从人性的角度出发,站在消费者的位置上,为消费者着想,表现出浓厚的人情味,因而更容易引起消费者的共鸣。在后一创意中,我们可以从表5-2中看到创意者的思维线索:

表 5-2　新款啤酒的特性

啤酒的特点	消费者的利益	人性满足
不用开瓶器	方便省事	关心爱护

由此创意者找到了广告创意的基本概念——如何表现不用开瓶器的啤酒带给消费者的关心爱护。

可见,广告创意的成功,主要表现在对人性的成功挖掘和满足上。每一种商品并不是只能满足消费者的一种潜在欲望,我们要从中寻觅到商品、消费者与人性的结合。

(三)酝酿构思阶段

在这一阶段,会浮现出很多好创意,这些创意往往具有不同的特点,应做好记录,以备筛选。冯·奥克推荐了几种寻找创意的技巧:

(1)调整。改变背景,想想除显而易见的东西外,产品还有可能成为其他什么?康宝汤的一则广告表现了一碗热气腾腾的西红柿汤,醒目的标题写在碗下:“健康保险”。

(2) 想象。问“如果……会怎样?”给你的想象插上翅膀,不怕出格。如果人们能在睡眠中完成讨厌的工作会怎么样?如果动物在客厅中畅饮会怎么样?乔治镇的克莱德酒吧真的用了这个想法:广告表现了一头美丽的大象和一头漂亮的驴穿着西装在桌旁敬酒,标题是:“克莱德,人们的选择”。

(3) 颠倒。从反面看待事物,有时,所期望的结果的反面恰好具有很大的冲击力和记忆度。有家化妆品公司为其保湿润肤膏做广告时如是说:“向你的丈夫介绍一位更年轻的女士”。而大众老爷车的广告则采用了这么一条标题:“丑陋只是表面现象”。

(4) 联系。把两个不相干的想法合并在一起,问问你自己:我的构思能和哪些创意产生联系。为了鼓励人们索取目录介绍,加勒比皇家游轮公司的广告极为简单,一页目录封面,上面是简洁的标题:“邮寄航海”。

(5) 比喻。用一个概念描述另一个概念,有助于人们理解。暗道机关公司是这样给自己的洋葱圈做广告的:在路牌上画一个洋葱圈,然后请开车的人“来做环行表演”。一家高档杂志上的派克高级钢笔的广告更是一个纯粹的比喻:“美妙绝伦,纯银出身,丝般流畅”。

(6) 删节。抽掉部分东西,或打破常规。在广告创作中,墨守成规几乎不会有什么收获。例如,七喜就是因为宣传了它所不具备的因素(非可乐)而名声大噪,并且成功地把自己定位为可乐的替代品。

(7) 滑稽模仿。开玩笑、逗乐、讲笑话,尤其是在压力之下。幽默与创造性有着密切的关系。幽默展开了我们的思维,如果运用得当,便可能产生出色的广告。有家经典电台发布了一条报纸广告:“小心轻放”。美国飞乐公司的电视广告“异乎寻常、绝对的狂欢、绝对的酷”,表现了一只螳螂脚穿飞乐运动鞋飞快地爬上叶梗,以逃避杀手般的配偶,这条广告获得了《广告时代》的好评。

(四) 产生创意阶段

产生创意阶段也称为灵感闪现阶段,灵感闪现也称“尤里卡效应”。“尤里卡”是希腊语,意思是“我想出来了”,它源于古希腊科学家阿基米得灵感突现时的忘情呼喊,它标志着伟大创意的诞生。詹姆斯·韦伯·扬把这一阶段称为“寒冷清晨之后的曙光”。在这一阶段,会提出很多新的创意,这些创意往往具有不同的特点,要注意把每一个新的创意记录下来,以备筛选。

(五) 评定创意阶段

评定创意阶段就是广告创意的推敲、完善阶段。创意刚刚出现时,往往是十分粗糙的雏形,含有许多不合理的部分。这就需要把它交给其他广告同仁审阅评论,使之不断完善、成熟。因为个人的思维再好,也有视野上的局限性,也容易先入为主。广泛听取别人意见,甚至将创意在小范围内试运行,都是检验和完善创意的好办法。

大卫·奥格威在实际创作中,非常重视同别人商量。他为“劳斯莱斯”汽车写广告时,写了26个不同的标题,请了六位撰稿人把它们全部看完,再在其中选出最好的一个(即“这辆新型‘劳斯莱斯’在时速60英里时,最大的闹声来自电钟”)。写好文案后,他又找了三四位撰稿人员把它全部看完,把枯燥无味及含糊的部分删掉,经反复修改后才定稿。

产生创意的五个步骤,简单明了,看起来没有什么惊人之处。但是,实际上却需要付出最艰苦的高智力的工作。同时,我们还要看到这个过程的必要性和严格的顺序性,避免轻率的创意,更要避免前后颠倒,以表现手法来定主题,进而来选题材的荒谬做法。

三、广告创意的思维方法

要产生优秀的创意,就要打破以往观念对想象力的束缚,不断改变思维定势,运用创造性思维方法,选取更新的思考出发点。创造性思维的类型主要有抽象思维、形象思维和灵感思维。进行广告创意时常用的思维方法主要有发散思维法和聚合思维法、顺向思维法和逆向思维法以及会商思维法。

(一)创造性思维的类型

1. 抽象思维

抽象思维即逻辑思维,它是借助概念、判断、推理等抽象形式来反映现象的一种概括性、论证性的思维活动。比如,甲比乙高,乙比丙高,那么甲比丙高,这就是运用概念进行逻辑推理得出来的判断。

抽象思维贯穿于广告创意的全过程。在收集资料和分析资料阶段,要运用抽象思维进行分析、综合、抽象、概括、归纳、演绎、比较、推理。评估发展阶段,要运用抽象思维对创意进行条理化、系统化、理论化,也就是说,要给以正确的逻辑表述和证明,进行系统的理论挖掘。总之,广告创意的各个阶段,都要运用逻辑思维进行科学的分析与综合、合理的归纳与演绎、严密的推理与论证。

2. 形象思维

形象思维即直觉思维,它是借助于具体形象来进行思考的,具有生动性、实感性的思维活动。像阿基米得看见洗澡水溢出澡盆而想出检验王冠真假的办法,牛顿看到苹果落地发现万有引力,这些都是形象思维作用的结果。

形象思维不像抽象思维那样是直线进行的,它是一种多途径、多回路的思维，形象思维以直觉思维为基础，通过某一具体事物引发想象，从而产生创意。

小案例 5-4　倍耐力轮胎公司电视广告

崇山峻岭，白雪皑皑，法国的奥运冠军、200 米和 400 米跑的金牌得主玛丽·佩雷斯飞速奔跑。突然，恶魔从雪中显形，直扑过来。佩雷斯跑进管道，恶魔紧追不舍。在火山边上，恶魔冲出火山口，火山岩浆奔涌而下，变成两只炽烈的魔掌，试图制服佩雷斯。佩雷斯飞身一跃，再度化险为夷……后来，佩雷斯看似赤裸双脚，却脚踏倍耐力轮胎。

3. 灵感思维

灵感思维即顿悟思维，它是一种突发式的特殊思维形式，在创意过程中处于关键性阶段，表现于创意的高峰期，是人脑的高层次活动。

当一个人在进行创造性活动，对某一个问题百思不解时，常常由于一些事件的“触发”而灵机一动，计上心来，使原来的问题一下子获得清晰的线索、深刻的理解和可行的方案。这种突然达到的创造力，就是灵感。江苏盖天力制药股份有限公司的“白加黑”感冒片 1995 年上市，仅半年营业额就突破 1.6 亿元，分得全国 15% 的感冒药市场。这一现象被称为“白加黑”的震撼，在营销传播界产生了强烈的冲击。而“白加黑”的创意却源于一次偶然的闲谈：一位访美归来的工程师说及美国的一种感冒药分为白天和夜间两种片剂，触发了听者的灵感，于是有了“白天吃白片，不瞌睡；晚上吃黑片，睡得香”的创意。就是这种灵感思维，使“白加黑”感冒片以迅雷不及掩耳之势在感冒药市场上崛起。

人们在创造过程中，往往是抽象思维、形象思维和灵感思维交叉使用，相互补充，有效综合，从而形成创造性思维，创造性地解决问题。

（二）创造性思维的方法

1. 发散思维与聚合思维

发散性思维，又称扩散性思维、辐射性思维、求异思维。它是一种从不同的方向、途径和角度去设想、探求多种答案，最终使问题获得圆满解决的思维方法。

发散性思维的特点是：充分发挥人的想象力，突破原有的知识圈，从一点向四面八方想开去，并通过知识、观念的重新组合，寻找更新更多的设想、答案或方法。

国外有一位心理学家做过这样的试验：叫人用六根火柴搭出四个三角形，

结果,很多人搭不出来,原因就是这些人拿到六根火柴棒后,用点的方法思维,在桌面上摆来摆去,无法突破平面限制。其实,只要人们跳出“平面”想到“立体”,就能很快搭成一个三棱锥体,而形成四个三角。

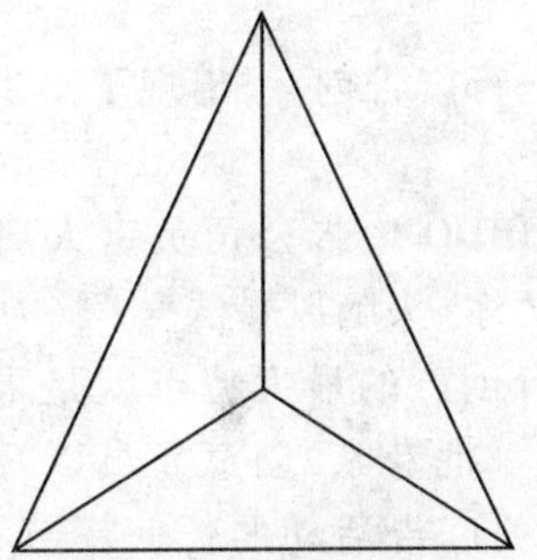

图 5-1　六根火柴搭成的三角形

发散思维是一种重要的创造性思维,具有流畅性、多端性、灵活性、新颖性和精细性等特点。

聚合思维是创造性思维的基本形式之一,又叫辐合思维、集中思维、求同思维。就是将各种信息汇聚起来分析、整合,最终从大量的可能性中提炼出优化的创新方案。例如:地球上哪座山最高?

聚合思维与发散思维相对应,是指将各种信息聚合起来,得出一个正确答案或最好的解决方案的思维形式。

2. 顺向思维和逆向思维

所谓顺向思维,是指人们按照传统的程序从上到下、从小到大、从左到右、从前到后、从低到高等常规的序列方向进行思考的方法。这种思维方法平时常常用到,它在处理常规事物时具有一定的积极意义。但是,顺向思维的常规性容易形成习惯性思维,即思维定势,从而影响创造性思维的开发。

目前,我国许多广告作品在形式上大都受经验、思维定势的影响,对问题作习惯性思考。例如,只有男人才用剃须刀,所以它的形象代言人当然要选一位男子汉;只有女人才穿长筒袜,广告中选用的都是女模特;提到纸尿裤,又想到都是婴儿才使用,厂家都盯住了婴儿市场,广告中出现的又都是婴儿形象。习惯性思维只注重已有的联系,只崇拜已有的经验,习惯正向顺推,却忽视了事业之间常常是互为因果的,具有双向性和可逆性。

所谓逆向思维,是一种反传统的,从相反方向思考问题的方式。它标新立异,常常让创意和策划工作获得新的突破。其主要特点是:逆潮流而行,别人认为不好的方式,我偏偏敢采用;别人都认为没戏的市场,我却要去开拓。广告大师莱斯曾说过:寻求创意的空间一定要有反其道而行的精神。如果每个人都往东来,想想你往西走能不能找到你想要的东西。哥伦布所用的方法既然有效,对你也能有用。

用这种逆向思维方法进行广告创意,出现了不少佳作。

3. 会商思维

这种思维方式是美国 BBDO 广告公司负责人奥斯本于 1938 年首创的,英文为“brainstorming”,所以又称“头脑风暴法”、“脑力激荡法”思维方式。

运用这种思维方式进行创意的最大特点就是采用了集体的智慧。它不是靠一个人的思考,而是组织一批专家、创意人员以及其他相关者进行会商。会商的题目、内容可以涉及有关广告活动的任何环节,主要是通过大家的集体讨论,从中汲取创意构想。参加这种会商的广告专业人员必须具有敏锐灵活的头脑,能够保持兴奋的投入状态,只有在这种情形下,才可能很好地利用他人的构想激荡自己头脑中的想法,产生好的创意。

会商思维的基本精神就是针对某一个问题进行较为深入的思索和探讨,因此要解决的问题必须具体化。另外,会商人员要有一定的代表性,都能无拘无束地发言,而且会后一定要由专人负责整理会议结果,把有价值的想法带到下一次会中讨论或直接归纳成好的创意。

会商思维具有时间短、见效快的特点,但也有着不可避免的缺点,即受到与会者经验、知识面的深度和广度、创造性思维能力等的限制。另外,由于构想既多又杂,给筛选和评估带来了一定的困难。

四、广告创意的常用方法

(一) 李奥·贝纳的固有刺激法

固有刺激法是由李奥·贝纳提出的。固有刺激法也称“与生俱来的戏剧性”,广告创意最重要的任务是把固有的刺激发掘出来并加以利用,也就是说,要发现生产厂家生产这种产品的“原因”以及消费者购买这种产品的“原因”。

产品本身内在的固有的刺激的产生是建立在消费者的欲求和兴趣基础之上的。但是,此种创意方法的出发点是产品,从产品出发去寻找消费者心中对应的兴趣点,即认为产品中必然包含有消费者感兴趣的东西。因此,我们可以认为,这种创意的方法带有产品至上年代的思考特征。但是,从另一方面,这种创意方法也包含了以消费者为思考中心的萌芽。

李奥·贝纳认为,一般情况下,根据产品和消费者的情况,要做到恰当,只有一个能够表示它的字,只有一个动词可以使它动,只有一个形容词可以准确地描述它。对于创意人员来说,一定要找到那个名词、那个动词以及那个形容词。

李奥·贝纳的意思是,你必须找到传达产品和服务内在特点的最为准确的方式,而只有一种方式可以使广告对于消费者来说具有最大的戏剧性效果。他鼓励广告创意人永远不要对"差不多"感到满足,永远不要依赖欺骗(即使是聪明的欺骗手段也不要用)去逃避困难,也不要依赖闪烁的言辞去逃避困难。

李奥·贝纳和他的公司利用此一创意理念,汲取内心的激情,创作了许多著名的广告,造就了许多著名的品牌,如"绿色巨人乔利"、"炸面包人皮尔斯伯里"、"金枪鱼查理"以及凯洛格食品公司的"老虎托尼"。

下面,我们以李奥·贝纳创作的"绿色青豆巨人"这个广告来说明固有刺激法的特点。

这则广告是李奥·贝纳为"绿巨人公司"创作的。当时,那家公司的名称还叫做明尼苏达流域罐头公司。广告的标题是:"月光下的收成。"文案是:"无论日间或夜晚,青豆巨人的豌豆都在转瞬间选妥,风味绝佳……从产地到装罐不超过三个小时。"李奥·贝纳解释道,如果用新罐装做标题是非常容易说的,但是月光下的收成则兼具新鲜的价值和浪漫的气氛,并包含着特别的关切。"月光下的收成",这在罐装豌豆的广告中的确是难得一见的妙句。

(二) 罗瑟·瑞夫斯的独特销售建议法

罗瑟·瑞夫斯认为,要想使广告活动获得成功,必须依靠产品的独特销售建议。他认为,独特销售建议包含三部分内容:

(1) 每一条广告都必须给消费者提出一条建议,不仅靠文字、图示等,每则广告都必须告诉受众:"买这个产品吧,你将从中获益。"

(2) 提出的建议必须是竞争对手没有或无法提出的,无论在品牌方面还是在承诺方面都要独具一格。

(3) 提出的建议必须要有足够的力量感动消费者,也就是说,建议具有足够的力量吸引新顾客购买你的产品。

罗瑟·瑞夫斯相信,一旦独特的销售建议确定下来,就应该不断地在各个广告中提到这个建议并贯穿于整个广告活动。

小案例 5-5　M&M 巧克力广告

1954 年的一天，M&M 糖果公司的总经理约翰·麦克那马拉来到罗瑟·瑞夫斯的办公室。约翰认为自己的广告不成功，他需要瑞夫斯为其提供一个能够被消费者接受的创意。双方经过 10 分钟的谈话之后，瑞夫斯为其提供了一个能够被消费者所接受的创意。瑞夫斯认为，从这个产品自身，她已找出了客户需要的构想。当时，马氏巧克力是美国唯一用糖衣包着的巧克力糖果。构思就建立在这一点上，完全不用再另外搜求构思。瑞夫斯说，这一关通过以后，剩下的难题就是广告创作人员如何利用这个构想并把它放入一个广告中。于是，在这个案例中，他把两只手放在银幕上，并且说："哪只手里有马氏巧克力？不是这只脏手，而是这只手，因为马氏巧克力只溶在口，不溶在手。"

（三）奥格威的品牌形象法

大卫·奥格威（David Ogilvy），这个富有传奇色彩的广告大师以其创作简洁、富有冲击力的广告而闻名于世。他是奥美广告公司的创办人。他的广告作品的特点是文辞华丽却又切合实际，尊重消费者而不失幽默机敏。他为世人留下了许多杰出的广告创意：哈撒韦衬衫、壳牌石油、西尔斯连锁零售店、IBM、运通卡、国际纸业公司等等。大卫·奥格威同时还擅长于写以事实为依据的长文案，他发展了艾尔伯特·拉斯克尔的"印刷推销术"的理论。他的品牌形象法随着他所写的《一个广告人的自白》一书而于 60 年代开始在广告界风行。

根据品牌形象的理论，由于一个产品具有它的品牌形象，消费者所购买的是产品能够提供的物质利益和心理利益，而不是产品本身。因此，广告活动应该以树立和保持品牌形象这种长期投资为基础。

品牌形象的理论提出后在广告界产生了巨大的影响，就像一场广告观念的变革。而引起巨大震动的原因是，这种广告创意法把对产品品牌的长期投资放在首要地位，一旦以长期投资为目标，企业有些时候就必须牺牲短期利润。

长期利润和短期利润的平衡问题近年来已经成为令企业和广告界最为头痛的问题之一。

按照大卫·奥格威的看法，产品的品牌形象一旦培植到出众的地位，生产该产品的企业将会以最高利润获得最大的市场份额。

然而，随着竞争的日趋激烈，维持品牌形象的活力和领导地位所需要的广告费用越来越大，企业的利润开始降低，许多企业把广告作为开支来看待，为了保证利润，广告预算成为削减开支的首位对象。越演越烈的促销战等短期获利行为使许多企业对长期投资望洋兴叹。即使许多著名的大品牌也在为经过长期投资建立起来的品牌形象是否会受到侵蚀而感到惴惴不安。

利用品牌形象法获得成功的著名案例是万宝路香烟。万宝路一度是带有明显女性诉求的过滤嘴香烟。自20世纪50年代中期开始,万宝路香烟开始和"牛仔"、"骏马"、"草原"的形象结合在一起,从而,万宝路的世界逐步扩大,获得了前所未有的成功。万宝路粗犷豪迈的形象从此深入世人之心。但是,万宝路的广告代理商却是李奥·贝纳广告公司。

(四) 威廉·伯恩巴克的实施重心法

威廉·伯恩巴克(William Bernbach)可能是时至今日在广告创意领域最有影响的人物。在《广告时代》世纪末的评选中,他被推选为广告业最有影响力的人物的第一位。

1939年以前,伯恩巴克在多个广告公司任过职。1945年,他加入葛瑞广告公司并迅速成为创意副总监。1949年,他和多伊尔以及马克斯韦尔·戴恩成立了多伊尔·戴恩·伯恩巴克(DDB)广告公司。

他认为,广告的秘诀不在于"说什么",而在于"如何说"。但他并不是否定研究和分析的重要性,他说,"逻辑与过分的分析使创意失去灵性和毫无作用"。他的意思是,不要把研究和分析当做救命稻草,不要让创意被数字束缚了灵活性。

他认为,周密的创意实施过程离不开以下四点:

(1) 要尊重消费者。广告不能以居高临下的口吻与你的交流对象说话。

(2) 广告手法必须明确、简洁。广告必须要把要告诉消费者的内容浓缩成单一的目的、单一的主题,否则广告就不具有针对性。

(3) 广告必须与众不同,必须有自己的个性和风格。广告最重要的东西是要有原创性和新奇性。

(4) 不要忽视幽默的力量。幽默可以有效地吸引人的注意力,使人得到一种收听、收看和阅读的补偿。

伯恩巴克利用实施过程重心法的著名作品是为大众金龟车所做的系列广告。金龟车初次进入美国市场时,被认为有四个特征:外观不漂亮,体积小,后引擎驱动,外国制造。这四个特征皆不被看好。在此之前,美国所有的汽车广告都是展现富丽堂皇或赏心悦目的图景。然而,伯恩巴克却在产品特点的基础上,抛弃传统的诉求方式,以幽默和别致的创意,制造了广告史上的奇迹。

金龟车的系列广告画面都很简洁,只是单纯的金龟车,通常是黑白两色,主标题是"想一想小"(Think Small)。标题简单却富有深意。下面让我们来看几则金龟车的广告。

小案例 5-6 柠檬篇

这则广告以"柠檬"(Lemon,俚语意为不合格、被剔除的产品)为标题,画面是一辆看不出任何瑕疵的金龟车。那为什么说它是"柠檬"呢？广告文案写道:"这部车子没有赶上装船,因为某个零件需要更换。你可能不会发现那个零件的问题,但是我们的品质管理人员却能检查出来。在工厂里有 3 389 人只负责一件事,那就是在金龟车生产的每一道过程严格检验。每天生产线上有 3 000 个员工,而我们的品质管理人员却超过了生产人员。任何避震器都要测试,任何雨刷都要检查……最后的检验更是慎重严格。每部车经过 189 个检查点,在刹车检查中就有一辆不合格。因此,我们剔除'柠檬',让你买到好车。"

小案例 5-7 蛋壳篇

这则广告标题是"某种外型很难再改良"。广告文案是这样的:"问任何一只母鸡都知道,你实在无法再设计出比鸡蛋更具功能的外形,对金龟车来说也是如此。别以为我们没有试过(事实上,金龟车改变将近三千次),但是我们不能改变基本的外观设计,就像蛋形是它内容物最合适的包装,因此,内部才是我们改变的地方。如马力加强而不耗油,一档增加齿轮同步器,改善暖气,诸如此类的事。结果,我们的车体可容纳四个大人和他们的行李。一加仑可跑大约 32 英里,一组轮胎可跑 4 万英里。当然,我们也在外形上做了一些改变,如按钮门把,这一点就强过鸡蛋。"

(五) 艾尔·里斯和杰克·特劳特的定位法

艾尔·里斯(Al Reis)和杰克·特劳特(Jack Trout)于 19 世纪 70 年代初在《产业营销》(*Industrial Marketing*)和《广告时代》(*Advertising Age*)上发表了一系列的文章,介绍和阐述了"定位"(positing)的观念。这种观念自从提出后被不断加以修正和发展,时至今日已经成为一种最为基本的广告创意方法。

他们认为,广告应该为竞争中的产品确立一个独特的位置。所谓的定位,就是利用广告为产品在消费者的心目中找到并确立一个位置。一旦定位成功,当消费者面临某一特定问题需要解决时,就回自动想到这个产品。

艾尔·里斯和杰克·特劳特用艾维斯租车公司(Avis)的“我们第二,但更努力”的广告以及米歇罗伯啤酒(Michelob)的“第一家美国造特佳啤酒”的承诺作为自己理论的证据。

艾维斯租车公司的“我们第二,但更努力”的广告是威廉·伯恩巴克创作的。这一主题的广告使几乎破产的艾维斯有效地对抗了出租车行业的老大赫兹(Hertz)并取得了自己的独特地位。

威廉·伯恩巴克的“我们第二,但更努力”的作品是典型的“如何说”的创意思路,因为从“说什么”的角度考虑,“第二”是一个并不值得宣扬的特征。然而,这则广告也成为“定位”创意策略的经典则说明各种广告创意方法有时是相互交融的。方法的分类只是为了更好地理解其中的创作思路。

定位法也常常与品牌形象法难以区分。然而,我们可以说,定位法更注重逻辑的分析,注重在逻辑的基础上进行产品在消费者心目中的定位。

艾尔·里斯和杰克·特劳特提出定位理论后,不断有人对它加以丰富和发展。有人提出了定位的一些重要指标:

(1) 以产品特征和消费者利益定位。

(2) 以价格—质量关系定位。

(3) 以使用方式定位。

(4) 以产品实际消费者定位。

(5) 以产品种类定位。

(6) 以文化象征定位。

(7) 以相对于竞争对手的位置来定位。

在以上五种最经典的发展创意策略的广告创意方法中,威廉·伯恩巴克的实施过程重心法特别强调“如何说”。其他四种创意方法虽然也注重“如何说”,但它们却倾向于认为“说什么”将决定一个广告的成败。

(六) 伍甘的讯息模式法

讯息模式法是1979年美国广告学家理查德·伍甘提出的。理查德·伍甘总结了一些观点和创意方法,综合出一种叫做FCB的模式。这种模式由建立在两个连续集团——思维和感觉(横向)、重要性的强与弱——“高卷入—低卷入”(纵向)之上的“讯息模式”组成。这种模式有四个象限,每个象限都把产品类型与消费者参与联系起来,指出广告应如何处理,并提出创意、媒介和测定的含义。按照伍甘的观念,这种方法的目的在于识别对某一产品的信息、感情或行为水准,为广告活动创造一个适宜的模式,然后加以实施。

第二节　广告文案创意

一、广告文案创意的含义

(一) 广告文案的定义

所谓广告文案,是以语辞来表现广告信息内容的形式。广告文案有广义和狭义之分。广义的广告文案就是指通过广告语言、形象和其他因素,对既定的广告主题、广告创意所进行的具体表现;狭义的广告文案则指表现广告信息的言语与文字构成。

(二) 广告文案的要求

1. 准确规范、点明主题

准确规范是对广告文案最基本的要求。要实现对广告主题和广告创意的有效表现和对广告信息的有效传播,首先要求广告文案的语言表达规范完整,避免语法错误或表达残缺。其次,广告文案中所使用的语言要准确无误,避免产生歧义或误解。再次,广告文案中的语言要符合语言表达习惯,不可生搬硬套,自己创造众所不知的词汇。最后,广告文案中的语言要尽量通俗化、大众化,避免使用冷僻以及过于专业化的词语。

2. 简明精炼、言简意赅

广告文案在文字语言的使用上,要简明扼要、精练概括。首先,要以尽可能少的语言和文字表达出广告产品的精髓,实现有效的广告信息传播。其次,简明精练的广告文案有助于吸引广告受众的注意力和迅速记忆下广告内容。最后,要尽量使用简短的句子,以防止受众因繁长语句所带来的反感。

3. 生动形象、表明创意

广告文案中的生动形象能够吸引受众的注意力,激发他们的兴趣。国外研究资料表明:文字、图像能引起人们注意的百分比分别是22%和78%;能够唤起记忆的文字是65%,图像是35%。这就要求在进行文案创作时除采用生动活泼、新颖独特的语言外,辅之以一定的图像来配合。

4. 动听流畅、上口易记

广告文案是广告的整体构思,对于由其中诉之于听觉的广告语言,要注意优美、流畅和动听,使其易识别、易记忆和易传播,从而突出广告定位,很好地表现广告主题和广告创意,产生良好的广告效果。同时,也要避免过分追求语言和音韵美,而忽视广告主题,生搬硬套,牵强附会,因文害意。

（三）广告文案的构成

广告文案是广告的核心，是一切广告作品的基础。广告文案的创作不仅要考虑到不同媒介的特征与要求，还要考虑到广告的目标、对象、功能和作用，做到有的放矢、量体裁衣。

完整的广告文案一般由标题、广告语、正文、随文四个基本要素构成。但在不同类型的广告中，广告文案的构成要素也会有所变化，如广播、影视广告中一般不含广告的标题，在招贴广告中往往不含广告的正文，等等。

1. 标题

标题主要表现广告的主题，在广告文案中占据着主导地位，它是一则广告的导入部分。

标题的主要作用在于吸引受众，它通常位于广告作品中最醒目的位置，引起受众注意，诱导受众阅读正文。广告标题的成功与否，会直接影响到广告内容的传播。新颖、独创、简洁明了、易识易记、便于传播的广告标题，能够使广告产生良好的宣传效果。

2. 广告语

广告语，又称“广告口号”，是在广告阶段性战略中反复使用的一种精练的口号式语句。广告语与广告标题在表现形式和写作要求上有许多相同之处，都是仅用一两句话来表达一个广告主题，因此也有许多广告作品的广告语就是广告标题。

3. 正文

正文是广告文案中的主体，是对广告标题的解释和广告主题的详细阐述。当广告标题引起受众的注意后，广告正文就要求承担起对受众进行心理说服的作用。

广告正文的内容与受众的利益直接相关，它既要考虑到受众当前所迫切关心和了解的问题，还要设身处地考虑受众可能会引起兴趣的问题，提供翔实的事实材料和客观理由，从而使受众能更加深入地了解广告的主题，对广告增加信任度，促使受众付诸具体行动。

4. 随文

随文，又称附文，是对广告正文的补充。广告随文通常位于广告文案的尾部，用来传达广告主身份以及相关的附加信息等内容。

广告随文的内容根据不同的需要和广告的形式而定，不宜罗列过多。广告随文在广告文案中虽然处于从属地位，但它的写作同样不可疏忽，除了常规的广告主名称、地址、电话、电传等联系内容外，还可以通过创意增设附加内容来激励受众积极参与广告活动,为实现与受众的反馈与互动起到积极作用。

二、主题创意

(一) 主题创意的类型

1. 与心理有关

与心理有关的主题分为下面几个方面:

(1) 强力介绍某项产品超越其他品种的新用途;

(2) 和同类产品比较,显示自己的产品比其他同类产品的功能、质量等方面优越;

(3) 证实若购买所广告的产品,可解决或避免某种不悦之事;

(4) 诱使消费者加深对产品商标的记忆,藉以提高品牌在消费者心目中的知名度;

(5) 强调产品能美化消费者形象,提高身份地位;

(6) 用优美的语言和影响力大的媒体宣扬产品能给消费者带来精神上的享受;

(7) 再三重复广告口号,以加深消费者对企业和产品的印象。

2. 与企业形象有关

树立企业在某个领域内领导潮流的形象,具体而言,表现在以下方面:

(1) 强调企业产品为提高消费者生活水平所作的不可湮没的贡献;

(2) 突出企业强有力的市场销售地位;

(3) 宣扬企业一丝不苟、埋头苦干、勇于进取、不甘落后的精神;

(4) 强化企业良好的形象,并为产品打入国际市场铺路;

(5) 创造温馨亲切、让人流连的企业家庭氛围。

3. 与购买行动有关

以流行时尚引诱消费者效仿,具体而言,表现在以下方面:

(1) 使消费者增加购买商品的次数,而不做过路生意;

(2) 促使消费者购买刚打入市场的新产品;

(3) 刺激消费者增加对所广告商品的使用量,使消费者相信该产品的质量过得硬;

(4) 突出自家产品独特之处,刺激消费者产生购买冲动;

(5) 诱使消费者试用自己的商品,从而使竞争对手退出市场。

4. 与市场营销有关

(1) 以有奖销售的方式吸引消费者购买;

(2) 刺激消费者对某种品牌的基本需求;

(3) 用粘贴防伪标志的形式,加强消费者的辨认度,用正当手段维权;

(4) 大肆渲染马上入市的新产品,为刺激消费者购买做好心理准备;

(5) 采用薄利多销的方式争取消费者;

(6) 强调经营服务给消费者带来的便利;

(7) 为消费者提供售后服务,免除消费者的后顾之忧;

(8) 诱惑潜在的目标消费者加入消费行列,扩大产品的销售市场。

(二) 广告主题的选材

1. 快乐

生活得快乐,这是每个人追求的一种趋势,也是现代人类的重要心理现象。谁愿意生活得痛苦? 快乐,是人类生活发展高层次的必然需求。轿车、旅游等广告文稿多以此作为广告题材。

美国一家裸浴旅游公司用一张一位裸体的漂亮姑娘趴在沙滩上的照片来做广告,广告词这样写道:多么自由自在,无拘无束! 这会把您带到欧洲最美丽的沙滩上,强烈的阳光把您周身晒黑,纯洁的海水能滋润您裸露的皮肤。

与美国这则广告不同的是,下面英国旅游协会的这则广告,则充满了浓郁的文化气息。这则广告曾被誉为"优秀的企业广告",而且获得过国际广告赛奖。

小案例 5-8　英国旅游协会广告

轻轻地踱过历代君主们漫长的沉睡。

伦敦威斯敏特大教堂中的亨利七世小教堂里,历代英皇——亨利七世、伊丽莎白一世和苏格兰的玛丽女皇都下葬于此。有 22 代帝王都曾在这里接受加冕典礼。

在英国,这样著名的大教堂有 30 个,每座教堂都是一件独树一帜的艺术品。在你访问英国时至少要来参观一所教堂,免得虚此一行。

备有介绍英国教堂的彩色导游册,函索即寄。

2. 经济

经济实用、价廉物美是当代社会人们购物的标准。高消费只是一部分人的生活,对于平民百姓、工薪阶层来说,购买商品的档次总在中低档上。产品在价格上占据明显优势,刺激消费者的购买欲望。家电、食品、经济型汽车等常以此作广告题材。如福特汽车广告:

在阳光下,钻石和玻璃珠都能闪闪发光,散发出炫目的迷人色彩,但玻璃珠毕竟不能和钻石相比,两者的价值更有天壤之别。同样的道理,只从单一的角度告诉消费者这项商品对您如何有利,而将其他事实弃而不谈,这样会使消费者陷入思考的混乱,从而作出错误的判断。福特六和汽车公司了解消费者的不同需要,也尊重消费者的选择,因此,福特千里马、天王星或全垒打的购买对象不同,但满足每一购买者的不同需求则是一致的。因为我们理解,欲望并不是单纯的东西,当消费者决定购买时,他的考虑必定是多方面的,不仅要决定手排还是自排与价格高低等问题。同样的,车子的性能、外型、内部空间大小……也都应列入考虑,所以我们绝不会说"四十万的手排车不如三十七万的自排车来得划算"这种片面之词。

我们相信,消费者是明智的。您一定明白"钻石和玻璃岂可相提并论"的道理,我们尊重您的判断和选择。

3. 质量

对商品质量、售后服务等方面向消费者作出承诺、保证,这是商家成功之处。在文稿中作出承诺,可增强消费者的信任感,树立品牌形象。家电、建材、名牌服装等常以此作为广告主题。

小案例 5-9

浙江好来西服饰有限公司的一则致歉广告文稿,不仅没有损伤企业的形象,而且因为他们的诚实而赢得消费者的普遍好评,使好来西服装的销售量明显增加。该致歉广告全文如下:

我们曾向您承诺:"凡购买 Holison 高级衬衣,如因正常穿洗,在领口、袖口洗破前出现起泡现象,可在全国任何城市好来西精品店无偿退换。好来西服饰有限公司同时赠送一件 Holison 服饰精品。"

为了解决衬衣领口、袖口易起泡、易变形的难题,我们竭尽全力,对十几个国家近百个厂家生产的面料、辅料进行反复组合试验,并采用高温处理等特种工艺,终于使衬衣的领口、袖口在正常穿洗的情况下不起泡、不变形,由神话变成了现实。

一切努力只是想让穿上好来西衬衣的您真正享受到那一份圆满的自信与舒适。

然而,我们离完美之境依然相距一步之遥。在去年售出的 980 000 件衬衣中,有104件衬衣的领口或袖口出现了起泡现象。这于我们虽属万分之1.02的疏忽,对您却是百分之百的损失。尽管我们已履行诺言,但对您的愧疚却难以消减。为此,我们再次向呵护好来西成长的您表示深深的歉意。

不论何时何地,从您穿上好来西衬衣的那一刻起,我们便与您一同分享忧乐。

4. 爱情

爱情是人类永恒的主题,是人类精神的深层次的生命冲动,是社会繁衍、生息的基本现象。爱情创造了美,创造了人们对生活的敏感和热爱,它渗透了人们的情趣、理想和生命感受。家庭用具、日常用品的广告文稿宜选择这一题材,它能产生亲切动人、感人心扉的力量。请看一家名为东华毛料服装厂设计的服装广告:

何不趁现在秋末冬初之际,拿出您的私房钱替他买一套,让他穿上您的爱心过个温暖的冬天呢?

5. 荣誉

荣誉是一种赞誉性的评价。人们平时在事业上获得成就,对社会作出贡献,总希望得到社会的尊重和赞赏,得到价值上的承认和心理上的满足。这种心理上的满足感,就是一种荣誉感。荣誉感是人类道德、文化、名誉上的精神需要。高档商品、时尚流行款式的广告文稿宜以此作为题材。

具有一定社会地位、经济实力的人士爱显示自己的地位和声望。这些人在购买商品时,常常会产生一种扬名和炫耀的购买动机,以此显示自己超过普通百姓的社会地位和表示生活的富裕或表示自己卓越的生活能力。这种文稿题材常被高档消费品引用。《美化生活》杂志曾刊登了一则巴黎时装广告,广告文稿为:

炽烈的火　绮丽的红——巴黎时装
铁的凝重　血的艳红——驰骋于女装世界
炽烈的火　绮丽的红
赐给您
仕女的典雅华贵　女皇的尊仪雍容

6. 时尚

时尚的东西总是新潮的,总能领导消费。在消费品市场中,消费者的购买潮流对于人们的心理冲击力很大。人们或多或少地表现出一种追求时尚的趋势。消费者在购买商品时十分看重商品的款式和社会流行样式,而对商品本身的实用价值和价格高低,并不过分花心思考虑。时尚总是让人们欲罢不能,产生冲动性购买行为。因此,在文稿中就要突出时尚这一主题。

小案例 5-10 “佳雪”抗黑防晒露的杂志广告

标题:无油防晒隆重上市

正文:佳雪植物护肤新科研采用最新科技,全新推出佳雪抗黑防晒露,独特的完全不含油配方,彻底解决夏日护肤“油腻,不透气”的烦恼,令肌肤用后清爽轻松,不油不腻,再也不会“油光满面”了;产品富含天然芦荟防晒成分,有效防晒,肌肤晒不黑,晒不伤,夏日依然白皙亮丽。佳雪抗黑防晒露,不油、不腻、晒不黑!

三、广告结构创意

(一) 广告标题创意

人们在进行无目的的阅读和收看时,对标题的关注度相当高,特别是在报纸、杂志等选择性、主动性强的媒介上。一项测验报告表明,80% 的读者都要先浏览广告标题再看广告正文中的信息。因此,广告文案人员在进行文案表现时,总是将标题的制作作为一个非常重要的甚至是首要的工作。

1. 广告标题的类型

(1) 直接标题。

直接标题以简明的语言直接表明广告内容,使人们一看便知要推销什么,会给消费者带来什么利益。例如:

唯独这种煤气能向你提供一大桶热水,比普通的快三倍。

——美国煤气联合协会广告标题

家中有万宝,生活更美好。

——万宝冰箱广告标题

上述广告标题都是直接传播广告信息,将产品的主要情况、产品效用直截了当地告诉消费者。直接标题虽然简单明了,但它往往不能引起消费者的足够注意。

(2) 间接标题。

这种标题中不直接出现所要推销的商品的内容,往往连产品的名称都不告

诉消费者,而是利用艺术手法暗示或诱导消费者,引起消费者的兴趣与好奇心理,从而进一步注意广告正文。例如:

> 眼睛是灵魂的窗户,为了保护您的灵魂,请给窗户安上玻璃吧!
>
> ——美国眼镜广告标题

标题没有直接说出广告的商品,但已用暗喻的手法间接地告诉了消费者,显示了对他们切身利益的关心,因而使消费者乐于接受这样的诱导。再如:

> 发光的不完全是黄金
>
> ——美国银器广告标题

美国一家银器制造商使用了这句谚语,引人注意,正文接着说明他们制造的银器也是发光锃亮的,由此达到宣传目。

间接标题诱发兴趣的根本目的,也就是诱导读者阅读正文。

(3) 复合标题。

一则复合标题常由两个或两个以上的标题组成,除了有一个主标题外,还有一个或两个副标题,位于主标题的上下左右。主标题往往以艺术的手法表明一个引人入胜的思想,副标题则是说明产品的名称、型号和性能等。

下面是一则复合标题:

> 万科城市花园提醒您(引题)
>
> 不要把鸡蛋放在同一个篮子里(正标题)
>
> 购买富有增值潜力的物业是您最明智的选择(副标题)

2. 广告标题的写作原则

(1) 体现广告主题。

"报看题",看广告也如是。大多数受众在无意识的阅读中,总是先看标题再决定是否阅读正文。在受众的阅读习惯面前,广告标题的写作要有两手准备:在尽量运用标题的魅力将广告受众的兴趣和视线转向广告正文的同时,也要考虑到由于各种不同因素造成的不阅读正文现象。因此,写作时要尽量体现广告主题,使得广告读者能在标题中对广告的信息主题有所了解,在匆匆一览之中,就能得到广告的最主要的内容、最主要的利益承诺、整个广告表现的主题因素。

(2) 表现消费者利益。

标题既要表现消费者心目中的商品消费利益,又要表现商品能给予消费者的利益承诺。如"35 岁以上的妇女如何才能显得更年轻"(某荷尔蒙霜广告标题)、“我们已突破了世界语言的障碍”(荷兰电信广告标题),表现了消费者对商品的消费期待和商品消费利益点,对应了消费者的消费心态,体现了商品满足消费的有效性。

在标题中表现消费者的利益,可以使广告抓住消费者的消费渴望和消费理想,诱使他们产生浓厚的兴趣,使目标消费者能对广告中的信息产生了解的渴望,继续自觉地阅读广告正文。

(3) 诱发受众好奇。

广告标题的一个重要原则是要通过对标题的写作,诱发受众的好奇心理,使得他们在好奇心的驱使下,对广告产生追根究底的欲望。

诱发好奇有两种途径,可以是利益点上的好奇引发,也可以利用表现形式上的创意。

(4) 简洁明快的表现形式。

为了让受众一看便知,广告标题的表现形式就要简洁、明快。一般不用长句子,因为长句子表现内涵太多,且出现关联词,会造成过分书面化倾向,使受众因怕累而自动放弃阅读。

(二) 广告标题的形式

虽然广告标题分为直接标题、间接标题、复合标题三大类型,但却有着众多的表现形式。

1. 新闻性标题

以新闻报道的方式发布信息,向消费者提供一些新事物。例如:

> 治疗关节炎的突破性产品终于问世——阿斯巴膏。
>
> ——阿斯巴膏广告标题

要注意的是,当采用新闻性标题时,必须有真正称得上新闻的广告内容,否则报纸或杂志将它作为新闻登载出来,而读者发现其并无新闻价值,会破坏读者对媒介的信任程度。

2. 陈述式标题

这类标题是客观陈述事实,将广告正文的要点如实地向读者点明。例如:

> 把美味和营养卷起来。
>
> ——康莱蛋酥卷广告

> 睡觉时穿着它也不会叫你难受。
>
> ——摩斯百克公司的鞋类广告

3．炫耀式标题

这类广告标题以夸耀广告产品的方式来达到广而告之的目的。广告策划者在撰写这类广告标题时，一定要以事实为基础，切忌漫无边际。否则，就会给人华而不实的感觉。这类广告的例子有：

空杯尚流满屋香。

——茅台酒广告

福特汽车，一路领先。

——福特汽车广告

车到山前必有路，有路必有丰田车。

——丰田汽车广告

4．建议式标题

标题主动地劝说或强暗示读者去做或去思考某些事情，标题一般直接言明所推荐产品的某种用途或使用方法，它同时具有利益性标题的优点。由于建议使用及促使购买的说辞铺陈，直接或间接地将使用该品牌产品的利益告诉读者，标题就有了动之以情、晓之以理的双重功能。例如：

加点新鲜香吉士柠檬，让冰茶闪耀阳光的风味。

——香吉士柠檬广告标题

菓珍要喝热的。

——果珍广告标题

5．悬念式标题

这种标题通过提出一个奇怪的问题，或讲述一件离奇的事，来调动媒体受众的好奇心。例如：

难道你不要脸吗？

——新加坡美容广告

你可能不相信，三个轮子的汽车也能跑。

——法国汽车广告

6．设问式标题

设问当然是自问自答。例如：

为什么美国 1000 家最大企业采购微电脑时，大部分首先考虑康柏？

——美国康柏电脑广告

您要外形美吗？那就请喝沱茶，它可以溶解血液中的油脂

——法国有家巴黎商店推销中国沱茶的广告标题

7. 标语式标题

这类标题简短有力，主要由广告的名字或品牌（大都为系列性的）构成。这种标题大都将产品与知名度很高的公司或系列品牌挂钩，有助于产品的销售。

要骑就骑丰田。

——丰田摩托车广告

“银座”就是豪放。

——“银座”摩托车广告

8. 对比式标题

通过对比，突出产品的优点。这类标题用于产品本身前后的对比，或者不同类事物的比较，效果较好。例如：

我们第二，但更努力。

——艾维斯出租汽车公司广告

所有航空公司向您收的费用是一样的，但是它们所给予您的服务却并不一样。

——泛美航空公司广告

9. 比喻式标题

用某些有类似点的事物来比拟想要说的某一事物，促人联想，让人加深对某种思想和观点的认识。例如：

第一封信的愉快回忆。

——手摘新茶广告标题

以初恋第一封信纯洁、清雅的感受来比拟品茗新茶的愉快，十分巧妙而富于人情。

10. 夸张式标题

以现实生活为基础，借助想象，抓住描写对象的某种特点以夸大强调，突出地反映事物的特征，加强艺术效果。例如：

审慎保险公司具有直布罗陀的力量。

——审慎保险公司广告标题

11. 诗歌式标题

借用和改用古今诗歌原句,或者采用诗歌式的语言做标题,能收到醒目传神、绘声绘色的效果。例如:

东风夜放花千树。

——沙洲灯具给您带来光明美景

赤橙黄绿青蓝,点缀人间春色。

——化工染料广告

12. 寓意式标题

寓意式与比喻式不同,比喻多借助具体、鲜明的形象来表达题意,寓意则多借助人自身的知识、修养、情操等,对广告标题给以合理的想象的发挥,提高读者的意境。下面看看台湾地区一些得奖的寓意式广告标题:

给太太一份"安全感"。

——电饭锅广告

"闲"妻良母。

——洗衣机广告

(二)广告正文创意

1. 广告正文的结构

广告正文是广告文案的中心内容,是对广告标题的解释以及对广告产品的介绍。广告主题也是由广告正文来充分表现的,广告正文的好坏关系到广告创意思想的表现如何。它与标题的关系是:标题在于吸引,正文在于说服;标题提出问题,正文回答问题。一般而言,广告正文包含三个部分:

(1)引言。引言是广告标题与广告正文的衔接段,是广告正文的开头部分。广告正文的引言担负着承上启下的使命,因而必须以高度的概括和精炼的笔触,迅速、生动地点明标题原因并引出下文,以吸引读者继续阅读,否则就会前功尽弃。

如飞利浦等离子超薄平面电视机的广告(详见《经济日报》1999年9月30日第3版),标题为"现代杰作的展示",引言为"飞利浦'等离子超薄平面电视机'视觉的艺术"。

(2)主体。主体是阐述广告主题或提供论据的主要部分,是广告文案的中心。引言之后,主体部分要及时点出目标对象关心的价值利益和广告商品的优势特点,以及这些特点与目标消费者的关系,阐明目标消费者可以得到的利益。

广告商品中说明这些利益点的依据是什么，对消费者的保证措施等，以此来说服消费者进行购买，仍以飞利浦“等离子超薄平面电视机”广告为例：

主体为“飞利浦等离子超薄平面电视机，外形别具匠心，它拥有宽大的106厘米(42英寸)屏幕，却只有11厘米(4.5英寸)厚度。超薄的它，挂在墙上，带来无限惊喜，令人惊叹不已！它拥有革命性的等离子平面显示屏，配以数码清晰画面技术，使图像轮廓更为清晰，色彩分外明艳；120瓦杜比环绕立体声输出(Dolby Prologic Surround Sound)，配以15个扬声器，二路超重低音扬声器和动态低音增强器，音质生动无比，展现家庭影院的超然境界”。

(3) 结尾。结尾是广告正文的结束部分。它的主要目的在于以最恰当的语言敦促目标对象及时采取行动。一般结尾较短，但意义重大，具有肯定语气的和煽动性的结尾与广告标题相呼应，可极大地提高广告效果。仍以飞利浦“等离子超薄平面电视机”广告为例：

结尾为“飞利浦超薄平面电视机，尊贵享受，尽在其中！生活自然愈来愈好！”

2. 广告正文的创作原则

(1) 紧扣主题，围绕标题。

正文是对标题的解释，同时增加了标题的信息量。正文应围绕标题展开阐述，可举事例来论证标题。当然，正文更是对主题的文字表述，以主题为核心概念展开，否则，广告正文就失去了重心。即使正文很华丽，很吸引人，但言之无物或受众不知道广告想说明什么，就会使正文失去作用，反而影响到广告标题的效果。

(2) 正面陈述，言简意赅。

正文应尽量陈述广告产品的事实，用艺术化的语言表述产品特性，以传达最为直观的信息。切记不要闪烁其词，躲躲闪闪，绕大圈子，不知所云。正文的长短篇幅并无界定，一般以短文为好。但对于特殊商品(如汽车)，长文案反而效果显著。

(3) 特性突出，具体生动。

正文应突出广告商品的特性，抓住受众最为关心的利益点进行阐述，但注意避免“使用说明”式的陈述，而应增加艺术表现成分，使其生动有趣。

(4) 语言热情，朴实真诚。

正文行文应注意流露出广告商品的信息和喜爱，这样才能传递此种感受。广告正文创作的艺术性并非要求文字的华丽，而要强调朴实和真诚。在此基础上渲染气氛，增强诱惑。广告正文毕竟不是散文。

(5) 提出忠告,表明承诺。

广告正文的结尾若对目标受众提出有益的忠告或表明与目标受众利益相关的承诺,则比整篇广告正文只谈广告产品多吸引75%的受众,且此忠告或承诺可与广告标题遥相呼应,强化广告主题,加深广告信息的印象,很好地体现广告效果。

3. 广告正文的类型

广告正文依体裁、风格、手法等不同,可划分为若干类型,如直诉式、叙述式或描述式等。但具体到广告正文创作,不应选定某一种类型进行,而应该根据具体情况以将正文写得生动有趣为目的。因而,广告正文很有可能是几种类型的混合体。我们进行广告正文的分类仅是从理论上进行分析,理清思路,便于广告文案创作。

(1) 陈述体。

陈述体广告正文以简明扼要的叙述方式来介绍广告所宣传的商品或劳务等信息。请看下面一则哥伦比亚咖啡豆的广告正文:

> 哥伦比亚咖啡豆,制成世界上最香浓的咖啡豆。
>
> 哥伦比亚弟斯山脉,是世界上种植咖啡的最好地方。那里有肥沃的火山土壤、温和的气候以及适量的阳光和雨水,保证了每一粒咖啡豆的完美成长。待到咖啡豆成熟时,人们采用手工摘取,只有最好的咖啡豆才进行烘烤,以确保其独特的味道及芳香。假如您是一位咖啡爱好者,一定要选用哥伦比亚咖啡豆制成的咖啡。
>
> 在中国,唯有麦氏超级特选速溶咖啡和生活伴侣杯装咖啡才是您最终的选择,与众不同!

该广告正文较为详细地陈述了哥伦比亚咖啡豆良好的生长环境、人工采摘方法以及它独特的味道及芳香,使人对该产品不能不“口服心服”。

(2) 说明体。

说明体广告正文以说明为表达方式,着重对产品或劳务的性能、特征、用途等加以说明解释。

小案例5-11　“一朵左旋维他命C”护肤品的广告

25岁以后,选择左旋的三大缘由:

缘由一,25岁以后,肌肤28天的新陈代谢开始减缓,出现皱纹、色斑、干燥、灰暗等症状。

缘由二,左旋维他命C能够激活新陈代谢,促进自身胶原蛋白合成,使弹力素重新发挥作用,抚平皱纹,发挥强大的保湿、美白、抗衰老的三重功效。

缘由三,左旋维他命C显著的功效、极具针对性的定位、合理的价位和良好的品牌,是25岁以上女性必备的抗衰老精品。

写说明体广告正文,要善于抓住事物的特征,尤其是应把重点放在本产品与同类产品的不同上。同时,可采用综合说明方法,如举例说明、数字说明、比较说明、定义说明等,以使产品的信息表达得明确而生动。写说明式的广告正文应少用专业性过强的术语。

(3)故事体。

故事体广告是人们喜闻乐见的一种广告宣传方式。它是通过设置一个与产品相关的情节来介绍产品。正文因为有了故事情节,就显得有起伏,就能激发受众的兴趣,使他们在看完故事后,对产品产生较深的印象。郭富城曾为百事可乐作过一则电视广告,其正文就属于故事体。它设计了这样一个情节:一个女孩敲门而入,问男孩要百事可乐,男孩立即转身打开冰箱,却见里面的一瓶百事可乐所剩无几,于是冒着大雨去买百事可乐给女孩。当女孩拿着"百事可乐"欣然离去后,又有一女孩敲门向男孩要百事可乐。该正文以讲故事的方式,传递了百事可乐的一些信息,特别是它受人欢迎的事实,加上演员知名度高,表演也恰到好处,因而这个广告一度家喻户晓,起到了广告宣传的良好效果。

(4)独白体。

所谓独白体广告正文,是以人物的自我言语来介绍产品,其标志为用第一人称"我"。常见的有两种情形:一种是受众的独白,通常是谈自己购买、使用广告产品后的感受、变化来证明产品的功效,这是一种"让消费者告诉消费者"的宣传办法;另一种是站在广告主的立场上,来向受众做产品宣传,它能拉近产品和消费者的距离,较有人情味。例如,美国一女士写的征婚广告正文:

> 作家的头脑,模特儿的外貌,舞蹈演员的体形,这就是我——一个32岁的曼哈顿女画师,作为一个金发女郎,当然希望找个金发男子。我会溜冰、滑雪,网球打得不错,富于幽默,多情善感,爱跳踢踏舞(倘若你不会,到时候我来教你)。那么,你应该是谁?风度翩翩,肌肉发达,刚柔相济,会体贴人,不吸毒,更不可能是同性恋者,最好能像我一样喜爱小动物。好吧,希望爱神之箭能够同时射中我俩。来信内容,定为保密。

这则广告正文自述了年龄、职业、外貌、爱好、性格等情况,也提出对理想中“另一半”的要求和条件。叙述合理清楚,语言风趣生动,是独白体广告正文的佳作。

(5) 证言体。

证言体广告正文是按证明书的形式写成的,它需要提供“权威人士”或“著名人士”对广告商品的鉴定、赞扬、使用和见证等。这里的“权威人士”可以是真名实姓,也可以是虚构的,但无论真假,他们都必须有资格为其所宣传的产品出证言。如某家庭用品,最好选用家庭主妇,才具有说服力。时下有许多公司的广告正文采取这种形式。

(三) 广告口号创意

广告口号又叫“广告标语”,是广告主要信息的浓缩,可以直接为商品促销服务。口号反复使用,可以给人以强烈的印象,从而成为鼓动民众行动的力量。广告口号的作用就是以最简短的文字把企业的特殊之处或是商品的特性及优点表达出来,给人留下深刻的印象。广告口号还可以保持广告活动的连续性,使人一听到或看到广告口号就联想起商品或广告内容。

广告口号与广告标题很相近,经常被混为一谈,但二者的差别还是很明显的。首先,标题可以是一句话也可以是一个词或词组,而广告口号必须是意义完整的一句话。其次,广告标题的目的是引起消费者注意并进一步阅读广告正文,因而在设计上通常是与照片、插图等有机结合在一起。广告口号是使消费者建立一种观念,用以指导他们选购商品和劳务。广告口号可以单独使用,即使放在广告作品中,其位置也没有特殊的限制。而广告标题则必须与正文放置在一起。此外,广告标题经常是一次性使用,一则广告只能有一个标题,而广告口号却可以多次重复出现在不同的广告中,而且,只有反复使用才有意义。

小案例 5-12　世界经典广告语

雀巢咖啡:味道好极了

M&M 巧克力:只溶在口,不溶在手

百事可乐:新一代的选择

大众甲壳虫汽车:想想还是小的好

耐克:just do it

诺基亚:科技以人为本

麦氏咖啡:滴滴香浓,意犹未尽

IBM:四海一家的解决之道

柯达:串起生活每一刻

山叶钢琴:学琴的孩子不会变坏

人头马 XO:人头马一开,好事自然来

鹿牌威士忌:自在,则无所不在

德芙巧克力:牛奶香浓,丝般感受

可口可乐:永远的可口可乐,独一无二好味道

广告文案撰写有一个为人熟知并长期使用的英文模式,就是 AIDCMA,即 Attention(注意),Interest(趣味),Desire(欲望),Conviction(确信),Memory(记忆),Action(购买行动)。意思是,撰写广告文案先要引起读者的注意,生动有趣,引起消费者的消费欲望,进而确认商品,并引导他们产生购买行为。根据这一模式写成的广告文案的结构,可用表 5-3 表示:

表 5-3　广告文案的结构

序号	结构内容	阶段效果
1	标题	引起注意 A
2	副标题	保持兴趣 I
3	正文	挑动欲望 D
4	口号	建立信心 C
5	随文	促使行动 A

这个表格仅仅反映了广告文案的基本框架。当然,严格说来,结构内容与阶段效果并非是一一对应的关系,而且在实际操作中,口号的位置是较为随意的。我们不妨分析一下美国广告界艺术派大师伯恩巴克为奥尔巴克公司撰写的那篇著名的广告文案:

小案例 5-13

[标题]　慷慨地以旧换新

[副标题]　带着你的太太,只要几块钱……

我们将给你一个全新的女人

[正文]　为什么你硬是欺骗自己,认为你买不起最新的与最好的东西?在

奥尔巴克百货公司,你不必为买美丽的东西而付高价。有无数种衣物供你选择——一切全新,一切使你兴奋。

现在就把你的太太带给我们,我们会把她换成可爱的新女人——仅仅花几块钱而已。这将是你有生以来最轻松愉快的付款。

[随文]　奥尔巴克　纽约·纽瓦克·洛杉矶

[口号]　百万的生意　毫厘的利润

这篇文案写得很有鼓动性和煽动性。标题能马上抓住读者的注意力;副标题对标题作了进一步的解释,幽默的语言使读者保持了浓厚的兴趣;正文以奥尔巴克公司价廉物美的利益点,挑动消费者的购买欲;随文告知了奥尔巴克公司的地点,便于消费者采取行动;而简短有力的广告口号(广告语),更为消费者注入了强大的信心。这篇文案堪称广告文案的经典之作。

四、语言创意

(一)广告语言中音法的运用

音法是为了增强语言的音乐性或音律美,充分运用音法则使广告文案增色,从某种程度上说,广告文案是一种语言艺术,汉语言的重要特征之一就是语音及修辞的运用,它能使文案的创作切合受众心理,符合宣传媒介的需要。

1. 平仄

平仄是指不同调类的音节配合运用,协调语音高低升降变化的一种语音手法。如:

　　_ _ ^　^ _ _

[例]晶晶亮,透心凉(雪碧广告语)

_ _ ^ ^　^ ^ _ _

霞飞点点,秀色年年(上海霞飞日化广告语)

2. 押韵

押韵是在两个或更多句子末尾(或较长的停顿处)安排一个韵母相同(或相近)的字的一种语音手法。

穿上双星鞋[ie],潇洒走世界[ie](青岛双星鞋业广告语)

东西南北中[ong],好酒在张弓[ong](张弓酒业广告语)

3. 双声叠韵

由两个声母相同的音节构成的双音词叫双声词;由两个韵母相同的音节构成

的双音词,叫叠韵词。双声叠翻即双声词与叠韵词的运用和配合的手法。例如:

遍布大江南北,驰骋平原高山(济南汽车广告语)

遍布(bian bu)和驰骋(chi cheng)为双声词。

没有登峰的经营,便没有生命的辉煌(登峰生命营养液广告语)

经营(jing ying)为叠韵词,辉煌(hui huang)为双声词。

(二)广告语言中常用的修辞手法

所谓修辞,就是运用各种语文材料、各种表现手法来恰当地表现所要表达的内容。在广告语言中常用的修辞手法有:

1. 比喻

比喻就是将甲物比作乙物,与其他艺术手段相比,除了明喻外,暗喻和借喻都是比较含蓄的修辞手段。在广告所运用的种种艺术表现形式中,比喻是最含蓄的,它往往通过与广告主题的本质特征相似,而且又是受众所熟悉的事物来借题发挥、延伸转化,从而给人以意味无穷的感受。

如耐克"专业的体育精神"广告之一——《乒乓球篇》的标题:"除了乒乓球得心应手,中国人还有篮球",视觉意象的比喻,昭示了中国男篮有如乒乓球般的专业水准。

2. 比拟

比拟是语言修辞中的一种手段,分为拟人和拟物两种。广告中运用比拟会深化感情,造成别致的异趣,增强广告的吸引力和感染力。广告中常用的是拟人的手法。

例如DIPLOMA奶粉广告的标题:"试图使他们相会"。文案由小纽扣说出该产品的高能量和低热量,有一种顺其自然的承接感,而且还使人感到该产品的人道主义。它能使人减少脂肪的吸收,还能成就一对对小牛郎和小织女的爱情,的确令很多肥胖的消费者心领神会,还会带上一点小小的歉疚。

3. 夸张

夸张是运用离奇的情节或语言对表现对象进行明显夸大的修辞手段,以加深读者或听者对文字或故事的印象。夸张是一种相当吸引人的有冲击力的广告手法,因为它把给消费者的利益点放大到让消费者一眼就知道你的销售力度,起到广告的最佳投射作用。

例:××黏合剂公司广告:"它能将整个世界黏在一起",极夸张之能事,令受众感到此用语有趣,又传达了产品质量方面的优点。

4. 双关

双关是利用语言文字上同音或同义的关系,使一句话关联到两件事或有两种不同的理解。它具有表里两重意义,表面的意义是次要的,寓意才是主要的。

例:东风汽车户外广告:“万事俱备,只欠东风”。“东风”一词既是指东风汽车,又指诸事具备之后最关键的那个条件。所以,“东风”一词具有双关之意,不仅表示东风汽车是出行的必备工具,也表达了对受众考虑事情要周密全面的一种警示。

5. 对比

只有对比,才能让人感到对比对象的妍媸丑俊。没有对比性,没有可比性,没有烘托,再好和再不好的东西也无法让人清醒地意识到优劣。

例:玛氏(M&M)巧克力豆的广告画面:有两只手,一只是脏兮兮的,另一只是干净的。画外音:“哪只手里有玛氏巧克力豆?不是那只脏手,而是这只干净的手。因为玛氏巧克力只溶于口,不溶于手。”通过一脏一净两只手的形象对比,文案揭示了玛氏巧克力豆独特的糖衣包装,是比任何其他巧克力都方便的独一无二的产品。

6. 排比

排比就是把意义密切相关、结构相同或相似、语气一致的语句排列在一起,造成一种强大的气势。排比式的文案往往会使广告主题信息反复出现,或者从侧面突出重点,渲染主题,使受众加深对广告诉求重点的印象。

例:台湾“黑松”汽水系列广告:“温柔心一颗,倾听二钱,敬重三分,谅解四味,不生气五两,以汽水服送之,不分次数,多多益善。”模仿中医开处方的排比风格,渲染了广告产品的趣味和重要性。

7. 顶针

顶针是指将前句中的最末一词或短语作为后一句的开头部分。

例:浙江绍兴酒广告:“人生得意须饮酒,饮酒请用绍兴酒”,用两个“饮酒”顶针,强调了“须饮酒”和“用绍兴酒”的概念。

8. 仿拟

仿拟是对人们世代沿用的诗词、歌赋、成语典故和谚语等语言习惯的改变,以表达现实的某种思想和情感等。仿拟是令消费者感到极有趣味的重要修辞方式。它将人们熟知的诗词歌赋、成语典故和谚语等予以改动,仿造出一个与产品或服务有关的新词语或新句子来,以符合该广告特定的表达需要。

例:台湾某洗衣机广告:“闲妻良母”洗衣机将劳累的“贤”妻变为轻松自在的“闲”妻,反映了大家庭主妇的心声,而成为流行广告语。

9. 反讽

运用反讽，主要是由于它有意制造语义即语言的表面意义和内在意义之间的矛盾，强化它们的张力，使其与那些陈腐老套、平铺直叙的文案拉开了距离，从而显得卓尔不群。

例：尼桑汽车系列广告方案之二：“它害得我很惨！——欧福美，欧福美加油站”，借加油站对尼桑车经常不来加油的抱怨，反证了该车省油的性能。

案例分析

百年润发的广告案例

在京剧的音乐背景下，周润发百年润发广告篇给观众讲述了一个青梅竹马、白头偕老的爱情故事：男女主人公从相识、相恋、分别和结合都借助于周润发丰富的面部表情表现了出来：爱慕状、微笑状、焦灼状、欣喜状。而白头偕老的情愫是借助于男主人公周润发一往情深地给“发妻”洗头浇水的镜头表现出来的。

白头偕老的结发夫妻，头发，这在中国历史上本身就有着深厚的文化内涵，此时配以画外音：“青丝秀发，缘系百年”，然后推出产品：“100 年润发，重庆奥妮！”——把中国夫妻以青丝到白发、相好百年的山盟海誓都溶入了“100 年润发”之中。

明星拍广告大都是一笑之后简单地推出产品，而广告中祥和朴实的他没有一句台词，时势变迁的悲欢离合，重游旧地、遥想当年的复杂情绪全靠精湛的表演，加上女演员情真、意浓、清新、毫不逊色的配合，使得爱情故事真正地溶进百年润发品牌中去，广告主题在视觉上更加完美。

（节选自 http://info.beauty.hc360.com）

问题：

1. 百年润发广告的主题是什么？
2. 试分析百年润发的广告创意？

本章小结

本章首先介绍了广告创意的概念，然后概括了广告创意的原则和过程。接着阐述了广告创意的思维方法和广告创意的常用方法，具体有李奥·贝纳的固有刺激法、罗瑟·瑞夫斯的独特销售建议法、奥格威的品牌形象法、威廉·伯恩巴克的实施重心法、艾尔·里斯和杰克·特劳特的定位法、伍甘的讯息模式法。

广告文案创意的内容主要有:主题创意、结构创意、语言创意。

本章还介绍了广告主题的类型;广告文案的构成;广告标题的创意原则、广告标题的类型;广告正文的结构、类型和创意原则;广告口号的类型;广告语言的修辞运用。

复习思考题

1. 广告创意的含义是什么?
3. 广告创意的过程是什么?
4. 广告创意的原则有哪些?
5. 广告创意的思维方式有哪些?
6. 广告创意的方法有哪些?
7. 广告文案结构是什么?

第六章 广告创意(下)

本章提要

当一个产品刚刚上市抑或是已经被广大消费者所了解,当一个品牌面对众多同类品牌的激烈竞争,当我们的客户面对千百种媒体传播渠道的选择时,你还能做些什么呢?是让她缺乏新意,索然无趣,还是让她表现独特,新意盎然,深入人心,甚至成为当下的行为风尚?

美国著名广告大师大卫·奥格威指出:"要吸引消费者的注意力,同时让他们来买你的产品,非要有很好的特点不可,除非你的广告有很好的点子。不然,她就像很快被黑夜吞噬的船只。"奥格威所说的"点子",就是创意的意思。广告的实质是创意,创意是广告的灵魂。

广告创意具有多重身份,她是民主流行文化,是行为艺术,是积极态度的倡导者,是艺术,是戏剧,是自由的言论,是意识形态的流动,是信息。广告创意有助于企业销售产品或树立形象,更重要的是广告创意是一种乐趣。本章将通过介绍及案例解读使学生了解广告创意在平面广告、影视广告、广播广告、网络广告中的具体操作及应用。帮助学生理解广告创意的基础,培养学生具有广告创新意识的创造力。我们希望激发学生在构思一则广告时能够提出关键性的想法,并利用创造力做出具有创意的广告表现方案。

本章学习目标

- 熟悉平面广告画面元素构成;

- 熟悉报纸、杂志广告创意方法；
- 熟悉影视广告创意；
- 熟悉网络广告的含义及特征；
- 熟悉网络广告的创意方法。

导入案例

2008年是中国广告业稳步发展的一年。业内领军者奥美中国在2008年戛纳广告节上捧得四项大奖，斩获4枚铜狮，成为唯一一家有多件作品获奖的中国广告代理商。其广告创意作品在诸多类别均获得行业的认可。此次戛纳广告节上，中国各大广告集团报送的作品，几乎涵盖了所有类别，成为报送作品较多的国家之一。能够收获这些荣誉我们感到很荣幸。在多个类别获奖的事实充分证实了我们利用不同媒介平台为客户提供优秀创意作品的实力和努力。中国的广告公司不断用事实证明来自中国的创意作品具备了国际竞争力，我们不仅已经跻身国际舞台，而且还获得了非凡的成功。

第一节 平面广告创意

一个多世纪前，几乎所有的广告客户都依靠文字来说服消费者。他们与消费者谈心、争论，给消费者摆事实、讲道理，跟消费者推理，用甜言蜜语来引导他们，甚至还与消费者做思维游戏。随着社会的进步，在20世纪初，广告客户开始纷纷抛弃单一的文字表达，转向使用画面与文字的配合来推销产品。从此，我们的广告变得越来越直观，消费者阅读广告的效率也随之大大提高。大量的纸媒印刷品广告遍布我们生活的每一个角落——海报、报纸广告、杂志广告、招贴、DM单、邮寄广告、产品包装、广告牌等等。广告也变得丰富多彩，随时随地无时无刻不在与消费者进行着沟通与互动。

一、报纸广告创意

以报纸为媒介载体的商业广告，一般有整版、半版、四分之一版、通栏、双通栏、半通栏、中缝、报眼等不同的位置与版面规格。通栏的宽度就是横跨整个报纸版面，高度则是报纸版面高度的五分之一；整版报纸可以分为五个通栏；双通栏为两个通栏的高度。分类广告的规格一般以栏/公分计算。报眼位于头版右上角与报头对应的位置,是最醒目的广告版位,规格一般小于半通栏。

报纸广告有不同的种类,如展示广告、插页广告、分类广告和报纸软文等等。

1. 展示广告

报纸中的展示广告采用印刷广告的标准,分为标题、正文、插图。报纸的展示广告是广告主采用的主要类型。

2. 插页广告

插页广告不会出现在正常的报纸版面上,而是在发行前夹入报纸内。

3. 分类广告

分类广告是按广告产品对应的类别,以纯文字信息形式出现的报纸广告。企业或个人都可发布分类广告,比如求职、招聘、产品介绍等等。

4. 报纸软文

所谓报纸软文,就是在各类报纸上发布软文进行宣传。它是相对于硬性广告而言的,是由企业的市场策划人员或广告公司的文案人员负责撰写的"文字广告"。我们一般说的报纸软文包括两种,一种是新闻稿,一种是纯软文。所谓新闻稿,就是结合当前社会热点事件或企业的新闻事件进行报道宣传。这样的报纸软文一般是正常的新闻稿件,有很强的新闻特性,但由于过于强调新闻性,宣传的重点就只能是事件,而不是企业,所以宣传企业只能悄然结合。纯软文,一般走的广告版面,即深度报道企业,对企业需要宣传的产品或品牌从不同角度诠释。此类软文最典型的是保健品软文和家电/IT 类软文,形式上以功能介绍型为主。

报纸广告的展示实际上是一个说服消费者的传播过程。在此过程中,广告创意与设计水平的高低,直接决定了说服力的强弱。报纸广告的创意佳作,会以独特的角度、恰当的形式来表达观点,能引起普遍关注,让读者在阅读的瞬间发出一声惊叹或会心一笑,即刻领会其传递的信息。

我们要明确报纸广告创意的基本元素。这些元素是从内容高度抽象出来的,是报纸这个平面上基本的视觉语言。只有对其进行深入分析、研究,才能建立起实践的整体框架,提高创意与设计水平。

(1) 图形。当一切可视的形象被用作平面设计,作为设计元素出现时,都称之为图形。它在设计中承载了传达信息、意念、情绪、色彩、机理等多种作用。

(2) 文字。它是信息最重要的载体,包括文案制作、字体及组合字体设计、文字版式构成设计等。

(3) 点、线、面。在创意设计时它们的作用很多:一是纯装饰作用,营造气氛;二是填补空间,弥补构图;三是分割空间;四是突出某个字、某行字或某个图形、图案;五是营造某种风格特征。

(4) 色彩。处理好色相、纯度、明度的对比关系,才能实现色彩的和谐美。

我们简略地从报纸广告的创意、文案和设计制作三个层面及常用的一些方式来探讨报纸广告的创意,希望对我们每一位同学都有所启发。

优秀的广告创作者应对任何事物都保持充足兴趣,同时广泛涉猎各种学科。“创意”是具有创造性的思维活动,它能赋予商品生命,使之具备艺术形象并展现美学风格。探寻广告创意的内在规律,对丰富、充实广告的设计方式和设计手段非常重要。

方式一:开宗明义。此类创意的特征是,通过人们的理性思维作出判断来接受宣传,而且购买商品。这种具有逻辑性、秩序性和艺术性等特点的说理性创意,给人以很强的艺术感染力和视觉冲击力。

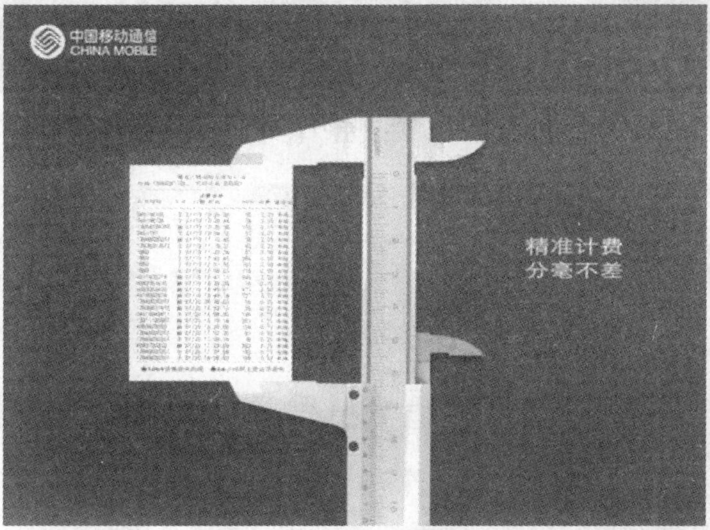

图 6-1　中国移动的报纸广告

【案例简析】　这则报纸广告开门见山地告诉读者:“精准计费,分毫不差”。画面创意中,选择了代表精确的工具卡尺来表现话费的计算,与文案配合,极具冲击力。

方式二:以情动人。这是一种情感性表达的创意。此类创意通过各种艺术和技术手段对读者进行感情诱发,与广告产生情感共鸣。报纸广告的选材与创意,要注重情感诉求,并善于发现和挖掘可以引起人们情感趣味的素材和细节,并以此为基础构思。

图 6-2a “压头系列”广告之一

图 6-2b “压头系列”广告之二

图 6-2c “压头系列”广告之三

【案例简析】 这是一则减轻房贷压力——中德住房储蓄银行“压头系列”广告，系列之一是一女子局促在一个不舒服的房间内，文案为：“你为 10 平米的餐厅，背负十年的压力”；之二为一男子在同样条件的房间内，文案为：“你为 15 平米的书房，背负 15 年的压力”；系列三则是一家人，文案：“你为 20 平米的客厅，背负 20 年的压力”。此广告用简单的人物和夸张的环境表达了人们对舒适住房的向往，而这家银行可以解决你的问题。

方式三：简洁单纯。这是一种哲理性表达的创意。此类创意使用一种简明的形象或者文案将有着深刻思想的哲理或人生感悟展现给读者，让读者在接受哲理的过程中认识和感受商品。

图 6-3 哲理性创意

【案例简析】 "13 年来,我们用心写了两个字——回报。"这则广告无需更多的语言,我们的读者对该广告的表达便心领神会。

方式四:再造境界。这是一种联想表达的创意。按照意思表达的需要来运用图形、文字、色彩及有关素材,按特定意义进行处理,再造并展现某种心灵深处的境界。这种境界不是现实中的景致或意境,而是人为、写意的,需要读者用自己的意识去感受、品味。此类创意方式,能使报纸广告更加富有深度,更能诱发读者的想象力,给读者更广阔的思维空间。

图 6-4 联想创意之一

图 6-5 联想创意之二

图 6-6　联想创意之三

二、杂志广告创意

利用杂志刊登广告,能够取得较大的读者群。虽然杂志的发行量比报纸略低,出版周期较报纸为长,在内容上具有较强的专业性、针对性、知识性和趣味性,但杂志的封面、封底、插页可以采用精美的彩色印刷,因此,不管是精心的广告设计画面,还是优秀的摄影作品,都能够取得良好的艺术效果。有的杂志广告甚至可以与读者互动,具有独立的欣赏价值。

在杂志中刊登广告的部位和形态大致有封面广告、封底广告、插页广告、封二页广告、封三页广告、目录页广告、正文末页广告、文内插页广告、文内补白广告等。

杂志可分为专业性杂志(professional magazine)、行业性杂志(trade magazine)、消费者杂志(consumer magazine)等。由于各类杂志的读者比较明确,因此,杂志是各类专业商品广告的良好媒介。刊登在封二、封三、封四和中间双面的杂志广告一般用彩色印刷,纸质也较好,表现力较强,是报纸广告难以比拟的。杂志广告还可以用较多的篇幅来传递关于商品的详尽信息,既利于消费者理解和记忆,也有更高的保存价值。杂志广告的缺点是:影响范围较窄,因为杂志的出版周期长,信息不易及时传递。

杂志广告有着无限的创意空间。杂志的广告可以结合展示的面积、色彩甚至空白来维持读者的兴趣度。因为杂志的纸张质量非常好,色彩的还原也非常出色,适合进一步发挥杂志的创作空间,比如尝试如同贺卡的弹出式广告、插入试用产品的广告,甚至可以采用特殊的纸张或是插入电脑芯片来提高读者的兴趣度。

实例 1:

图 6-7　某杂志广告

【案例评析】 这是一则 Veja 杂志广告创意,颜色线条都很简单,应该不难看出这是美国总统小布什和本·拉登的头像剪影。广告文案为"Get both sides",布什的头像是由和平"peace"与战争"war"两个英文单词构成,本·拉登的头像是由死亡“dead”和生存“alive”两个英文单词构成。这就是这本杂志的创意,即利用两个单词构成头像,加上广告词“Get both sides”,强调这本杂志会从不同的角度来看事物,不会有所偏颇。这则广告不但有创意,而且有艺术功力,具有平面广告应该有的主体性和深度。

实例2:

图6-8　DHL公司广告

【案例评析】 这是DHL在杂志上发布的一则创意广告，主题为“DHL-turning page”。我们知道DHL是全球知名的快递公司。它的广告在杂志相对的两个版面间，加了一张由PVC制作的透明纸，纸上是DHL速递员手中拿着快件，速递员为两边的客户递送货物。在翻页的瞬间，DHL就将快件从发件方送到接收方手里。DHL简直会时空穿梭！

实例3：

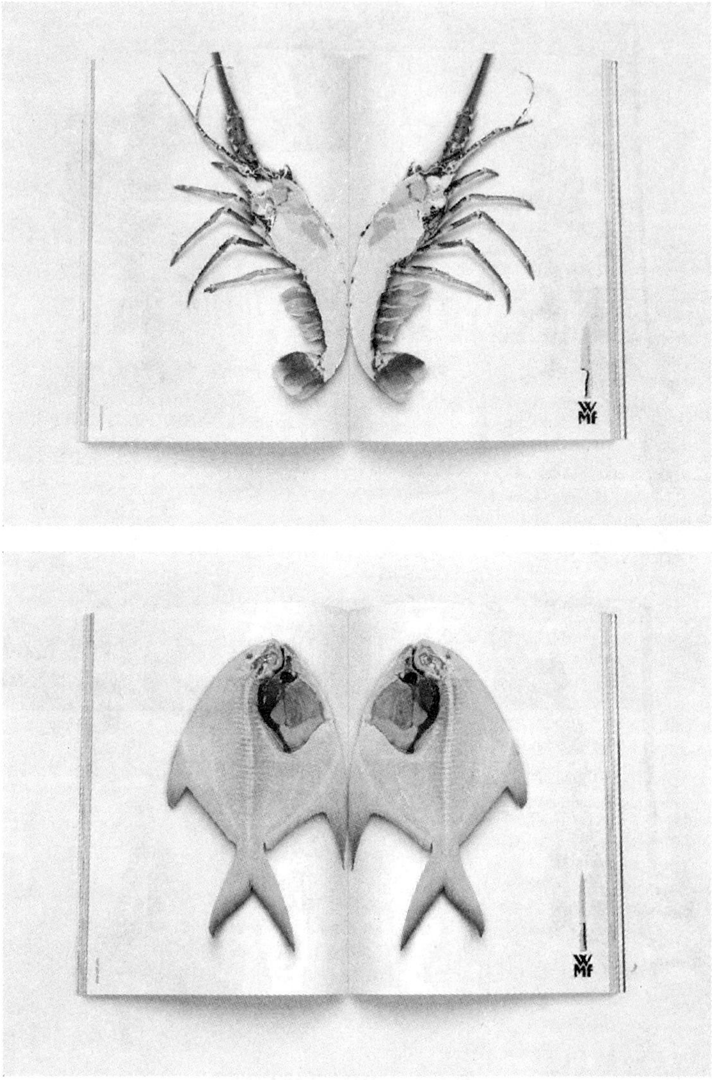

图6-9 某刀具广告

【案例评析】　这是一则刀具的杂志广告,它利用了杂志的对称页来表现产品的锋利,无需多言,一目了然。

三、其他广告创意

1. 海报广告创意

商品海报以具有艺术表现力的摄影、造型,写实的绘画和漫画形式表现较多,给消费者留下真实感人的画面和富有幽默情趣的感受。而非商业性的海报,则内容广泛,形式多样,艺术表现力丰富。特别是文化艺术类的海报画,根据广告主题,可充分发挥想象力,尽情施展艺术手段。我们要充分发挥海报面积大、纸张好、印刷精美的特点,通过了解客户、商品、对象和环境的具体情况,充分发挥想象力,以其新颖的构思、短小而生动的标题和广告语,具有个性的表现形式,强调海报广告的远视性和艺术性。

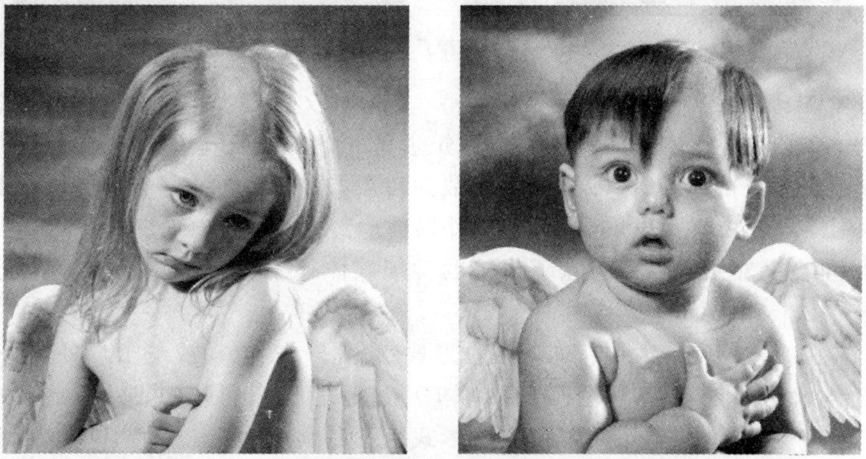

图 6-10　海报广告实例之一

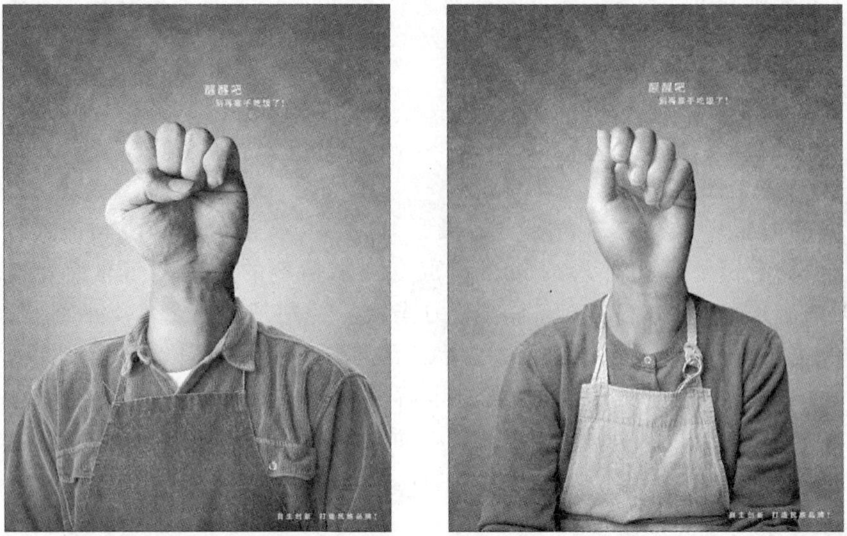

图 6-11　海报广告实例之二

2. 户外广告创意

什么是户外媒体？在早期樊志育先生著的《户外广告》中曾这样定义户外广告:“在户外特定场所,以不特定多数为对象,在一定时间内持续提供视觉传达沟通的广告物。”而发展到今天,户外媒体已经不再局限于“户外特定场所”,而是室内、室外无所不在。除了传统的常规媒体外,一些新型非传统媒体也层出不穷。

常见的户外广告大致有如下几种形式:路牌广告、电动或电子户外广告、灯箱广告、交通广告、运动场地广告、墙体广告等。但随着科技的飞速发展及户外新媒体的积极开发,户外媒体在表现形式上不断突破,如出现了卫星发射现场广告、各种空中广告、真人广告、实物模型广告、气模广告、自动翻转(多面)广告、激光投射广告等。

图 6-12 户外广告之一

图 6-13 户外广告之二

图 6-14　户外广告之三

图 6-15　户外广告之四

图 6-16　户外广告之五

图 6-17　户外广告之六

第二节　广播广告创意

一、广播广告创意的含义和特征

广播是通过无线电波或金属导线,用电波向大众传播信息、提供服务和娱乐的大众传播媒体。在电视没有发展普及之前,广播备受人们的欢迎。电视的兴起,将大批广播广告客户拉走,曾经有人担忧地说:“广播广告注定要消失。”然而,从多年的发展趋势上看,广播广告的影响力仍然很大,它的独特魅力有其他媒体无可比拟之处。

广播广告对音响和声音的运用为创作人员创造了大量而刺激的创作条件。当然,由于广播只能表现声音,因此,广播广告无法实现视觉还原的真实性。但我们认为广播是有图像感的,创意者通过声音、语言、音响等手段在听众心目中建造影像。

广播广告是依附于广播媒体的一种宣传方式,其特点主要有:

(1) 广播广告的交流感与意境性。

广播的交流感和意境性是统一的。广播可以从播报者的语言、气息、情感等声音的多种表现方法中,充分打动听众的心扉,掀动人的情感,产生创意需要的想象。

(2) 广播广告的流动感与兼作性。

广播广告之所以特有流动感与兼作性,是因为广播一方面便于携带,轻型的收音机可直接入耳。另外,因为广播传送的是声音,只需要耳朵而不需要其他的器官来接收信息,听众可以在很多种状态下接收广播信息。

(3) 广播广告覆盖的无限性与广播广告受众的全面性。

广播的人群覆盖虽然具有一定的范围和区域,但从收听的实际出发,广播的覆盖却无法划定明确的界限,加之地形、气候等方面的因素,广播的覆盖和信息的延伸可以说是无限的。广播虽然根据听众市场的不断发展,提出了专业特色办台的发展思路,使听众群更加的明确,有专门针对司机的交通台,针对医患的健康台、针对流行的音乐台等,但我们在逛商场时,商场的广播广告也会硬性地入耳,所以说广播的受众群不是完全的对象化,也是不对象化的,对象化与不对象化的统一,是全面性的。

(4) 广播广告的低投入与高回报。

在四大媒体中,广播广告的费用相对较低,这主要是因为它的成本远远低于报纸和电视。

二、广播广告创意的要求和方法

广播广告的创作同其他广告一样:对创作对象进行想象、加工、组合和创造,使其潜在的现实美,升华为受众能感受的具象,使之产生兴趣并引发实际行动。以下就我们工作的体验,谈一点对广播广告创作的认识。

1. 广播广告的独立品格

广播广告是浓缩的纯听觉艺术:看不到的声音,必须经过声像转化。但其优势就在这里:它可在每个人的大脑里,根据自己的审美标准设定完美形象。一个优秀的广播广告创作最终是在听众大脑里产生的联想中完成的。创作者需要首先设计出未来听众想象中的形象,然后根据大多数人的可信度创作语言,再加上演播者的二度创作,人物形象就会丰满、鲜活起来。

请看下面这则广播广告,人物形象由听众自己设定:

小案例 6-1　《野蛮女友》

女子:你时尚吗?

男子:我时尚。

(女生给男生一记耳光)

女子:一点都不谦虚!你时尚吗?

男子:我不时尚。

(女子又给男生一记耳光)

女子:一点都不自信!你时尚吗?

男子:你说我时尚我就时尚,你说我不时尚我就不时尚。

(女子再给男子一记耳光)

女子:一点都没有自我!

(音乐起)"0101 流行馆",汇集国际时尚名品,解决时尚困惑!

11 月 11 日盛情开业,时装秀、街舞表演等蓄势待发,连环巨奖等你来拿。

女子:(悠长的声音)"你——时尚吗?"

2. 广播广告声音材料的合理配合使用

(1) 广播广告的"三要素"。

广播广告"三要素"是指语言、音乐、音响三者。用三者相互配合、相互作用的蒙太奇思维,创作完成预想的初步文案,就是广告创意。三要素不一定非要同时使用,可两两组合。当然,最常用的还是“三要素”的组合。

小案例 6-2 《劝君莫打林中鸟》

(音效:)树林里欢快的鸟叫声
(音效:)枪声
(音效:)鸟扑腾翅膀并掉落地面的声音
男声:(待哺幼鸟的叫声)劝君莫打林中鸟,儿在巢中待母归!
(清新的音乐渐弱)

(2) 广播广告的时空处理。

由于广播媒体宣传手段的局限,对时空的设计要求十分严格。必须把创意设计要求的环境设想得十分具体,同时还要设计用何种声音素材去展示时间流逝和空间移动。

小案例 6-3 《让我们植树去》

(音乐渐起)
(海的音效声音)
一亿年前,这里是一片辽阔的海洋。
(恐龙的音效叫声)
100 万年前,因为地壳的运动,这里变成了一片森林。
(风沙的音效声音)
五十年前,因为过度砍伐,这里变成一片荒芜。
(鸟的叫声)
十年前,因为植树造林,这里又有了动物的足迹。
(孩子的欢笑声)
一年前,因为生态环境的进一步改善,这里变成了森林旅游的圣地。
今年,你想不想加入到植树的队伍中?

上述创意要求语言、音量和音色根据场景而变化。若不考虑时空,就不会产生流动画面,导致广告创意失败。可见时空处理在广告创意工作中的重要性。

(3) 广播广告的艺术作用。

一个具有独特审美及表现力的广告创作人,可以通过体验并深刻了解商家原作中的启示或暗示,发掘完善作品的中心思想,提高广告作品的艺术品位。

小案例 6-4 《爱上她的感觉》

男 1(心动地):第一次见面,她的眼神晶莹剔透,挑动我的每根神经

男 2(深情地):第一次拥抱,她的气息芬芳迷人,融化我无法移开的身体

男 3(沉醉地):第一次亲吻,她的味道清醇甘甜,唤醒我每颗味蕾的绽放

男:我知道,我已经无法自拔地爱上了她。

在每个孤单或是喧闹的夜晚,都渴望有她相伴(倒红酒的声音)

男:×××澳洲干红,这,就是爱上她的感觉(略停顿)

旁白:来自澳洲,珍品酿制,×××澳洲干红!

(4) 广告创意要准确把握宣传主题和深入捕捉生活细节。

确定主题和捕捉细节是广告创意的关键,这需要敏锐的社会洞察力和捕捉关键细节的犀利眼光。社会意义、经济效益、宣传价值和播出实效要首先分析透彻。在广告创意中要特别重视细节,鼓励小题大做,避免大题小做,尽量杜绝空话和虚话。

小案例 6-5 公益广告《普及普通话》

女:(东北话)大哥,这鸡咋卖啊?

男:(广东话)母鸡(不知道)啊!

女:(东北话)啊,母鸡啊,那这母鸡咋卖?

男:(广东话)母鸡(不知道),我母鸡(不知道)老板走去扁豆(哪里)啦。

女:(东北话,生气地)啥玩儿扁豆,玩儿啥扁豆啊? 俺是要买这鸡,你知道不?!

男:(广东话,厌烦、生气)小姐啊,我想吻吻(问问)你啊,我母鸡就母鸡,你吻(问)我也没用啊,老板不在啊!

女:(怒气冲冲)你讲些啥玩儿,你这人咋要流氓呢,还想亲俺?!(群众笑声)

男:(深沉的)世界上最遥远的距离不是生与死的距离,也不是天各一方,而是……(搞笑的)你说方言,我听不明白!(群众笑声)

旁白:普及普通话,沟通无障碍!

(5) 广告语言创作要"惜墨如金"。

广播广告是浓缩艺术、袖珍产品,长度一般为30秒或一分钟左右。经济利益及其属性决定其语言必须简短精练、准确到位,多开门见山推出主题。创作和表达广告语是整个广告创作工作的核心。上海星星食品厂广告语:星星还是那颗星星!八个字一个标点符号用了几十年而没有被新的广告语所取代,足以证明它的价值。虽然文字量的大小决定于实际需要,但广告语言的精练是必须的。

(6) 源于生活的性格化语言。

广播广告是纯听觉艺术,同平面广告相比,存在着一个无奈的缺点——即失性。随听随忘。这就要求在组合"三要素"的时候要特别重视艺术性和性格化的语言设计,艺术性和趣味性诱发了听众自发的再次传播。好的广播广告应该是源于生活、高于生活的作品。它需要留心社会生活的细节,积累生活中经典的性格化语言。

(7) 广告配乐和音响效果。

广告配乐必须准确地烘托主题气氛、弥补场景的视觉缺陷、促进情感的延续发展,推动主题的凸显和艺术升华。这就要求音乐气质与广告内容相符或接近。音响效果在广播广告中极为重要。通过声音诱发,即刻将听众"带到"想象的视觉现场,"看到"广告提供的视觉环境。多种音响连续或配合使用时,一定要做好音响效果的虚实处理。

小案例 **6-6** 《喜事儿篇》

(背景音乐:生日快乐)一个人的喜事

(背景音乐:婚礼进行曲)两个人的喜事

(背景音乐:春节序曲)全家人的喜事

(背景:2001年7月13日申奥成功新闻播报同期声)中国人的喜事

喜事、喜酒——国酒茅台!

3. 广播艺术广告的蒙太奇思维

广播艺术广告使用的蒙太奇手法很多，常用的有平行蒙太奇、交叉蒙太奇等等。一则广播广告的创作，首先应根据总体艺术构思，将所需效果材料分别进行采集，然后根据创意将声音素材进行合乎逻辑、富有节奏的组合，成为一个有韵律、富有想象天地的完整的艺术广告成品。

4. 广播艺术广告的创新

广播艺术广告的真谛就在于它的独创性。不创新怎么能称之为创作！在本节就要结束时，还想重复本节开始的第一句话：广告创意是创作工作，是无中生有的工作。如果大家都努力创新，就能在各套广播频率中听到很多千姿百态的广播艺术广告。

第三节　电视广告创意

创作出杰出电视广告的第1号原则：先写一个。

——卢克·沙利文

一、电视广告创意的含义和特征

电视广告的创意是运用创造性的思维活动艺术化、灵活性地使用影视语言进行广告创作。在创作过程中，抽象、形象、灵感等思维交叉使用，相互补充，有效综合，从而创造性地解决问题；电视广告创意贯穿于创作过程中，是紧紧围绕着主题选择和视觉表现所进行的创造性思维活动，通过系统地运用各种思维形式，从而创造出充满智慧与情趣、具有强烈视觉感染力的电视广告作品。

电视广告创意是广告创意中的一种主要形式。其主要特征如下：

1. 电视广告创意需要前期策划指导

电视广告主题是电视广告作品中所表现的中心思想，是电视广告作品的灵魂，在整个电视广告创作中起着主导和支配作用。广告的前期策略指导解决的是广告要"说什么"、"如何说"、"怎么说"的问题。创意的目的在于增加产品的附加值，我们要排除创意的神秘感，不要指望一则好创意可以救活一个品牌，但为品牌力的提升增砖添瓦是可以做到的。

2. 电视广告创意需要多思维交叉运用

电视广告创意是一种运用脑力的创造性思维活动。创意者的思维习惯和思维方式直接影响着创意的形成和发展。在创意过程中，抽象思维、形象思维、逆向思维、灵感性思维等多种思维交叉使用,又相互补充,有效组合,从而创造性地解决问题。

3. 电视广告创意的专业综合性

创意过程中除了运用一般的抽象思维和表现手法外,还必须掌握影视镜头语言,运用蒙太奇思维,按镜头顺序进行构思,从而达成广告创意表现的诉求或是中心。

4. 电视广告创意的团队合作

电视广告基本的创意要求和其他媒体相同:进行有效传播。但电视广告的复杂性需要很多人共同参与进来,组成项目组,即由策划人、创意人、艺术指导、制片、导演、摄影、后期制作等等人员组成项目组。所以,电视广告的创作与执行过程常由一个团队来完成。

二、电视广告创意的要求和方法

电视广告对当代文化产生着重大的影响。它通过动态的画面给人留下某种印象,制造某种气氛,讲述某个故事,用来和我们的观众沟通或是引起人们的注意。电视广告创意贯穿于创作过程中,是紧紧围绕着主题选择和视觉表现所进行的创造性思维活动。

电视广告创意的中心环节,是广告主题的选择、提炼和广告表现的创新。电视广告主题是电视广告作品中所表现的中心思想,是电视广告作品的灵魂,在整个电视广告创作中起着主导和支配作用。在电视广告创意过程中,必须运用抽象思维对广告对象以及对象所涉及的方方面面的客观情况进行详尽的调查和科学的分析、论证。

(1) 收集资料。收集资料可以帮助进一步明确需要解决的问题,为创意思考提供素材。

(2) 创意思考。创意进入一个看似“停滞”的阶段。

(3) 头脑激荡。通过思考及素材积累达到创意的迸发。

(4) 深入确定。对灵感进行深入的思考、检验和完善。

在电视广告主题的提炼过程中,抽象思维与灵感思维时时在交替使用,只有如此,才能使主题既具有准确的、符合广告目标定位的思想,同时又具有与消费者心灵交汇的说服力与感染力。

电视广告的主题依赖于视觉表现的创新。电视广告通过视听语言的表现手段形成电视画面,诉诸人们的视觉,调动人们的情感。根据电视广告视听一体、声画同辉的艺术特点,在广告创意视觉表现过程中,必须善于运用蒙太奇思

维。电视广告创意语言要具有直观性、形象性,才可以有效地转化为视觉形象。在创作过程中需要考虑以下几点:

(1) 创意要以视觉感受为核心。

"视"和"听"是电视所具有的两个功能,电视以视为主,主要靠画面来表现内容,"听"与"看"要充分的结合。在创作电视广告时,要以画面的视觉效果为创意制作的落脚点,将我们所要传达的信息以形象化、简单化的方式传递给观众。

(2) 创意要单一诉求,突出主题。

电视广告播出费用是高昂的,越是收视率高的电视媒体越是昂贵。因此,电视广告的播出时间不会太长,一般有5秒、15秒、30秒、60秒等等。广告时间长不益于受众的接受。这就要求电视广告内容必须简短,主题突出,诉求准确。让受众在较短的时间内形成对产品信息的第一感知,并让受众达成记忆。

(3) 创意要有利于产品打造品牌。

让观众牢牢记住商品品牌,是电视广告的重要任务。也可以从不同的角度融入情节或是与目标人群一致的观点,在展示品牌时要巧妙融合切勿生硬,以加深观众的印象。品牌的打造方式多种多样,可根据产品的具体情况灵活运用。

(4) 创意要有延展性。

一个产品或是一个品牌有自己的专属特性或是人群,电视广告也是同样。每则产品广告片都有自己特定的广告特性,这与产品的市场定位、人群细分、阶段性广告目标等诸多因素相关。但不可能一个好的产品或是品牌永远只用一则广告片。所以,我们在创作电视广告时,要考虑到它的延展性是否会形成系列感,是否为下一则广告片奠定了一个好的开始,是否会让受众在看到新的广告片时也能感知到这个品牌,这是我们需要长远考虑的。

(5) 创意要有震撼力和记忆点。

每一则广告片的创意都应该拥有语不惊人誓不休的震撼力和记忆点。这种震撼力和记忆点并不只是指视觉上的强烈冲击,它也可以是心灵上的为之一震,也可以是开怀大笑。拥有震撼力和记忆点的创意广告作品才能在浩瀚的媒体中脱颖而出,才能吸引广告受众日渐挑剔的目光,才能给受众留下记忆。唯有如此,广告作品才能在激发起人们审美动机的同时,也激发起人们的购买欲望,广告的效果才能得以发挥。

6. 在说服观众的同时愉悦观众

广告片要尊重受众的价值观、风俗习惯、宗教信仰等因素。对于广告片的创意来讲,创作出令人愉悦的广告会给观众留下一个好印象,对树立产品或品牌的美誉度有着非常重要的作用。

电视广告也有一些通用的创意方法,但这些方法既不是绝对安全的,也不是最权威的。毫无疑问,真正好的创意会打破其中一些规则与方法。在做好创意的基本功前希望这些方法能够抛砖引玉。

(1) 采用引人的开头或是标题。

电视广告开头的几秒钟至关重要。广告的低解读性决定了观众可以在一瞬间完成对广告信息所包含的意义和利益点做出判断。广告的开篇既可以将观众赶跑,也可以抓住观众的注意力。

(2) 突出图像。

应该在每一次的电视创意中尽量突出电视的图像能力。这种突出在某种程度上也依赖于创意的概念、技术手段、画面拍摄精度等因素。但好的创意无需过多的语言,仅通过画面的表达即可完成信息的传达。但声音绝不是你要忽略的,它是配合画面更好地完成视听的立体感受的重要因素。

(3) 使声音与画面协调一致。

所谓一致,并不是讲声、画要对位。很多电视广告创意声音与画面是错位的,但却很好地表达了产品。我们讲的声、画协调一致是指声音与画面相互协调配合,加强表达创意,而不是声、画相互背离,混淆观众的视听,使广告片不知所云。

第四节　网络广告创意

网络广告即电子广告,是指通过电子信息服务传播给消费者的广告。网络广告发轫于1994年的美国。1994年10月14日,美国著名的*Wired*杂志推出了网络版的Hotwired(www.hotwired.com),其主页上开始有AT&T等14个客户的广告专栏。这是广告史上里程碑式的一个标志。我国的网络广告起步较晚,中国第一个商业性的网络广告出现在1997年3月,传播网站是Chinabyte,广告主是Intel,广告表现形式为468×60像素的动画旗帜广告。Intel和IBM是国内最早在互联网上投放广告的广告主。

网络广告是一种新兴的广告形式。网络广告大部分还是在万维网上。万维网广告具体又分为标语式广告(也称作横幅广告)、按钮式广告、聊天室广告、赞助式广告、插页式广告、互动游戏式广告、关键字广告、分类广告等等。

一、网络广告创意的含义和特征

任何产品、品牌要想被消费者接受,都会经历“知道—了解—好感—购买”这四个过程。在这四步中,各自最适合的媒体是不同的:户外广告在让消费者“知道”方面冲击力最强;要让消费者进一步“了解”,报纸杂志比较适合;若要形成“好感”,则首推电视的形象鲜明;最终实现购买,终端是必不可少的。而网络则是可以完成以上所有过程的介质。网络媒体所具有的集文字、图像、声音于一身,充分调动受众的感官,具有较强的双向交流互动性的特点,使得网络广告除了传播信息、告知信息、品牌塑造等传统广告功能外,还可以与企业的整体营销活动相配合,在网络上开展以营销为目的促销活动,进而取得更为全面有效的市场效果,这种优势是其他媒体广告形式所不具备的。究其原因,正是因为网络广告利用其独有的媒介形态与特质,在创意策略的运用过程中秉承了整合营销传播理论的三大特征:整合性、互动性、精准性。

1. 网络广告创意的整合性

整合容易产生轰动效应。传播学中的议程设置理论在网络广告创意上能够得到充分的运用。具体来说,就是通过对网络广告的内容有计划地进行热点话题议程设置,创新的内容和形式使得网络广告能够迅速影响到数以千万的庞大网络用户群,在较短的时间内覆盖最大量用户,产生轰动效应。网络广告创意的整合性策略就是在网络平台上进行营销活动创意,整合网络中各个方面的要素形成好的活动点子的思维过程。

2. 网络广告创意的互动性

我们一般说创意表现,是因为传统广告中的视听仅仅为单向的传播,而在网络广告中,通过技术手段,我们可以使广告的目标受众参与到广告本身的互动中,变单向传播为个人化的双向交流,给予传者与受众转换角色的自由。

3. 网络广告创意的精准性

在网络上通过流量计数可精确地统计广告的访问量,以及这些用户查阅的时间分布和地域分布,进一步借助分析工具,客户群体清晰易辨,广告行为收益也能准确计量,有助于正确评估广告效果,制定广告投放策略,对广告目标更有把握。

二、网络广告创意的要求和方法

网络广告的经典创意也必定是互动性、整合性和精准性的统一。构思网络广告的创意,必须具备视听的想象力以及对于互动技术的深刻理解。实际上,这些仍然只是表象，不同的创意人员拥有不同的风格，创意人员本身也能够发展不同风格的创意，深藏于成功创意人员背后的是对于宏观与微观世界的深刻理解，而每个洞察本身是无法取代的伟大创意的根源。

（一）网络广告创意的原则

网络广告的形式越来越丰富，能够很好地达到媒体广告应有的效果才是关键。网络广告创意的方式方法与其他广告创意并无不同，但需要着重考虑网络的媒体特点，也要遵循一定的原则。

1. 目标性原则

目标性是网络广告创意的首要原则，网络广告必须与广告目标和营销目标相吻合，创意的最终目标是为了促进营销目标的实现。

2. 关注性原则

网络广告必须要能吸引消费者的注意力。美国广告大师大卫·奥格威说："要吸引消费者的注意力，同时让他们来买你的产品，非要有很好的点子不可。除非你有很好的点子，不然它就像快被黑暗吞噬的船只。"

3. 简洁性原则

广告创意必须简单明了、切中主题，使人容易读懂广告创意所传达的信息。

4. 互动性原则

网络广告创意必须关注目标对象是哪些人，他们的人文特征及心理特征是什么，从而运用网络媒体互动性的优势，设计出能和受众进行互动的广告，以调动他们的兴趣，主动参与到广告活动中来。

5. 多样性原则

网络广告的多样性是指网络广告表现形式多样的创意。随着 WEB 2.0 网站的出现，广告创意应该多样化，这样才能充分利用网络的优势来达到更好的广告效果。

6. 精确性原则

网络广告趋向于进行精准传输，也就是"把适合的信息传达给适合的人"。目标受众的精确定位是网络广告的创意原则之一，这是网络广告发展的未来趋势之一。

（二）网络广告的创意方法

（1）提炼主题。

选择一个有吸引力的网络广告创作的主题。

（2）针对性地诉求。

在买点的设计上，应站在访问者的角度，注意与广告内容的相关性，从而提高广告的点击率。

(3) 品牌亲和力。

广告不仅是推销产品,也是建立品牌形象的一种方式,树立企业的品牌让用户对产品产生信心和认同。但要注意过分的品牌宣传则会降低浏览者的好奇心,降低点击率。因此,在广告创意上要注重对品牌亲和力的塑造。

(4) 营造文化氛围。

应用传统文化进行网络广告的创意设计,既易于受众接受,又能起到很好的效果。

(5) 打造利益点。

抓住消费者注重自身利益的心理特点,注重宣传该网络广告活动给浏览者带来的好处,吸引浏览者参与活动。

(6) 其他方法。

使用鲜明的色彩、动画,经常更换图片等等。

案例分析 >>>

病毒式广告

网络广告的病毒式营销是目前广告界的一大潮流。这种营销的策略就是在互联网上通过用户的社交网络,像病毒一样传播广告,从而达到宣传品牌的目的。最近法国某矿泉水厂商就采用了这种营销方式,并大获成功。

由于网络带宽的提高以及 YouTube 等类似网站的出现,向网站上传视频变得更加容易,病毒式视频营销也开始出现。根据市场调查公司 Online Publishers Association 的数据,每十个互联网用户中就有七个看过在线视频,看过之后,有30% 的人会通过邮件和朋友分享这些视频。在观看视频的人中,有 66% 的人看到了广告链接。其中,看到广告的人中有三分之一的人会去访问投放广告的公司的网站,并且 8% 的人会有购买行动。

病毒式广告与普通广告的区别是:普通广告是植入式的,没有人征询你的意见,广告突然出现在你面前;而病毒式营销则是另一回事,你的朋友可能会发给你一段视频,这就是带有许可性的,而且朋友发送的视频可能是有含义的,接收者会认真观看。网络不是中立和虚拟的,而是会通过网民的转贴、评论等互动行为,影响到现实的人。而传统的电视广告则不会有这个效果。

病毒式广告的优点有几个:

(1) 费用低廉。利用互联网便利的互动传播特性,制定一套合理的营销方案与传播亮点(能吸引大众进行口碑传播的亮点),并借用诸如“门户网论坛/Email/QQ”等形式,让信息广泛传播开来。如果运作恰当,甚至不用花一分钱宣传费,就能传播数百万人。

(2) 传播高效。许多门户网/Email/QQ 等互联网工具,都是颇具人气的,利用这些工具,能迅速让信息广泛传播开来。

(3) 自愿传播。在病毒式营销中,信息传播者往往是信息受利者。比如腾讯 QQ,你一个人没办法用,你只能让更多的朋友知道这个产品,并与你一起使用这个产品,你才能最大化利用这个产品。所以,信息受利者会毫无怨言地帮助商家传播信息。

病毒式广告的缺点是:

(1) 违反公众道德。比如,许多“恶意”的祝福信息,就是利用病毒式营销进行传播的。

(2) 各类负面效应,尤其会广泛传播。比如,一些行业内幕一旦被公布于互联网,就会迅速蔓延,影响该行业的健康发展。

(3) 误导公众。有些人往往会利用公众的某些心理,将错误或负面信息传播开来。有时,部分不良信息确实会误导那些没有树立正确观念的社会大众。

病毒式广告成功实施的条件:

(1) 提供有价值的产品和服务;

(2) 提供无须向他人努力传递信息的能力;

(3) 利用公众的积极性和行为;

(4) 利用现有的通信网络;

(5) 利用他人的资源。

病毒式广告的应用案例:

一、HOTMAIL“追尾”

Hotmail. com 是世界上最大的免费电子邮件服务提供商之一。它在创建之后的一年半时间里,就吸引了 1 200 万注册用户,而且还在以每天超过 15 万新用户的速度发展。令人不可思议的是,在网站创建的 12 个月内,Hotmail 只花费很少的营销费用,还不到其直接竞争者的 3%。Hotmail 之所以呈现爆炸式的发展,就是因为其利用了“病毒式营销”的巨大效力。其原理和操作方法很简单:总是在邮件的结尾处附上一个“现在就获取您的 Hotmail 免费信箱”的链接。

二、GMAIL 的邀请

Gmail 是 Google 在全球率先推出的 1G(目前已经达到 2.5G)免费邮箱,推出时曾引起互联网界地震。但测试中的 Gmail 不接受公开申请,而是通过 Google 员工等首批成功注册的用户对外发出测试邀请。即每个用户拥有若干个 Gmail 发放的权限,以邀请的形式发给若干个朋友,幸运者加入后各自也将拥有几个邀请资格,发放给更多的朋友。试想想,全球每天有多少人接收了 Gmail 邀请,又有多少人在将他的邀请当作礼物一样发放出去,不需要自己费时费力做推广,业务就像病毒曼延一样由用户自动传播开去,每个参与者都在帮自己宣传。这就是 Gmail 可怕的病毒营销传播原理。

三、电子书成就 Killerstandup. com

Killerstandup. com 是圣地亚哥一家出版公司 Baquay 拥有并经营的网站。他们的做法是,另外建一个看似毫无关系的可免费下载笑话和幽默电子书的网站 FreeJokeBooks. com,并在这些电子书中加上 Killerstandup. com 和 FreeJokeBooks. com 的超级链接。仅 2001 年 3 月出版的一本免费的笑话电子书,几天之内就获得来自几个国家的 3 万次点击,而且网站的访问量还在快速增加。

四、QQ"病毒"

年轻人恐怕没有谁不知道 QQ 的。腾讯 QQ 在推出当年,注册用户就达到 100 万,次年 6 月,即已至 1 000 万。现在腾讯注册用户已高达 3 亿,活跃用户达 9 000 万之众,与中国网民总数相当。

腾讯 QQ 实质上就是腾讯制造的"病毒"。与其他病毒营销不同的是,它既是一个"病毒"产品,又是一个可以自行传播的媒介。也正因为如此,QQ 刚推出时是免费的,从而让"病毒"扩散的速度进一步加快。

五、郭德刚"一夜走红"

郭德纲的相声席卷全国,这一先从网上红起来的草根艺人和他的"段子",引起了公众对相声空前的热情。郭德纲现象就是一次成功的营销,而且使用了网络营销常用的手段——病毒式营销。

六、百度"小电影"

百度在网上发布的小电影系列,以非常低的成本,实现了大范围的品牌传递效果。这些小电影,从传统的广告学角度来看,是不成功的,主题不够清晰,无关的内容过多,但是,其成功也恰恰在于那些无关的、不符合传统广告特征的部分,因为那些部分满足网民的兴趣点,是驱动网民可以自发传递的因素,这也恰恰是传统广告的视觉盲点。

参考资料:

1. 网商世界,病毒营销,http://www. tooec. com。

2. 全球品牌网,病毒式广告,http://www. globrand. com。

3. 中文企业资讯站，法国：网络广告新政策——病毒式营销，http://cnbeta.com。
4. 天涯问答，http://wenda.tianya.cn/wenda。

问题：

1. 何为病毒广告？
2. 如果给你一个产品让你做病毒广告，你将如何去做？

本章小结

本章在结构上，从创意的静态到动态、从平面到网络，从创意媒体发展的传统到未来，分别阐述了广告创意的报纸广告创意、杂志广告创意、户外广告创意、广播广告创意、影视广告创意和网络广告创意的基本规则与方法。并附有详细案例，帮助学生理解广告创意的基础，培养学生具有广告创新意识的创造力。

复习思考题

1. 平面广告由哪三个基本视觉要素组成？
2. 杂志广告有几种基本特性？
3. 请列出四种以上户外广告的基本形式？
4. 试自己选定一个产品并创作出该产品的电视广告创意。
5. 网络广告创意有哪三种特征？
6. 试述网络病毒式广告的优缺点。
7. 请为你的学校创作一条广播广告。

第七章　广告媒体与渠道策划

本章提要

广告媒体渠道是广告者用来进行广告活动的物质手段和广告信息传播的通道，不同的广告媒体具有不同的特点和效果。本章介绍了广告媒体的含义、种类，媒体渠道策划的影响因素和方法。

本章学习目标

- 掌握广告媒体的含义和种类；
- 掌握广告媒体渠道选择的影响因素；
- 了解广告媒体渠道选择的方法。

导入案例

有着166年历史的宝洁公司保持着很多企业营销创新的纪录，宝洁公司在发展过程中始终坚持与媒体建立策略型合作伙伴关系，保持着不断创新媒体资源的冲动。在中国市场，宝洁在品牌推广、与媒体建立战略合作伙伴关系，乃至广告传播策略的本土化方面，都堪称国际品牌的成功榜样。

宝洁自1988年进入中国后，很快在这样一个庞大的新兴市场确立了领导品牌的地位，其重要原因就是宝洁与媒体深入沟通，对媒体全面了解，为广告传播的成功奠定了基础。宝洁充分认识到中央电视台作为中国唯一国家级电视媒体强大的传播价值,在媒体合作网络中一直重视与央视建立战略伙伴关系。过去几年里,宝洁公司与中央电视台频繁沟通,几乎每个月都保持与中央电视台广告部的面对面交流,电话交流更是接近每天一个的频次。

媒体投放着眼于长期市场目标,是一种战略行为。宝洁在业界被尊为"品牌教父",它独到的媒介策略具有特别的重要性。宝洁的媒体投放策略有一个重要原则,就是不以短期市场销售为目的,而是着眼于三到五年甚至更长远的市场目标,着眼于与消费者的深度沟通,着眼于品牌强势地位的确定和品牌资产积累,这一切使得宝洁的广告投放表现为一种市场战略行动。在央视的广告投放,作为宝洁整个媒体策略很重要的一环,在宝洁整个品牌策略中起到了非常重要的作用。这不光是因为中央电视台是一个全国性覆盖的中央级媒体,不能单纯地以购买央视广告时段这样一个简单的买卖概念去衡量。中央电视台对宝洁的价值,更多地体现在整合市场营销回报的价值上。宝洁希望央视成为培养其产品消费潜力的一个市场营销伙伴,能够真正帮助宝洁吸引到更多的消费者。宝洁对媒体的期望是:"媒体不仅仅是我们的一个广告时间供应商,还应是真正的策略性合作伙伴,我们希望从媒体那里拿到的不光是一个广告时间,而更多的是理解和长久的策略支持。"

第一节　广告媒体概述

在经济飞速发展的现代社会,广告媒体越来越凸显其经济传播作用,选择一个合适的媒体把广告信息传递出去,方能达到预期效果。广告媒体有报纸、杂志、广播、电视、互联网等多种类型,不同的广告媒体具有不同的特点和传播效果。

一、广告媒体的概念

媒体一词译自英语的"media"。从传播学的角度看,媒体是指那些传达、增大、延长人类信息的物质形式。或者说,媒体是人体的延伸,是人用来传递信息和获取信息的工具、渠道、载体、中介物或技术手段。也可以理解为从事信息的采集、加工制作和传播的社会组织,即传播机构。

广告媒体是用于向公众发布广告的传播载体。企业一般利用广告媒体向受众提供产品信息或招徕顾客、承揽服务等获得受众的认识和信任,以达到扩大销售。同时,广告媒体也有宣传国家政策、公益事业,扬善弃恶等的社会功能。在现代经济社会中，商业广告已相当发达，许多企业都善于把大量资金投放到广告媒体中，以达到其经济目的。

人们把广告媒体比作企业的“宣传部”、信息“传播天使”、促销的“魔棒”、产品与客户的“媒婆”，以至有人认为在未来社会里，倘若没有广告媒体就不会有产品完整的宣传渠道，没有广告媒体就没有产品的品牌竞争力。广告媒体是现代企业竞争与沟通必须利用的“武器”。

1．广告媒体是广告传播的载体

广告媒体的传播内容包括文字、图片、声音、影像等，以电视、广播、报纸、杂志、网络、户外等为平台传播有效广告信息，产生广告价值。

2．广告媒体的广告传播能激发和诱导消费

消费者总能被电视或者报纸等广告媒体里的一则好的广告所诱导，引起其兴趣和感情，勾起他们购买该商品的欲望，直至促进消费者的购买行动。

3．广告媒体能促进竞争、开拓市场

大规模投资广告媒体作广告宣传是企业的一项重要的竞争策略。企业通过大规模的广告媒体宣传，能使消费者对本企业的产品产生吸引力，有利于提高产品的知名度，从而很快占有市场，提高市场占有率。

4．广告媒体能树立企业形象，起到公关的作用

广告媒体之所以越来越受到企业的青睐，就是广告媒体将企业信息顺利地传达给了消费者。除了产品的信息让消费者知道外，更重要的是企业文化也让消费者知道，树立起了企业的公众形象，起到公关的作用。

5．广告媒体能丰富生活、陶冶情操

广告媒体中好的作品，实际上就是一件精美的艺术品，不仅真实、具体地向人们介绍了商品，而且让人们通过对作品形象的观摩、欣赏，引起丰富的生活联想，树立新的消费观念，增加精神上美的享受，并在艺术的潜移默化之中，产生购买欲望。

二、广告媒体的种类

广告媒体种类繁多，可以从不同的角度将广告媒体分为多种类型。习惯上将广告媒体分为传统媒体和新媒体，传统媒体又可以细分为大众传播媒体和小众传播媒体。

1．大众传播媒体

大众传播媒体主要是指报纸、杂志、广播、电视、电影等媒体。前四种是广告传播活动中最为经常运用的媒体，通常被称为四大广告媒体。

(1) 报纸。报纸是传统的三大新闻传播媒体之一。报纸有较大的发行量,读者群大,阅读率高,广告接触率也较高。报纸的读者分布广泛,所拥有的读者群相对比较稳定,层次比较高,消费能力较强,广告信息比较容易推广。

报纸可以随身携带,不受时间和空间的限制,阅读方便,有较强的选择性和说服力。读者可以随心所欲地翻阅报纸,接受需要的广告信息,确认广告内容。

报纸广告制作比较简便,广告价格相对较低。报纸拥有特殊的版面空间和语言,对广告信息有较强的表现力,能比较详尽地对广告信息做描述和介绍,增强对广告的理解力。报纸广告的保存性好,可以根据广告主的要求,比较自由地选择刊登的时间和版面,并能在短时间内调整广告内容,适应性和机动性较强。

但是,报纸的读者需要一定的阅读能力,报纸的大众化又使读者阶层范围比较广泛,缺少一定的针对性。报纸的时效性较短,只有一天甚至更短的时间,因而广告内容被反复阅读的可能性很小。报纸每天的版面也较多,广告分散在里面,读者很难完全注意到广告,传播效果不稳定,还容易出现"跳读"的现象,即越过刊载广告的版面,从而影响广告的阅读率。

(2) 杂志。杂志最大的特点是针对性强,保存期长,记录性好。读者层次和类别较为明确,尤其是专业性杂志,读者群大多比较稳定,对所订阅的杂志认同感较强,由此对刊登的广告也显现出较高的关心度和信赖度。杂志的读者生活水准一般较高,对于新产品或服务的反应比较敏锐,消费能力也较强。

杂志的自动阅读率比较高,常常被广泛传阅,还有被反复阅读的情况。杂志广告可承载的信息较多,可以比较自由地运用文字、图片、色彩等手段表现广告内容。杂志还可以做连页或折页来延展版面空间,运用一些特殊形式来表现广告商品,造成画面的震撼效果。另外,杂志印刷精美,能提高表现对象的美观程度与价值感,制作起来也比较容易。杂志具有较强的保存性,能延续广告的传播效果。

不过,杂志出版周期长,出版速度慢,发行范围有限,读者层面较狭窄,市场覆盖率低。由于发行间隔时间较长,缺乏即时性,因此对有时效性的广告,传播时间上较难适应。

(3) 电视。电视是一种具有多种功能的大众传播媒体。自20世纪30年代问世以来,电视不断以新的面貌面向广大观众,在传播领域中产生了越来越大的影响,也是传播广告信息的主要媒体之一。

电视普及率高,收视对象层次广泛,能在极广的地域范围里,迅速传递信息,很容易配合新产品上市等促销活动。观众一般都在休闲的状态下收看电视，容易产生亲近感；同时，电视的播出形式是视听兼备，声画统一，具有较强的感染力，能给观众留下深刻印象。电视广告播出机动性强，不同类型的播出形式具有不同的效果。如赞助广告（时段）能加深理解，累积形象，传播范围及时广泛，有利于扩大商品知名度；插播广告能突出重点，即时重复，在特定地区和期间传播具有集中性和针对性，传播效果明显。

电视已成为沟通商品与观众的主要渠道，也越来越受到广告主的青睐，近些年来电视广告费直线上升。据统计，全世界广告费约有三分之一是投入电视媒体。

电视广告片因受时间限制，广告讯息容量较少，不能详细传播商品特性。广告播出时因不同类型的广告交叉播出，相互干扰，减弱了广告传播的效力。电视广告瞬间即逝，如播出次数少，传播效果则会不明显；只有大量购买电视的时间，反复重复播出，才可能实现预期的效果，但这样就要支出很大的广告费。电视广告的制作费用也很贵，这就不利于中小企业的市场开拓。

同时，观众收看电视的状况，也对传播效果产生负面的影响。观众只能按电视节目顺序观看，而不能随意选择节目，尤其在收看广告的时候心不在焉，往往随意换台或离开而影响实际的收视率。

（4）广播。广播传播速度快，时效性强，收听不受时间、地点限制，具有很强的机动性和灵活性。广播可以拥有众多节目主持人，每个节目能够形成个性特色，通过热线服务等，易于进行双向交流，引发想象力，产生亲近感，构成相对固定的听众群。

广播广告语言的口语化程度也较高，比较通俗，感性诉求力强。制作过程也简单，播出费用不高。收听对象特性明显，地区性电台能做有效的地方性广告，针对性强，促销效果明显。

但广播只能用声音诉诸听众，而且时间短暂，保留性差，难以吸引听众，留下深刻印象。听众接收信息时的注意力也不是很集中，收听效果难以准确测定。

广告客户逐渐认识到广播在传递广告信息方面的一些优势，广播广告的营业额在逐步提升。在我国，广播一直是有效的传播媒体，能覆盖广大农村和交通不发达地区，运用广播有利于新市场的开拓。

（5）电影。电影虽然属于大众传播媒体之一，但相对于前面所述四大广告媒体来说，电影的影响力要小得多。不过，电影在传递广告信息方面也具有一定的优势：电影银幕面积大，声音效果好，真实感强，不受时间限制，诉诸观众的信息密集，诉求重点明确。电影广告一般在正片之前放映，观众接受广告信息时环境较舒适,心情较松弛,对广告有较少排斥心理,注意力较集中,因而能收到比较好的广告效果。

电影广告受放映时间和场地的限制,传播范围有限,且电影广告片拍摄费用也比较高,因而受重视的程度逐渐下降。但电影观众一般都是消费力比较强盛的群体,广告费用的投放量相对可以减少,在进行媒体组合时,可以考虑电影媒体。

2. 小众传播媒体

相对于大众传播媒体,还有很多用来传播广告信息的媒体,传播范围小些,受众群体少些,所以被称为小众传播媒体。这些媒体往往可以直接影响消费者的购买行为,进行促销,能够弥补和配合大众传播媒介的传播活动,所以有时也可统称为促销媒体。

(1) 户外广告。户外广告指设置在室外的广告,如霓虹灯、路牌、灯箱等。英文为"Out Door",简称 OD 广告。

户外广告的种类很多,特点也不一样。总体上看,户外广告一般传播主旨比较鲜明,形象突出,主题集中,引人注目。能够不受时间的限制,随时随地发挥作用,对过往行人进行反复诉求,使消费者产生多次重复记忆,达到印象积累的效果。

户外广告的制作越来越精美,欣赏价值较高,还可美化环境。如霓虹灯广告,以它多变的造型、瑰丽的色彩,构成华丽的夜景,成为城市的亮点和美化城市的手段。户外广告因受空间和地点的限制,所以流动性差,信息无法流动传播。

(2) 销售点广告。所有在商店、建筑物内外能够促进销售的广告物,或其他提供有关商品信息、服务、指示、引导的标志,如店内悬挂物、橱窗和柜台的设计陈列,在店内外设立能标示产品特征的立体物或散发单张的海报等等,都被称为销售点广告或销售现场广告(Point of Purchase Advertise),简称 POP 广告。

POP 广告可在销售现场为消费者起到引导指示的作用,促成和便利购买;还能营造销售气氛,激发顾客的购买热情,促使消费者产生购买行为,直接提高购买率。所以,有人称 POP 广告是临门一脚。

(3) 直接广告。直接广告,是直接进入消费者的家庭和工作场所,以及通过个人之间的信息沟通,表明比较具体的求购信息的广告形式的总称。

其中,邮寄广告(Direct Mail Advertise,简称 DM 广告)是最早开展、也是最主要的形式。它是将广告信息通过信件用直接邮寄的方法传达给目标消费者,介绍产品或服务,也可以寄优惠卡或附送样品、折价券等。

邮寄广告的形式可以不拘一格,有较大的自由度,可随意设计,发挥创造,给消费者以新鲜感。因受众没有阅读时间的限制,所传递的信息内容更丰富详尽。邮寄广告的设计要新颖独特,使目标对象愿意开拆,尽量减低对邮寄广告的抗拒心理。

另外还有一些直接广告形式,如电话广告、上门广告、传单广告、物品广告(如送纸袋,印有企业名称)、夹报广告等。

(4) 交通广告。利用公交车、地铁、航空、船舶等交通工具及其周围的场所等媒体所做的广告,就是交通广告。交通广告因价格低廉,流动性强,且有着较好的传播效果,受到企业的欢迎。

交通广告可运用多种形式来传递信息,可随交通工具流动,又可以固定在车站、机场、码头,具有稳定性。交通广告展示时间长,内容丰富,有持久性。

但使用公共交通工具的乘客流动性大,成分复杂,不容易进行市场细分。传播对象的针对性不强。另外,交通广告因交通工具和线路等的限制,广告接触面有一定的局限性。由于交通设施具有公共性,所以,对广告设计有较高的要求,必须具有一定的欣赏价值,增加美感。

3. 新媒体

随着人民生活水平的提高,广大消费者不再满足于单一的产品,而媒体也是如此。每一种新科技的发展给人们带来的新沟通方式,都有可能成为新媒体的载体。

新媒体的出现无疑给广告主资金的投放方向增加了一些新的选择,也令企业对以前旧商业运作思维进行思考。它改变了以往电视及平面广告只追求广泛宣传的局面,使产品更深入到消费者的日常生活中。

除了楼宇液晶媒体之外,在我们的生活中还出现了许多新媒体形式,比如短信息等新媒体在不断地占有着大众消费的空间。新媒体的加入使我们的广告舞台更加丰富。

(1) 数字媒体。它通过现代信息科技的手段,以无线电波的方式传输,具有现代、时尚、简约的风格特征,体现着新时代、新人类的气息。比如现在已有的手机短信息、公交巴士内的液晶广告,它们让每个人可以独自分享广告与资讯的内容,具有充分的自我空间。这样,利用时尚数字新媒体,可以更有效地获知广告的回馈效果。毫无疑问,利用高科技与市场结合的新媒体形式在市场中会越来越多。

(2) 互动媒体。互动媒体是通过受众群与广告的内容产生人机对话的形式,达到真切、新颖的广告效果,从而在广告传达的过程中使商品与受众形成互动。像科技馆的小机器人,当你走近它问它时,它会说话,甚至告诉你一定的活动项目内容,这种形式使广告更具新颖性。

(3) 建筑物媒体。通过利用高大、有标志性的城市建筑物外形来渲染广告气氛,产生真实巨大的场景性视觉传播效果。这种形式具有一举两得的功效,既可以高、远、快地提高传播率,又能够结合建筑物外形特点进行规划,从而达到美化城市景观的目的。借这种无声的新媒体形式发布的广告,是持久有效的。

(4) 移动媒体。最引人注意的是移动的物体,如果利用转动、移动的物体,通过创意设计使其形成一种图案,或通过色带、标识等来形成人们的一种记忆,见缝插针地宣传商品,一定会取得极佳的广告效果。利用转动的风车与上下移动的电梯带等这样一些动的视觉物体,可以给广告增加更多空间。

除了以上传统的划分方式外,还可以将广告媒体从不同角度划分为不同的类型。

如按表现形式分类可分为印刷媒体、电子媒体等。印刷媒体包括报纸、杂志、说明书、挂历等。电子媒体包括电视、广播、电动广告牌、电话等。

按功能分类可分为视觉媒体、听觉媒体和视听两用媒体。视觉媒体包括报纸、杂志、邮递、海报、传单、招贴、日历、户外广告、橱窗布置、实物和交通等媒体形式。听觉媒体包括无线电广播、有线广播、宣传车、录音和电话等媒体形式。视听两用媒体主要包括电视、电影、戏剧、小品及其他表演形式。

按影响范围分类可分为国际性广告媒体、全国性广告媒体和地方性广告媒体。国际性媒体如卫星电视传播、面向全球的刊物等。全国性媒体如国家电视台、全国性报刊等。地方性媒体如省、市电视台、报刊,少数民族语言、文字的电台、电视台、报刊、杂志等。

按接受类型分类可分为大众化媒体和专业性媒体。大众媒体包括报纸、杂志、广播、电视,专业性媒体包括专业报刊、杂志、专业性说明书等。

第二节　广告媒体渠道选择方法与原则

我们设计一则广告的时候,不仅要在画面和形式上花工夫,还得考虑选择适应某项广告宣传的媒体。现今社会,广告以各种各样的表现形式越来越广泛地应用到产品销售中。因此,选择广告媒体要慎重,一旦媒体选择不合适,不仅对销售产生直接的影响,还可能贻误销售的最佳时机。

一、广告媒体渠道选择的方法

选择广告媒体的方法很多,通常有如下几种方法:

1. 按目标市场选择的方法

任何产品均有其特定的目标市场,因此,在目标市场明确后,广告媒体的选择即可紧紧瞄准这个确定的目标市场进行分析定夺。若以全国范围为目标市场,就应在全国范围内展开广告宣传,媒体的选择应寻求覆盖面大、影响面广的传播媒体。若以特定细分市场为目标市场,则此时考虑的重点是传播媒体能够有效地覆盖与影响这一特定的目标市场。

2. 按产品特性选择的方法

适合自己产品特性的媒体才是最好的,"产品特性"决定了广告媒体投放的选择。一般说来,印刷类媒体适用于规格繁多、结构复杂的产品;色彩鲜艳并需要进行产品性能演示的产品最好运用电视媒体。硬性产品(工业产品)多属于理智型购买品,若技术性较强,则宜选择专业杂志、专业报纸等;若技术性一般,可选择电视和一般报刊。软性产品(生活消费品)多属于情感型购买品,适宜选择广播、电视、报刊等媒体。

3. 按产品消费者层次选择的方法

一个具有良好创意的广告,就一定能收到应有的效果吗?答案是否定的。因为广告媒体的选择同样对广告效果产生影响。"广告要做给买家看",广告主必须选择买家看的媒体,广告才能出效果。

例如,购买高级化妆品的女性经常收看时尚和娱乐节目,购买汽车的高收入群体喜欢的是财经频道。掌上电脑的广告较多地出现在22点以后,因为掌上电脑的目标用户业务繁忙、应酬多,回家看电视时一般很晚。

消费者行为研究告诉我们,消费者的行为是存在差异性的,这种差异性的表现之一就是消费者接触各种媒体的习惯不同。电视、广播、报纸、网络及其各节目时段或栏目通常都有其相对固定的一部分观众、听众、读者和网民,在不同的媒体或不同的节目时段或栏目中刊播广告,路牌广告放置在城市中心繁华地段与放置在城市近郊区,显然具有不同的效果。因此,企业在选择广告媒体时,应在确定目标顾客的基础上根据目标顾客接触媒体的习惯、他们的喜好,有针对性地选择频道,甚至具体到某个节目,选择合适的媒体及传递方式,使广告讯息能够有效地覆盖企业的目标顾客。

4. 按记忆规律选择的方法

广告是一种间接推销,人们接受了广告,由于时间与空间的原因,一般不会去立刻购买,而需经过一定时间才付诸行动。因此,广告应该按照记忆原理,不断加深与强化消费者对广告产品的记忆与印象,并起到指导购买的作用。如果广告产品在全国范围内销售,那就不仅要选择全国最有影响的报刊、广播与电视媒体,还应认真考虑其传播广告信息的连续性,达到强化消费者对广告产品记忆的目的。

5. 按广告预算选择的方法

这种方法,就是按照广告主投入广告成本的额度进行媒体的选择。每一广告主的广告预算都是不同的,这就决定了对广告媒体的选择必须量力而行。广告主在推出广告前,必须对选择的媒体价格进行精确的测算:如果广告价格高于广告后取得的经济效益,当然就不要选择高价格的广告媒体了。

6. 按广告效果选择的方法

广告效果是一个相当复杂的问题。一般说来,在选择媒体时应坚持选择投资少而效果好的广告媒体。例如,在发行量为75万份的报纸上做广告,广告价格为15 000元,经计算可知,广告主在每张报纸上只花2分钱,即可将自己的产品信息传播给一个受众。如果在接受此信息的75万人中,只有10%的人对广告做出反映,广告主在每张报纸上花费的就是2角钱。即使如此,也比邮寄信件要便宜得多。

7. 按营销目标选择的方法

扩大企业及其产品的知名度、好感度与增加企业销售额的不同营销目标就有不同的媒介选择,前者以信誉较高的大众媒介为主,后者以增加售点广告与邮寄广告为主。在现实市场运作中,企业在各地市场的销售状况并不相同,正如每个企业都存在重点、次重点或待开发市场一样。作为仍处在区域市场阶段的广告主,在全国市场通路还未完善的情况下,选择央视的确存在不同程度上的浪费;即使是已经拥有全国市场的广告主,把预算完全集中在央视也未必就是妥善之举。原因很简单,央视对各地实际销售的促进远远小于其对品牌形象的拉动,这显然无法满足企业的实际需要。

二、广告媒体渠道选择的原则

由于媒体的物理性质与状态不同,广告的形式才多种多样。企业做广告不可能每种广告形式都采用。广告媒体的选择就是在掌握了广告媒体的优劣势后,根据自己的需要选择不同的广告媒体。目的在于通过广告宣传,以最低的广告费用,求得最大的经济效益和广告效益。通常应掌握以下基本原则:

1．目标原则

所谓目标原则，就是必须使选择的广告媒体同广告目标、广告战略协调一致，不能背离相违。它是现代广告媒体渠道策划的根本原则。

消费者群体不同，他们对于广告媒体的态度也必然有所不同，而只有根据目标对象接触广告媒体的习惯和对媒体的态度来选定媒体，才能符合广告战略的要求，进而顺利达成广告目标，收到良好的广告效果。

从媒体自身而言，任何广告媒体都有其不可替代的优势和难以弥补的弱点。因此，进行广告媒体策划时，必须认真分析各种媒体的特点，洞悉其各自的强弱长短，灵活协调组合，扬长避短，尽最大可能使广告媒体的目标对象与产品的目标对象保持高度一致。

如果广告媒体传播信息的受众并非广告目标所针对的消费者或潜在消费者，即使广告主投入再多的广告费，广告创意再新奇独特，也不会取得预期的广告效果。总之，只有严格遵守目标原则，才能辨明并坚持媒体选择的正确方向，制定出整体最佳的广告媒体渠道策划。

2．适应性原则

所谓适应性原则，就是根据情况的不断发展变化，及时调整媒体方案，使所选择的广告媒体与广告运动的其他诸要素保持最佳适应状态。适应性原则包括两方面的内容：

一方面，广告媒体的选择要与广告产品的特性、消费者的特性以及广告信息的特性相适应。例如，消费品多以大众传播媒体为主，工业品多以促销媒体为主；有些消费者习惯于接受大众传播媒体的广告宣传，有些消费者却对其抱有冷淡态度，而对促销媒体深怀好感；有的广告信息适合以大众传播媒体予以传播，而有的却更适合以促销媒体予以传达等等。因此，广告媒体策划必须通盘考虑上述各种因素，确定最适用的传播媒体。

另一方面，广告媒体的选择要与外部环境相适应。外部环境是指存在于广告媒体之外的客观原因或事物，如广告管理、广告法规、经济发展、市场竞争、宗教文化，以及媒体经营单位等。外部环境是不断发展变化的，媒体方案也要相应作出调整。因此，进行广告媒体策划时，必须既要站在一定的高度上，综观全局，把握宏观，又要步入现实的市场中，认清各种情况，把握微观，正确处理广告媒体与外部环境的关系，力求使两者处于最佳的适应状态。保持了这种最佳状态，就是最理想的媒体选择。

3．优化原则

所谓优化原则，就是要求选择传播效果最好的广告媒体，或作最佳的媒体组合。

从传播学角度看,无论何种广告媒体都有其特点。这就要求在进行媒体选择时,必须认真分析了解各种能够达到广告对象的媒体的性能特征,以作出最优的选定。一般来说,应该选择传播速度快、覆盖区域宽、收视(听)率高、连续性强,色彩形象更好,便于记忆,信誉高的媒体。

优化原则强调,广告媒体渠道的选择及其组合,应该尽可能寻求到对象多、注意率高的传播媒体及组合方式。然而,就目前的媒体传播技术而言,要想寻找到各个方面都具有优势的某种媒体及其组合是不可能的。例如,报纸广告的注目率相对低一些,形象效果也较差,而电视广告在这些方面取得优势,但从记忆方面分析又不尽如人意。

即使是同类同种的传播媒体也是各有长短的。例如,同属于杂志的媒体,由于级别、性质、特点各有区别,因而其优势与不足也就各有不同的具体体现。

4. 效益原则

所谓效益原则,就是在适合广告主广告费用投入能力的前提下,以有限的投入抓住可以获得理想效益的广告媒体。

现代市场经济条件下,无论选择何种广告媒体都应该将广告效益放在首位,这就要求广告媒体渠道策划应该始终围绕选择成本较低而又能够达到广告宣传预期目标的广告媒体这个中心来进行。

选择运用何种广告媒体,固然有广告媒体策划者的心血和智慧,但还取决于广告主对于广告成本费用的投入能力。而任何广告主的媒体费用总有一定的限度,无不希望以最小的投入获得最大的产出。所以,效益原则强调广告媒体渠道策划的成本费用应该同广告后所获得的利益成正比。

一般来说,各种广告媒体因其技术手段、覆盖区域和质量的不同,成本费用也不同。某种广告媒体的技术手段高超、覆盖区域广阔、质量出类拔萃,则其成本费用就高;反之则低。即使是同一媒体,因有关因素的影响,成本费用也会有明显的差异。例如,从同一份报纸上看,广告版面的大小、版位的划定,从同一电视上看,播发时间的长短、占据的是一般时段还是"黄金时段"等,都将影响广告的费用。

第三节 广告媒体渠道选择的影响因素

一、影响广告媒体渠道选择的因素

每类媒体都有一定的优点和局限性,因而企业应选择最适宜的广告媒体来

传播自己产品的信息。影响广告媒体选择的因素颇多,企业必须对它们进行综合分析。其中,最重要的有以下几个方面:

1. 产品个性

产品的个性特点会影响到广告表现的创作形式,也会影响到广告媒体的选择。各类媒体在示范表演、形象化、解释、可信程度和色彩方面各具不同的潜力,需要恰当地选用。

印刷广告适用于结构复杂的产品,需要作技术演示的产品最好用电视广告宣传。例如,厨房清洁用具最适合用电视广告播映其使用操作过程,指出其优点。妇女服装广告登在彩色印刷的杂志上最吸引人。超级市场和联营商店最合适的广告媒体是报纸,因为报纸广告可以列出一长串商品目录。

2. 目标市场

这是进行媒体选择与确定广告推出方式时需要重点考虑的。要根据目标市场的特点将目标消费者分类,以适合各类媒体的传播。

3. 竞争对手

广告竞争是在市场几乎所有领域展开的。广告主(或广告代理)必须充分调查了解竞争对手的广告战略与策略等问题,以便在选择广告媒体和推出方式时发挥己之所长。

4. 广告文本

广告文本创作与媒体选择、确定推出方式虽然是分头进行的,但这两者之间必须非常自然地协调一致。应当明确的是,什么样的文本适合什么样的媒体发布。或者反过来,什么样的媒体适合发布什么样的文本。

一条宣布明天有重要商品出售的信息,要求通过广播、报纸或者电视传播。一条包含大量技术资料的广告信息,则可能要求选用专业性杂志或者邮寄作传播媒介。

5. 媒体的成本

广告媒体的成本是必须考虑的硬性指标。在媒体选择中,可能会有多个媒体颇为适合广告信息传播,但由于费用过高而并不符合广告预算的要求。面临如此情况,则只能忍痛放弃,另选符合广告预算要求的媒介。

6. 媒体的效益因素

这是对媒体提出的综合要求。选择媒体时,要将一系列重要的媒体评价指标加以综合,以媒体效益为标准进行权衡。

7. 媒体的可行性

每一媒体都有一定的限制,而对某些广告文本及推出方式不甚适用,故而选择媒体就必须要对广告媒体的可行性做出充分的了解与把握。

8. 媒体的寿命

媒体寿命即广告宣传持续触及受众的时间长短。播放类媒体的寿命最短；印刷类媒体寿命长短不一。例如，报纸媒体的寿命大约为3天到5天，杂志为一个月到两个月，电话号码簿上的广告寿命约为一两年。媒体寿命一过，受众便难以或很少再触及这一媒体上的广告了。

9. 媒体的灵活性

广告在某一媒体上推出可作调整或修正，这是媒体的灵活性的体现。若在广告推出前，可较容易地修改广告文本，调整推出的时间与形式，则此媒体的灵活性就高；若在某一媒体上确定广告，推出之前不太容易修改文本或调整推出时间、形式，则此媒体的灵活性就差。电视广告灵活性最差；广播广告的灵活性较强。凡是促进短期销售、推销产品多样化、推销产品多变、广告文本中需标示可能调整的价格等情况，就应选择灵活性较强的媒体。

10. 媒体同其他营销环节的协调性

有些媒体与某些营销方法配合较为协调，而与另外一些营销方法的配合就不尽如人意，这是选择媒体时需要考虑的。例如，赠品广告就可与推销员直接登门推销彼此配合，电视广告可与大范围的公关活动相互协调。反之，电视广告对特定用户或消费者的推销帮助不大，电话号码簿广告则不宜针对短期销售活动。

二、广告媒体渠道优化组合

企业在实施广告时，可以使用一个广告媒体，即单个媒体运用；也可以同时使用多个广告媒体，即媒体组合运用策略。广告媒体的组合运用是广告传播中经常采用的一种方法。媒体组合运用是大中型企业常用的广告策略，较之单一媒体运用的广告效果大得多。

1. 广告媒体优化组合的概念

媒体组合就是在对各类媒体进行分析评估的基础上，根据市场状况、受众心理、媒体传播特点以及广告预算的情况，选择多种媒体并进行有机组合，在同一时期内发布内容基本一致的广告。

运用媒体组合策略，不仅能提高广告的接触率和重复率，扩大认知，增进理解，而且在心理上能给消费者造成声势，留下深刻印象，增强广告效果。事实上，很少有广告只选用一种媒体，因为这可能会使广告宣传失败的概率增大。

2. 广告媒体优化组合的意义

媒体组合是广告媒体战略的核心。运用媒体组合策略，主要有以下意义：

(1) 增加总效果和到达率。单个媒体对目标市场的到达率是不高的。即使是覆盖范围较大的媒体，也不可能将广告信息送达目标市场的每一个人。所以，运用单个媒体，会导致目标市场内的许多消费者未能接触到广告信息。

如果运用媒体组合，同时利用两个或两个以上的媒体，就能把不同媒体的受众组合起来，使广告能影响更多的目标受众。

(2) 弥补单一媒体传播频度的不足。有些媒体的传播寿命较长，有些媒体的传播寿命较短。这就影响到受众对媒体广告的接触程度。只有增加传播的频度，使目标消费者能够多次接触到广告信息，才能取得较好的传播效果。有些媒体因广告的费用太高，难以重复使用。选择多种媒体，进行组合运用，就能使受众在不同媒体上接触到同一广告内容，增加了广告的频度，强化了重复效应。

(3) 整合不同媒体的传播优势。通过组合，使媒体所具有的特性有机地结合起来，既使媒体特长得到发挥，又可弥合媒体缺陷。如电视和报纸组合，电视收视率一般比较高，影响较大，能够获得较理想的认知效果；报纸可以详细地介绍有关商品或劳务的信息，帮助目标消费者加深理解。选样，就使认知促进和理解促进有机地结合在一起，增加广告的重复率和累积度。

(4) 减少成本，增加效益。媒体组合不是对媒体的简单排列，而是经过有机整合，发挥各自特长，弥补不足的过程。组合后能够发挥整体效益，许多企业就是利用媒体组合的整体优势，在资金不足的情况下，组合多种费用低、效果一般的媒体，仍可形成一定广告阵势。如电视虽然有较强的传播效果，但广告制作费用大、播出费昂贵，一般企业难以承受，就可运用多种类型的小广告，配合促销活动，花钱不多，也能做得很好。

3. 广告媒体组合的步骤

进行媒体组合，首先是选择具体媒体。大体上经过确定媒体级别、媒体名称和广告单位等步骤。

(1) 确定媒体级别。确定媒体级别需要考虑四个方面的问题：

第一，媒体的优缺点。媒体传播上的优势和劣势都是相对的，主要根据广告活动的需要来评判。如有些媒体的灵活性较高，看来是优点，但如果广告主并不希望广告内容有较多的变动，这一优点对于他们就不重要了。

第二，媒体的费用。在四大广告媒体中，电视的费用最高，报纸次之，广播和杂志再次之；小众传播媒体如路牌广告、交通广告更便宜；网络媒体与传统媒体相比,费用也不算高。有些媒体虽然理想,但费用较高,企业支付不起,只能割爱。同类媒体的费用也是不一样的。如 2000 年《农民日报》整版的广告报价是 10 万元,《参考消息》整版的广告报价是 28 万元。

第三,广告效果的积累。这主要是考虑广告效果的累积问题。本次广告活动如果与以前的媒体选择相一致,就容易产生积累效果。

第四,竞争对手运用媒体的情况。选择媒体级别,也要考虑怎样与竞争对手抗衡。一种是实力抗争,选择与竞争对手类似的媒体;一种是避开锋芒,选用与竞争对手不同类型的媒体,以形成声势,压倒对手。

(2) 确定媒体对象。在选定媒体级别的基础上,再选择若干媒体对象,确定媒体的具体名称。如选择电子媒体,是选择中央电视台,还是选择北京人民广播电台,或是兼而有之。电子媒体的选择,一般要具体到某一个节目或某一时段。如选择报纸,就应确定是《人民日报》、《中国经营报》等,还是《北京晚报》、《经济日报》等报纸。确定媒体对象,需要通过以下指标对媒体进行评估:

第一,覆盖域。即广告媒体发挥影响的范围,或是媒体的普及状况。北京电视台的覆盖区域主要是北京地区,《农民日报》主要面对全国的农村读者。覆盖域是考察广告媒体的一个重要指标,广告主或广告经营单位在选择广告媒体时,首先就要考虑媒体是否能够影响到目标市场的消费者。

第二,收视/听率。收视/听率为专门收视收听某一特定电视广播节目的人数或户数的百分比。通常是以 100 个家庭为基数,然后测定收视(听)节目的家庭所占的比率。广告主和广告公司往往以此来决定是否购买这一时段的广告,而电台和电视台也以此作为制定广告价格的一个依据。

第三,到达率。到达率是表示在一定时期内,不同的人或家庭接触某一媒体广告的比例。比如计算电视节目的到达率,以 100 为基数,如果至少收看一定节目或广告一次以上的家庭(不重复计算)为 20,则有 20% 的到达率。

印刷媒体的到达率与发行量有关。发行量越大,被读者触及的可能性就越大,发挥的影响就可能越大。同时,还要考虑传阅率。传阅率高的,广告接触机会也越多。

第四,毛感点。指广告通过媒体传播所获得的总效果,是各次广告传播触及人数比例的总和。

第五,权威性。这项指标主要是衡量媒体的影响力,是对媒体的传播效果在质的方面的考察。媒体的权威性也不是绝对的,媒体受众与目标消费者越接近,权威性才会越高。

美国的女性杂志权威性较高,因为在美国家庭消费的主要支出者是妇女,广告主更愿意选择女性杂志刊载广告。电视台在黄金时间播出电视连续剧，具有较高的收视率，但绝大部分观众并不是广告主的目标对象，其权威性就相对弱些。而在另外一般时段，节目的收视率虽然低一些，但针对性很强，影响力就大，广告价格也会低很多。

第六，每千人成本。千人成本是广告信息到达一千个人平均付出的费用成本。这是通过媒体费用和到达效果的相互关系，来考察媒体成本效果的指标，是对媒体的效益评价，也是媒体选择的重要参数。

(3) 确定广告单位。在确定具体媒体后，还要明确在媒体的何种位置上推出广告，也就是确定广告单位。不同类型的媒体具有不同的广告单位。

确定广告单位，首先要考虑的是广告价格问题。广告费用不足，广告单位的选择就要受到限制，要在位置、面积、时段等方面与广告预算相适应。

其次，要根据广告战略的总体要求、广告信息量的大小，来选择广告单位。还可参考同一类商品经常运用的广告单位，以及竞争对手使用的广告单位。

再次，在广告费用允许的情况下，选择相应的广告单位时，尽量提高注目率。在广告面积(时间长度)相同、费用支出相近的情况下，选用广告和编辑环境优良的媒体广告单位，以增强广告传播的质量。

另外，所确定的广告单位还应与媒体内容的相关性联系起来。如在体育节目中插播体育用品广告；在娱乐新闻版刊载影视、劳务方面的广告等。

4. 广告媒体优化组合的方式

广告媒体优化组合的方式是多种多样的，既可以在同类媒体中进行组合，也可以用不同类型的媒体进行组合。

(1) 视觉媒体与听觉媒体的组合。视觉媒体指借助于视觉要素表现的媒体，如报纸、杂志、户外广告、招贴、公共汽车广告等。听觉媒体主要借用听觉要素表现的媒体，如广播、音响广告。视觉媒体更直观，给人以一种真实感，听觉媒体更抽象，可以给人丰富的想象。

(2) 瞬间媒体与长效媒体的组合。瞬间媒体指广告信息瞬时消失的媒体，如广播电视等电波电子媒体。由于广告一闪而过，信息不易保留，因而要与能长期保留信息，可供反复查阅的长效媒体配合使用。长效媒体一般是指那些可以较长时间传播同一广告的印刷品、路牌、霓虹灯、公共汽车等媒体。

(3) 大众媒体与促销媒体的组合。大众媒体指报纸、电视、广播、杂志等传播面广、声势大的广告媒体，其传播优势在于“面”。但这些媒体与销售现场相脱离，只能起到间接促销作用。促销媒体主要指邮寄、招贴、展销、户外广告等传播面小、传播范围固定，具有直接促销作用的广告，它的优势在于“点”。若在采用大众媒体的同时又配合使用促销媒体,能使点面结合,起到直接促销的效果。

5. 广告媒体优化组合应注意的问题

在广告活动中,企业之所以要选择多种媒体并加以最佳组合,根本原因在于单一的媒体无法触及所有的目标市场消费者。选用多种媒体就是要尽可能触及所有的目标市场消费者,因此在媒体优化组合运用时应注意以下几个方面的问题:

(1) 媒体组合运用要尽量覆盖所有的目标市场消费者。可将所有选用的广告媒体的覆盖区域加在一起,看其总覆盖域是否可把绝大多数目标市场消费者归入广告可产生影响的范围内;再将所选用的广告媒体的针对性累加起来,看是否广告必须对准的目标市场消费者都可以接收到广告信息。如果这两种形式组合起来尚不能达到,则应将遗漏的目标市场消费者,通过增加媒体的办法纳入到广告影响的范围。

(2) 媒体组合运用应选取影响力集中点。多种媒体组合,势必会发生两种或两种以上的媒体影响力重叠在一起的情况,因而就要分析媒体影响力重叠所带来的问题。

如果重叠在重点目标对象上,那么企业在媒体购买上花的费用就很合算;反之,媒体影响力重叠在不重要的目标对象上,甚至是在非目标对象上,则企业投入的这部分广告费就不合算。

在媒体组合时,应考虑在哪些媒体上多投入广告费,以增加其对重点目标对象的影响力,同时削减另外一些媒体上的广告费,以免在非目标对象或非重点目标对象上花费过多的广告费。

(3) 选择运用广告媒体要有技巧。常见的媒体运用技巧有:稳定推出法、重点推出法、波浪式推出法、大周期式推出法、渐强式推出法、渐弱式推出法、组合同时推出法等等。

不同品质的商品或劳务广告,有不同的媒体组合技巧。比如,时装广告可以组合运用电视、报纸、杂志、橱窗、展销会、时装表演等多种媒体。生产资料广告,可以组合运用报纸、广播、展销会、操作表演、小册子、邮政、路牌等媒体。

广告媒体的组合运用,应有主有次,有先有后,不一定是齐头并进、一起出台的。每一种运用媒体技巧,都只适用于一定条件下的广告活动需要。运用技巧本身既丰富生动,又无固定模式,要靠在广告活动实践中积累经验,灵活运用,不断采用和总结新的技巧。

(4) 企业内外广告媒体要配合默契。企业在他营广告媒体作了广告,企业的自营广告媒体要紧密配合。比如,商场在电视、广播、报纸上做了某新产品广告,商场的橱窗就要配合展出该产品,商场要陈列和出售该产品。有的国家广告法规定,如果商店登了广告,顾客到商场买不到该商品,属有意欺骗行为。

案例分析 >>>

从美宝莲的广告案例看新媒体的整合营销

前不久,在各大城市的地铁、公交车厢内都能看到"美宝莲"的视频广告——Mabel约会视频,视频内容根据Mabel的约会对象特质和美宝莲的睫毛膏色彩种类分为"黑色摇滚篇"、"蓝色商务篇"、"绿色书卷篇"、"棕色运动篇",广告中不忘通过"约会突发状况情境"来传达产品的"防水"特性。

和大家以往见到的电视广告片不同,这是一则互动广告。首先,具备任何可以进行"互动营销"的品牌特质:高品质的产品,具有竞争力的功能、质量、价格,完善的渠道、服务等等。其次,具有优秀的广告规划和策划,重视创意和品牌的结合。但带给我们更多的启示是对新媒体的运用:Web 2.0是新媒体,博客是新媒体,视频是新媒体,手机是新媒体,分众也是新媒体。新媒体的大家庭越来越丰富,终端也越来越多,交互性越来越强。怎么运用新媒体来为品牌传播服务?答案只有一个:整合营销。

视频广告后简短一条讯息就将"接受"过渡为"交互",并巧妙地将"终端"转移至"网络"和"手机",通过POCO网这一以图片兴趣聚合的同好社区平台实现了从传统的"视频单向广播"到一种互动的传播方式。

在POCO网的投票互动平台上,除了可以替Mabel投票选择男友外,还能欣赏"化妆视频",体验"恋爱测试"。选择POCO网这一Web 2.0网站投放,除了看重POCO网用户基数大、流量高,用户层年轻时尚的特性外,更是为了避开门户、娱乐、视频网站用户分散,人群广泛,互动度相对低的不足。而这种基于体验的社区互动,与美宝莲整体市场策略和公关计划相结合,与POCO网的受众利益和兴趣点相结合,多种新媒体整合的沟通方式连续性地与用户进行互动,教育并引导用户产生购买行动,同时对品牌、产品及服务产生有效认知。

或许,当产品的传播策略已经不是通过简单的购买版面,投放面广来达到传播效果的时候,如何花最少的钱去运用和整合尽量多的资源,并通过多种传播方式影响受众,达到传播效果的最大化和最佳化才是品牌选择媒体的最重要依据。

问题：

1. 目前可供企业选择的广告新媒体有哪些？
2. 美宝莲如何进行新媒体的整合？

本章小结

广告媒体是用于向公众发布广告的传播载体，主要有电视、广播、报纸、杂志、网络、户外等媒体形式。

本章着重介绍了广告媒体渠道策划的内容，并针对广告媒体选择的方法和原则进行了分析。广告媒体选择的方法主要有：按目标市场选择的方法、按产品特性选择的方法、按产品消费者选择的方法等七种方法；广告媒体选择的影响因素主要有企业的经济组织形式、所推销产品、劳务的性质与特征、消费者或用户接触媒体的习惯、广告目标市场的范围和媒体传播信息的广度、媒体的影响程度、市场需求的时间性等几个方面。

复习思考题

1. 广告媒体的含义是什么？
2. 广告媒体的种类及主要广告媒体之间的差异有哪些？
3. 广告媒体选择的方法和原则有哪些？
4. 影响广告媒体选择的因素有哪些？

第八章　广告推进程序策划

本章提要

广告诉求是使产品的利益或形象从多种创意途径的表现方法上折射出来,让目标受众充分受到这种由产品的功能转化而来的利益点的感染,从而潜移默化或立竿见影地实现一种渴望拥有产品的行动。广告实施策略包括广告差别策略、广告系列策略、变相广告策略和广告时间策略。本章介绍了广告诉求策略的含义、广告诉求策略的内容及广告实施策略。

本章学习目标

- 掌握广告诉求的含义;
- 掌握广告诉求策略;
- 了解广告实施策略。

导入案例

百事可乐作为世界饮料业两大巨头之一,一百多年来与可口可乐上演了一场蔚为壮观的两乐之战。20 世纪 80 年代前,百事可乐一直惨淡经营,由于其竞争手法不够高明,尤其是广告的竞争不得力,所以被可口可乐远远甩在后头。经历了与可口可乐的无数次交锋之后,百事可乐终于明确了自己的定位,以“新生代的可乐”形象对可口可乐实施了侧翼攻击,从年轻人身上赢得了广大的市场。如今,饮料市场份额的战略格局正在静静地发生变化。

百事可乐的定位是具有其战略眼光的。因为百事可乐的配方、色泽、味道都与可口可乐相似,绝大多数消费者根本喝不出二者的区别,所以百事在质量上根本无法胜出,百事选择的挑战方式是在消费者定位上实施差异化。百事可乐摒弃了不分男女老少“全面覆盖”的策略,转而从年轻人入手,对可口可乐实施了侧翼攻击。通过广告,百事可乐力图树立其“年轻、活泼、时代”的形象,而暗示可口可乐的“老迈、落伍、过时”。

百事可乐完成了自己的定位后,开始研究年轻人的特点。经过调查发现,年轻人现在最流行的东西是“酷”,而“酷”表达出来,就是独特的、新潮的、有内涵的、有风格创意的意思。百事可乐抓住了年轻人喜欢“酷”的心理特征,推出一系列以年轻人认为最“酷”明星为形象代言人的广告。

在美国本土,1994 年百事可乐花费 500 万美元聘请了流行乐坛巨星迈克尔·杰克逊做广告。此举被誉为有史以来最大手笔的广告运动,而杰克逊也果然不辱使命。当他踏着如梦似狂的舞步,唱着百事广告主题曲出现在屏幕上时,年轻消费者的心无不为之震撼。在中国,继邀请张国荣和刘德华做其代言人之后,百事可乐又力邀郭富城、王菲、珍妮·杰克逊和瑞奇·马丁四大歌星做它的形象代表。两位香港歌星自然不同凡响,郭富城的劲歌劲舞,王菲的冷酷气质,迷倒了全国无数年轻消费者。在全国各地百事可乐的销售点上,我们无法逃避的就是郭富城那执著、坚定、热情的渴望眼神。不过,因为两个外国歌星在中国的知名度并不高,也造成了资源的浪费。即使如此,百事可乐那年轻、活力的形象已深入人心。在上海电台一次 6 000 人调查中,年轻人说出了自己认为最酷的东西。他们认为,最酷的男歌手是郭富城,最酷的女歌手是王菲,而最酷的饮料是百事可乐,最酷的广告是百事可乐郭富城超长版。现在年轻人最酷的行为就是喝百事可乐了。比如,1997 年北京饮料市场百事可乐与可口可乐的占有率比为 1∶10,到 1999 年上升至 1∶2.5,其中绝大部分贡献就是由年轻人做的。总而言之,我们认为百事可乐以新生代喜欢的超级巨星做形象代言人是它广告策略最成功的一点。

百事可乐的广告语也颇具特色。它以“新一代的选择”、“渴望无限”做自己的广告语。百事认为,年轻人对所有事物都有所追求,比如音乐、运动,于是百事可乐提出了“渴望无限”的广告语。百事可乐提倡年轻人作出“新一代的选择”,那就是喝百事可乐。百事可乐这两句富有活力的广告语很快赢得了年轻人的认可。配合百事可乐的广告语,百事可乐的广告内容一般是音乐、运动,比如迈克尔·杰克逊、郭富城都是劲歌劲舞。百事还善打足球牌,它利用大部分青少年喜欢足球的特点，特意推出了百事足球明星。

百事可乐作为挑战者，没有模拟可口可乐的广告策略，而是勇于创新，通过广告树立了一个“后来居上”的形象，并把品牌蕴含的那种积极向上、时尚进取、机智幽默和不懈追求美好生活的新一代精神发扬到百事可乐所在的每一个角落。百事可乐是受人尊崇的，百事可乐的广告策略也是值得推崇的。

第一节　广告诉求策略

广告创意由两大部分组成，一个是广告诉求，一个是广告表现。广告诉求就是要通过广告向消费者传达什么样的信息，达到什么样的目的。

一、广告诉求的意义

1. 广告诉求的含义

诉求是说服受众应该去做某件事的理由。诉求一般分为理性诉求、感性诉求等形式。

广告诉求就是使产品的价值或形象从多种创意表现方法上折射出来，让目标受众充分受到这种由产品的功能转化而来的利益点的感染，从而潜移默化或立竿见影地实现一种渴望拥有产品的行动。

2. 广告诉求的原理

广告诉求的原理，即“AIDAS”，包含着引起注意（Attention）、产生兴趣（Interesting）、刺激需求（Desire）、激起购买欲望和行为（Action）、使购买者满意（Satisfaction）几个方面。它是从1898年美国人路易斯创立的AIDA法则派生出来的。他认为，广告的说服功能是通过广告信息刺激受众而实现的。一个广告要引起人们的关注并取得预期效果，必然要经历注意、产生兴趣、培养欲望和促成行动这样一个过程才能达到目的。

所谓AIDAS法则，是指在消费者从看到广告，到发生购物行为之间，动态式地引导其心理过程，并将其顺序模式化的一种法则。

3. 广告诉求的条件

广告要进行有效诉求，必须具备三个条件：正确的诉求对象、正确的诉求点和正确的诉求方法。

（1）诉求对象。广告的诉求对象即某一广告的信息传播所针对的那部分消费者。产品的目标消费群体、产品定位和产品的实际购买决策者决定广告的诉求对象。

① 诉求对象由产品的目标消费群体和产品定位决定。诉求对象决策应该在目标市场策略和产品定位策略已经确定之后,根据目标消费群体和产品定位而作出。因为目标市场策略已经指明了广告要针对哪些细分市场的消费者进行,而产品定位策略中也申明了产品指向哪些消费者。

② 产品的实际购买决策者决定广告诉求对象。根据消费角色理论可以知道,不同消费者在不同产品的购买中起不同作用,如在购买家电等大件商品时,丈夫的作用要大于妻子,而在购买厨房用品、服装时,妻子的作用则大于丈夫。因此,家电类产品的广告应该主要针对男性进行诉求,而厨房用品的广告则应该主要针对女性进行诉求。儿童是一个特殊的消费群体,他们是很多产品的实际使用者,但是这些产品的购买决策一般由他们的父母做出,因此儿童用品的广告应该主要针对他们的父母进行。

(2) 诉求点。广告诉求点是指某商品或服务在广告中所强调的、企图劝服或打动广告对象的传达重点,广告诉求点常常根据产品概念来确定。

确定广告诉求点是广告推进的关键环节,因为广告活动的时间和范围是有限的,每一次广告都有其特定的目标,不能希望通过一次广告就达到企业所有的广告目的;广告刊播的时间和空间也是有限的,在有限的时间和空间中不能容纳过多的广告信息;受众对广告的注意时间和记忆程度是有限的,在很短的时间内,受众很难对过多的信息产生正确的理解和深刻的印象。

诉求点不明确的广告,不是成功的广告。寻找或确定广告诉求点时,首先要解决两个问题:向谁诉求(诉求对象);向诉求对象强调商品的什么特长,即诉求重点是什么。

制约广告诉求重点的因素主要有两方面:

① 广告目标。广告的诉求重点首先应该由广告目标来决定。如果开展广告活动是为了扩大品牌的知名度,那么广告应该重点向消费者传达关于品牌名称的信息。如果广告目的是扩大产品的市场占有率,那么广告的诉求重点应该是购买利益的承诺;如果广告目的是短期的促销,那么广告应该重点向消费者传达关于即时购买的特别利益的信息。

② 诉求对象的需求。广告的诉求重点应该直接针对诉求对象的需求,即诉求对象最为关心、最能够引起他们的注意和兴趣的信息,因为企业认为重要的信息,在消费者看来并不一定非常重要。

(3) 诉求方法。广告的诉求方法、手段有很多,经常使用的诉求方法有比较、双面论证等六种手段。下面将详细讲述。

4. 广告诉求的意义

广告诉求体现了整个广告的宣传策略,往往是广告成败关键之所在。倘若广告诉求选定得当,会对消费者产生强烈的吸引力,激发起消费欲望,从而促使其实施购买商品的行为。

小案例 8-1

一位客人在一家烧鹅店吃饭,店老板向他推荐鹅肉,但这位客人不大爱吃鹅肉。那老板就问客人:你知道世界上哪种动物不得癌吗? 一种是海里的鲨鱼,另一种就是陆地上的鹅了。那位客人听了这番话后,胃口大开,一口气吃了两盘。店老板那简短的自问自答很好地吻合了客人内心对健康的渴求,使其对产品产生了好感,从而达到诉求的终极目的。

二、广告诉求的手段

广告诉求的手段有许多,比较诉求、双面论证诉求、幽默诉求、恐惧诉求、性诉求和潜意识诉求是常用的六种诉求手法。

1. 比较诉求

比较是广告中经常采用的诉求手段,它是借助于有关信息的对比分析来突出或陈述产品的特性或优点。一般来说,比较有三种情形,即产品使用前后比较、产品更新前后比较、竞争品牌比较。

(1) 使用前后比较。宝洁公司的许多产品广告都是采用产品使用前后的对比,来突出产品的功效。例如,舒肤佳香皂的广告比较的是,使用舒肤佳手上残留细菌少,没有使用手上残留的细菌多;海飞丝是使用之后头屑不见了,没有使用的头屑很多。

(2) 更新前后比较。更新前后比较是把同一品牌产品的过去情况与现在情况进行比较,来突出产品性能、质量等方面的发展变化,这种比较与产品的技术革新相联系。

更新前后比较利用了品牌已有的知名度和品牌在消费者心目中的已有形象,同时又展示了产品的更新、变化和发展,突出产品的某一特点,因而容易给人留下深刻的印象,容易进一步提高品牌知名度。所以,更新前后比较,只要不是无中生有或没有本质差异的对比,都是值得提倡的。

(3) 竞争品牌比较。在一则广告中,将一种品牌与另一种或一种以上的品牌加以比较,即所谓竞争品牌比较。这种广告也称为比较广告。换言之,比较广告是指用语言和视觉与能够清楚识别的竞争者进行对比的广告。

比较广告作为一种广告形式,早就存在于广告活动中,特别是在美国,大约每十则广告中就有一则比较广告。但是,有些国家则明确禁止或限制比较广告。例如,日本的广告管理条例中有一条规定:“不作中伤和排挤他人的广告(哪怕这些广告是建立在事实的基础上)。”我国广告法第十二条也明确规定:“广告不得贬低其他生产经营者的商品或者服务。”

一般来说,在被允许的比较广告中,任何不利于竞争者的陈述都必须有事实依据,或者说在法庭上站得住脚。

比较广告在内容上包括价格、性能、品质、构成成分、包装、销售情况等方面的对比;在比较对象上,有的跟一种品牌比较,有的同时跟几种品牌比较;在比较方式上,有的指名比较,有的不指名比较,但后者所指的品牌消费者常常可以猜测到。

小案例 8-2 “海昌”隐形眼镜广告

① 经美国食品药品管理局(FDA)核准销售的长戴型隐形眼镜含水量可达 55%,最长可戴 7 天,是真正的长戴型隐形眼镜,国内外唯有海昌公司独家生产、销售。② 含水量,美国海昌为 55%,同类进口产品为 38.6%。③ 抗拉力,美国海昌为 6.4kg/cm^2,同类进口产品为 4.4kg/cm^2。

2. 双面论证

在广告中,常常仅提供正面、有利的资料或论据来说明产品或劳务的优点,这种手段即所谓的单面论证,大多数广告都是采用这种手段。然而在广告中,偶尔也有这样的作法,即在充分肯定产品优点的同时,也适当地暴露产品的不足之处,这种手段称为双面论证。例如,英国某家刀片公司在一则广告中说:“我公司的刀片十分锋利,经久耐用……缺点是易生锈,用后需要擦干保存才能久放。”

单面论证的说服手法是以消费者对广告信息作认知评价为基础的,要求广告提供足够有说服力的论据来突出产品的某一优点。与此不同,双面论证一般是诉诸消费者的同情心理或逆反心理,虽然广告暴露了产品的某些缺点,却给人以诚实可信的感觉。不过,双面论证时要注意产品的缺点不能是产品的重要属性,而应该是消费者可以接受的。

每一个消费者都希望自己所要购买的产品品质优良、价格低廉、包装精美，所以充分地展示产品的优点无疑是非常重要和必要的。但正如世界上没有十全十美的人一样，世界上也没有十全十美的商品。一种商品有其突出的优点，一般也有其不足之处，这是人所共知的。所以，在广告中适当地采用双面论证手法，容易得到消费者的信任。

小案例 8-3

日本美浓津运动器具公司出售的运动衫都附有一张说明书，上面印有："这种运动衫使用的是本国最好的染料，染色技术更是本国最优秀的。不过遗憾的是，酱紫色之类的颜色至今仍然没法做到永不褪色……"这一广告使顾客赞不绝口，对其产品推崇备至，致使产品畅销不衰，独步日本市场。

双面论证如果能够得到正确的使用，可以获得意想不到的效果。如果使用不当，也容易招来反效果。因此，在使用时要考虑到各种条件，特别是下列几个方面的条件：

（1）接受者的已有态度。一般人都有这种心理：愿意接受与自己的态度相一致的事物或观念，拒绝和抵触与自己态度不相吻合的观念。所以，当消费者对产品有良好的态度时，采用双面论证就没有必要；而当消费者对品牌印象不佳时，适当地暴露品牌的缺点，能够消除他们的抵触心理，让他们接受有利于品牌的看法。

（2）受教育水平。受教育水平越高的人，思维能力、判断能力也越强，他们能采用比较客观、辨证的观点来看待事物和观念。对他们来说，一分为二地看待事物的方式方法他们比较能够接受，一面之词容易遭到他们的批评。相反，受教育水平比较低的消费者比较容易不加批判地直接接受传媒的影响，所以一般不宜采用双面论证。

（3）品牌的知识经验。一个人的知识经验越多，想要用一面之词来说服他就越困难。当消费者对品牌已经了如指掌时，广告仅仅提供他们已知的品牌知识并不能改变他们对品牌的评价。此时运用诉诸同情心理、逆反心理的双面论证方法，反而可能取得好效果。反之，当消费者对品牌不了解或了解不多时，提供单方面的有利信息，能促使他们做出较好的认知评价。

（4）信源的可靠性。当一个人被认为非常诚实可靠时，即使他说的是谎言，人们也可能信以为真。反之，如果一个人不为人们所信任，即使他说的是客观事实,人们仍会带有几分怀疑。因此,可靠的信息来源(如大媒体、令人可信的名人)宜用单面论证,而对于不太可靠的信息来源(如广告传单),采用双面论证的手法会更有说服力。

3. 幽默

幽默是广告中常见的一种诉求手法。广告中的幽默可以用画面来表现,也可以用语言来表达。例如在"泻立停"和"TCL 无绳电话"的电视广告中,其幽默就是用人物模特的滑稽动作和表情来表现的。而在有些广告中,幽默则是靠语言来表达的。

小案例 8-4

(男播音员以浑厚的中音诙谐地播出)"世界上没有十全十美的商品,吉林省图们市金属制品厂生产的狮牌保险柜也不例外。(音乐扬起三秒,压混)单价 420 元的狮牌保险柜,不用去人去函,拨叫图们市 2589 号电话,即刻送到用户手中。狮牌保险柜最大的缺点是用密码上锁,必须用密码开锁,不然非用焊枪切开不可。记忆有困难的人,请不要使用狮牌保险柜,免得麻烦(音乐止)。"

幽默表现手法有利于达到较好的宣传效果,但要注意使用的场合。著名广告人丹尼尔为幽默广告创作提出下列四条原则:

(1) 在大多数情况下,幽默性广告只适用于推销低档商品,不适用于推销高档商品。

(2) 幽默写法应能使老生常谈的话题获得新生,以加强读者的记忆力。

(3) 利用幽默的笔法应能有效地把一个简单的内容讲得生动,便于记忆。

(4) 幽默创作应能突出强调一个过时做法的愚昧可笑,从而使新产品或新方法扫清思想障碍。

4. 恐惧诉求

恐惧诉求是在广告中展示一个可怕的情景,来唤起受众的焦虑和不安,进而指出恐惧情景可以通过使用产品或劳务来解除。恐惧诉求常用于保险服务、医药用品广告方面。例如,美国哈利威尔保险公司的一则广告在插图上展示一间被搜查过的卧室,广告标题说"30 分钟前,这个家庭的主人还认为盗窃案只会发生在别人家里"。国内杭州肤美灵化妆品有一则电视广告则用画面展示了令人可怕的皮肤螨虫的蠕动情况。

关于恐惧诉求的效果问题,最早的观点认为,信息的有效性与它制造的恐惧成正比。恐惧制造得越大,紧张度越强,驱使人们采取购买行动以消除紧张的力量就越大。麦奎尔针对恐惧宣传及其效果的关系指出,二者之间是非单调性的倒 U 形关系。他认为,受众的焦虑唤起水平与观点的改变之间存在着交互作用,即过高或过低的焦虑水平都不容易引起观点的改变。只有适当的焦虑水平才能引起消费者的态度改变。

5. 性诉求

性诉求在欧美等国的广告中很普遍,在国内的广告中也时有出现。性诉求表现为人体的性感部位和性有关动作的画面表现,性有关的言语描述,以及某种象征性的符号。例如,身穿泳衣、露胸袒背、谈情说爱、拥抱接吻的表现等都与性诉求有关。

性诉求在广告中的运用,是以富有魅力的姿色、激发美感的情景来吸引男人或女人。研究表明,色情广告具有高度吸引男人或女人注意的价值。同一页杂志上有好几则广告时,大多数人都是先看含有色情暗示的广告。仅此而言,色情广告是积极的,它明显受到人们的注意。然而,色情广告的有效性仅此而已。广告主所欲传达给受众的产品或服务信息反而不利于受众的接受。

例如国外有项研究发现,同样一种香水、用同一个模特来介绍的广告,有一则广告中模特穿着时髦的三点式泳衣,另一则广告中模特穿着正常的服装。结果前一则广告,由于观众的注意力都集中到模特身上,因而对广告的记忆率相当低,仅 2%;而后一则广告,观众的注意力由模特身上转移到她手上的香水瓶,因而记忆率相对较高,为 13%。

总之,从宣传效果来看,带有色情色彩的广告是弊大于利。从教育功能上说,色情广告不利于青少年的身心健康发展。所以在广告中,特别是电视广告中要尽量避免带有色情味道的画面或语言。

6. 潜意识诉求

潜意识诉求是指快速呈现广告讯息,以至于受众意识不到讯息的存在。

潜意识诉求起源于美国,1957 年开始受到人们的关注。当时有个名叫维克利的人开始推销一种特别的投影机。据说该机器能在一个活动的屏幕上每 5 秒钟闪现一次讯息,与此同时屏幕上播放常规的电影,讯息闪现时间是 1/3 000 秒。维克利在美国新泽西州的 Fort Lee 电影院里做过试验,在电影播放中每隔 5 秒钟以 1/3 000 秒的速度呈现讯息:“请吃爆米花”和“请喝可口可乐”,结果电影院周围的爆米花和可口可乐的销量分别增长了 57.5% 和 18.1%。

目前,对潜意识诉求的广告刺激作用,还有待于进一步深入的研究。但是,据有关调查,在电话访问过的 400 名(18 岁以上)被调查者中,74.3% 的人报告听说过潜意识广告概念，61.5%的人相信这种技术被广告主所运用，45%的人报告使用潜意识广告将会影响他们是否购买广告产品。教育程度越高的人越相信潜意识广告的作用。

三、广告诉求的策略

1. 广告诉求策略的含义

广告诉求策略，就是指选择不同的表达手法来实现广告的目标。

2. 广告诉求定位策略

广告诉求的定位策略就是指根据产品定位，来确定广告诉求重点的策略。常见的广告诉求定位策略主要有以下几种类型：

(1) 首席定位。首席定位即强调自己是同行业或同类产品中的领先者，在某一方面有独到的特色。企业在广告宣传中使用“正宗的”、“第一家”、“市场占有率第一”、“销售量第一”等口号，就是首席定位策略的运用。

例如百威啤酒宣称是“全世界最大、最有名的美国啤酒”。在现今信息爆炸的社会里，各种广告、品牌多如过江之鲫，消费者对大多数信息毫无记忆，但对“第一”印象最为深刻，因此，首席定位能使消费者在短时间内记住该品牌。

(2) 比附定位。比附定位就是攀附名牌，比拟名牌来给自己的产品定位，以沾名牌之光而使自己的品牌生辉。比附定位主要有三种方法：

① 甘居“第二”，就是明确承认同类中另有最负盛名的品牌，自己只不过是第二而已。这种策略会使人们对公司产生一种谦虚诚恳的印象，相信公司所说是真实可靠的，这样较容易使消费者记住这个品牌。如美国阿维斯出租汽车公司强调“我们第二，但更努力”，从而赢得了更多忠诚的客户。

② “攀龙附凤”。其切入点亦如上述，首先是承认同类中早已卓有成就的品牌，本品牌虽自愧弗如，但在某地区或在某一方面还可与这些最受消费者欢迎和信赖的品牌并驾齐驱，平分秋色。如内蒙古的宁城老窖，宣称是“宁城老窖——塞外茅台”。

③ 奉行“高级俱乐部策略”。公司如果不能取得第一名或攀附第二名，便退而采用此策略，借助群体的声望和模糊数学的手法，打俱乐部式的高级团体牌子，强调自己是这一高级群体中的一员，从而提高自己的地位形象。如可宣称自己是某某行业的三大公司之一，50家大公司之一，10家驰名商标之一等等。

(3) 空档定位。市场空档定位是指企业寻求市场上尚无人重视或未被竞争对手控制的位置，使自己推出的产品能适应这一潜在目标市场的需要。

要作出这种决策,需要在以下三方面有足够的把握:① 新产品在技术上是可行的;② 按计划价格水平,经济上是可行的;③ 有足够的消费者。如西安杨森的“采乐去头屑特效药”,在洗发水领域如入无人之境,关键是找到了一个极好的市场空白地带,市场空档定位获得极大成功。

(4) 用户定位。该定位直接以某类消费群体为诉求对象,突出产品专为该类消费群体服务,来获得目标消费群的认同。把品牌与消费者结合起来,有利于增进消费者的归属感,使其产生“我自己的品牌”的感觉。如中国移动的动感地带就是针对20岁左右的年轻人,喊出一句“我的地盘听我的”,用户之间形成了一种年轻人“有些霸道、叛逆”的认同感。

(5) 类别定位。该定位就是与某些知名而又司空见惯的产品作出明显的区别,这种定位也可称为与竞争者划定界线的定位。

如美国的七喜汽水,所以能成为美国第三大软性饮料,就是由于采用了这种策略,宣称自己是“非可乐”型饮料,是代替可口可乐和百事可乐的消凉解渴饮料,突出其与两“乐”的区别,因而吸引了相当部分的“两乐”消费者。又如粟米油,以不含胆固醇而与花生油区别开来,在市场中拥有自己的消费群体。

(6) 对比定位。对比定位是指通过与竞争对手的客观比较来确定自己的定位,也可称为排挤竞争对手的定位。在该定位中,企业设法改变竞争者在消费者心目中的现有形象,找出其缺点或弱点,并用自己的品牌与之进行对比,从而确立自己的地位。如农夫山泉通过天然水与纯净水的客观比较,确定天然水优于纯净水的事实,并宣布停产纯净水,只出品天然水,鲜明地亮出自己的定位,从而树立了专业的健康品牌形象。

(7) 概念定位。概念定位就是使产品、品牌在消费者心目中占据一个新的位置,形成一个新的概念,甚至造成一种思维定势,以获得消费者的认同,使其产生购买欲望。该类产品可以是以前存在的,也可以是新产品类。

如在PDA行业里,商务通运用概念定位,创造了一个行销的神话:“手机,CALL机,商务通,一个都不能少”,给当时迷茫的市场、迷茫的行业、迷茫的消费者一个清晰的定位,以致消费者认为PDA即商务通,商务通即PDA,商务通也从此坐上了行业老大的宝座。

(8) 情感定位。该定位是指运用产品直接或间接地冲击消费者的情感体验而进行定位,用恰当的情感唤起消费者内心深处的认同和共鸣,适用和改变消费者的心理。

如美加净的护手霜“就像妈妈的手温柔依旧”,让我们的内心掀起阵阵涟漪,觉得美加净的呵护就像妈妈一样温柔。丽珠得乐的“其实男人更需要关怀”,也是情感定位策略的绝妙运用。

3. 广告诉求策略的基本类型

(1) 理性诉求策略。理性诉求指的是广告诉求定位于受众的理智动机,通过真实、准确、公正地传达企业、产品、服务的客观情况,使受众经过概念、判断、推理等思维过程,理智地作出决定。这种广告策略可以作正面表现,即在广告中告诉受众如果购买某种产品或接受某种服务会获得什么样的利益,也可以作反面表现,即在广告中告诉消费者不购买产品或不接受服务会对自身产生什么样的影响。

理性诉求广告是一种采用理性说服方法的广告形式。这种广告说理性强,有理论、有材料,虚实结合,有深度,能够全面地论证企业的优势或产品的特点。它既能给顾客传授一定的商品知识,提高其判断商品的能力,促进购买,又会激起顾客对广告的兴趣,从而提高广告活动的经济效益。

理性诉求的基本思路是:明确传递信息,以信息本身和具有逻辑性的说服加强诉求对象的认知,引导诉求对象进行分析判断。理性诉求的力量,不会来自氛围的渲染、情感的抒发和令人眼花缭乱的语言修饰,而来自具体的信息、明晰的条理、严密的说理。

威尔巴切尔把理性广告诉求分为几种类型,包括产品特征、竞争优势、诱人的价格、新闻、产品/服务普及性诉求。

① 产品特征诉求。采用产品特征诉求的广告强调产品或服务的优势特征。这种诉求方式主要是通过对产品属性的介绍从而吸引消费者,进一步增加自己的利益。一般高科技的产品(电脑、手机、汽车等等)都会用到这种诉求方式,因为消费者在购买这些商品时主要考虑的是它们所拥有的真实价值,质量性能的好坏对他们来说是最重要的。产品特征诉求也可以用于服务业,比如说航空公司,它所面对的顾客来自五湖四海,服务的好坏有时会体现出一个国家的生活质量。

② 价格诉求。每一个消费者都希望自己买到物美价廉的商品。诱人的价格成为广告讯息的一个焦点。比如说,麦当劳、肯德基这些快餐连锁店,它们在推出一种新口味商品时总是会连带着宣传一下它们的价格。

③ 新闻诉求。新闻诉求是指可以突出广告优势的关于产品、服务或公司的某种新闻或宣传。一般广告总是把有关新闻和自己的商品结合起来宣传,让消费者一想起这些新闻便会首先想到该商品。当一个公司获得了它想向其目标市场传播的重要新闻时,这种诉求最有效。2008 年的北京奥运会引人注目,很多企业便使全力成为其赞助商,以提高自己的知名度,吸引更多消费者。

④ 产品/服务普及性诉求。这种诉求方式主要是突出某一品牌消费者的数量或者指出消费者是如何从其他品牌转到这一品牌的,从而突出其商品的普及性有多高、质量有多好。这在一定层面上给了消费者使用这一商品的安全感,如中国移动神州行的广告。

⑤ 竞争优势诉求。这种诉求方式在中国是被禁止的,但在某些国家还是存在的。

小案例 8-5

"顺华"抽油烟机的报纸广告文案:《A——就是第一!》

国家A级名牌"顺华"抽油烟机,总比别的牌子贵一点,厂家努力降低成本,却无法办到。因为只有把油烟抽干净才是最重要的。

舒肤佳香皂电视广告:

先以孩子的小手在活动中被大量细菌布满的可怕画面,引起人们对病菌危害人体健康的恐惧。

然后配以文案"经科学鉴定,舒肤佳能持续、有效杀灭细菌,维护皮肤健康"强化诉求。

(2) 感性诉求策略。感性诉求策略是指广告诉求定位于受众的情感动机,通过表现与企业、产品、服务相关的情绪与情感因素来传达广告信息,以此对受众的情绪和情感带来冲击,诱发购买动机。

感性诉求的基本思路是:以人性化的内涵接近消费者的内心,让他们参与或者分享产品或服务所带来的某种愉悦的精神享受,使之与品牌之间建立情感联系,对企业、产品或服务产生情感化的偏爱。

小案例 8-6　"南方黑芝麻糊的广告"

画中那个可爱的小男孩,吃得满嘴黑糊糊的,还在舔着碗边,馋馋地伸出碗向那位大婶讨吃的样子,会令人想起自己童年时的情境,会心地露出微笑。而小男孩直勾勾的眼神,馋馋的动作,又会刺激受众的味觉,让他们感到香郁滑软的芝麻糊正穿过他们的舌尖、喉咙滑进胃里。片中舔碗的小男孩宛如自己小时候吃某种喜爱食品时意犹未尽的影子;另外,江南小镇黄昏时的静谧和民谣式朴实悠扬的音乐,可能会牵动每个游子的思乡之情;卖芝麻糊的大婶和蔼的笑容和对小男孩的爱怜,可能会让人体会到母性的怜爱和父老乡亲的朴实。当人们在超市里看到南方黑芝麻糊时,可能就会回忆起那片温情。在该广告片的整个画面、背景、底色、人物装束打扮和声音的处理上,处处渲染和营造着一种怀旧的氛围。

理性诉求偏重于客观、准确和说服力,对完整、准确地传达商品信息非常有利,但是由于注重事实的传达和道理的阐述,广告往往显得生硬、枯燥,影响诉求对象对广告信息的兴趣。情感诉求贴近诉求对象的切身感受,在亲和情方面更为突出,但是过于注重对情绪和情感的描述,往往会影响信息的传达。

因此,在实际的广告创意中,通常是将两种诉求结合起来,既采用理性诉求传达客观的信息,又使用情感诉求引发诉求对象的情感共鸣,结合二者优势,以达到最佳的说服效果。但是针对每种不同的产品、服务总有一种结合最好的诉求方式,是以理性诉求为主、情感诉求为辅或是以情感诉求为主、理性诉求为辅,需要结合具体情况而定。

(3)理性与感性诉求相结合。有些商品广告策划人很难选择是用理性诉求还是感性诉求,这时理性与感性相结合的诉求方式常常成为最好的选择。因为商品有时是需要用理性去说明它的性能质量而用感性去打动消费者的。

(4)暗示诉求策略。暗示不同于说服,它不是从正面进入人们的心智,而是随潜意识进入人的内心,这就使得人们似乎在莫名其妙、不知不觉之中接受某种观念、某种情绪、某种行为模式,进而出现了暗示者所希望的行为。

暗示诉求策略的基本思路是:既不直接陈述产品的功能,也不讲产品带给人的精神内涵,而是以第三人称的姿态陈述关于其品牌、企业或领导所发生的事,而这样的事通常具有巨大的渗透力。

具体来讲,暗示诉求策略可以通过名人效应、公关活动和制造公众舆论来实现。例如,很多产品在推广初期,就用明星代言和“中国驰名商标”、“国家免检产品”来开头。虽然这些手法在服饰界早已泛滥,但只要应用得当,还是能有效树立其专业形象的。

第二节　广告实施策略

广告实施策略,就是按照竞争制胜的原则,科学合理地筹划广告有序推进的策略,从而使广告策略发挥最佳效应。广告策略要实现由观念形态变为现实的行动，就必须有具体的实施策略。

广告实施策略是广告推进程序的最后阶段，它包括广告媒体策略、广告系列策略、广告差别策略、广告时间策略、变相广告策略等。其中，广告媒体策略我们已在前一章中介绍过了，下面介绍其他几种实施策略。

一、广告的差别策略

1. 广告差别策略的含义

广告的差别策略，就是指在一定时间内，针对不同的营销目标，着重对产品、劳务及企业形象寻找不同于他人的特点，然后通过一切传播手段充分展示该特点的一种广告策略。

2. 广告差别策略的主要方式

(1) 产品差别广告策略。即使同类产品，也存在着功能、品质、价格、品种、包装及售后服务等诸多方面的差别。产品差别广告策略的目的，就是要努力发现存在于产品间的差别，将它充分反映在广告作品中，让消费者看清自己产品的优点及带给消费者的实惠，加深消费者对广告产品的印象。

(2) 劳务差别广告策略。劳务差别即劳动力的素质方面的差别，主要体现在劳务的知识水平、专业技能及操作的熟练程度上。劳务差别直接制约着产品的内在质量、花色品种、包装、售后服务等方面的差别，在可能的情况下，劳务差别应是广告作品中一个需要重视的诉求信息，比如：在广告中着意宣传企业职工的知识水平、上岗前培训等信息，就是对劳务差别这一广告差别策略的具体运用。

(3) 企业差别广告策略。企业差别是指能代表企业特色、反映企业水平的各种差别，包括广告设备等“硬件”差别和技术、管理水平、服务措施、环境等“软件”差别。强调这些差别的目的在于给企业定位，树立起别具一格的企业形象，赢得消费者的好感与信赖。

小案例 8-7

法国贝克啤酒广告就运用了企业差别广告策略，方案中强调“贝克啤酒起源于16世纪法国古城布莱梅，以优秀的酿酒技术，薪火相传至今”。企业的差别体现在建厂历史悠久、小巧玲珑、技术独特。

二、广告的系列策略

1. 广告系列策略的含义

广告的系列策略就是指在广告刊播期限内，有计划地连续刊播一系列设计风格统一、内容相关联的广告，以强化消费者对广告的印象，增加其购买的愿望。

2. 系列广告的优势

系列广告与单一广告相比，具有创意的延续性、时空的扩展性、多种媒介项目的差异性。也正因为如此，它远比单一广告在品牌传播中的效果更持久、更有效。具体来说，系列广告在品牌形象传播中具有这几方面的优势：

(1) 系列广告有利于提升品牌形象，增强品牌魅力。大卫·奥格威认为，任何产品的品牌形象都可以依靠广告建立起来，广告创意的好坏直接决定了品牌形象的优劣。单一的广告要成功地树立品牌形象，需要有良好的创意、设计和制作，并且还需要有相当时间的培养，提高广告的出现频率似乎是唯一的办法，但是消费者很容易丧失新鲜感。这样，再好的广告创意也会变得一文不值。于是广告主常常很轻易地变换广告形象、广告风格和广告主题，常常用新的广告形象来代替已经成功了的形象，结果是半途而废、前功尽弃，更重要的是浪费了大量的人力和物力。而系列广告就不同，其独特的创意主题和表现形式的“多样化”、“多量化”，往往能起到事半功倍的效果。

(2) 系列广告有利于品牌文化的塑造与传播。广告不仅提供产品信息，而且也潜移默化地塑造一种品牌文化或者价值观念。文化的积淀、价值观念的形成不是一朝一夕的事情，很多系列广告的主题就带有文化的色彩和内涵。例如，广州南国奥园“运动就在家门口”就在传播一种运动文化，一种运动的、健康的生活概念。同时又由于系列广告的多样化，使得系列广告在文化积淀方面发挥了独特的优势。

(3) 系列广告能让产品品牌的定位更加深入人心。要做好广告，首先要了解消费者，消费者是理性兼感性的，呐喊式的单一的广告已不足以吸引、打动他们，相反，循序渐进、潜移默化的主题灌输，一般能引起共鸣。

小案例 8-8

感冒药市场竞争激烈，各种感冒药充斥了整个市场。感冒并不可怕，可怕的是因为感冒而误了大事。“关键时刻”的感冒是消费者最敏感的，而“快”则是感冒药制胜的关键。于是，海王集团围绕“关键时刻，快、快、快”的主题展开了广告创意演绎。“剃头篇”、“求婚篇”、“中奖篇”等一系列电视广告在电视台播出，“关键时刻，怎能感冒”漫画专栏出来了，《虎口历险记》、《倒霉的小鸟》、《我怕女护士》等漫画广告让人看后忍俊不禁，“把你的喷嚏寄给我”征集系列广告创意的活动开展了。同一主题的系列广告在不同的时空以不同的方式演绎着，海王集团把系列广告的魅力发挥到了极致，海王也因此一举成名。

(4) 系列广告有利于保持品牌的青春与活力。品牌和产品一样，都有自己的生命周期，有的品牌风光两年就烟消云散，有的品牌历经百年仍然保持青春活力。一个品牌要保持青春有很多种方法：创造新的符号，改变品牌定位，也可以推出新产品，或者改变传播口号，或者更改品牌名称，又或者来一次有创意的新的整合营销推广。种种方法的目的无非是想品牌形象不老化，魅力不减少。但是，每一种方法都需要投入大量的人力物力，而且也并不是每一种方法都能成功，要承担一定的风险。而系列广告同样可以使品牌保持青春活力，且它只需要一个核心的创意、一个统一的主题，就可以在不同的时期、不同的地点，针对不同的消费者采取不同的表现手法和表现方式，还可以延伸不同的创意表现。通过这样，系列广告可以经常给消费者以新鲜感，同时也能达到保持品牌青春的效果。

小案例 8-9

畅销世界各地的可口可乐和百事可乐，都有自己的定位，每年都会根据这个不变的定位变换不同的广告词。可口可乐在一百多年的发展史上，它的品牌主张不断地以新的面貌出现，并给产品注入新的文化内涵，从最初的“请喝可口可乐”到20世纪20年代的“停一停，轻松一下”，到20世纪80年代的“挡不住的感觉”，再到“活出真精彩”，其品牌主张都把握着时代的脉搏，表达着社会和消费者的心声。

3. 广告系列策略的主要方式

(1) 品牌系列广告策略。就是利用品牌的特性为同一系列产品进行“品牌定位”。

小案例 8-10

“金利来”的西服、衬衫、领带、皮鞋、箱包等是属于同一品牌的系列产品。可以将全部系列产品一起推出，以强调品牌的整体性，也可以一种或两种组合推出，直到系列完毕再全部推出，既充分展示产品全貌，又能够突出单一产品个性，广告传播效果好。

(2) 主题系列广告策略。这是指在发布广告时，根据各个时期的营销要求，推出同一设计风格而主题不断变换的广告，以适应不同消费者的心理需求。

小案例 8-11

“半球”产品在浙江市场上进行的广告活动就采用了主题系列广告策略，其首先选用报纸，以“特殊礼物”为主题，刊登三期“半球填色游戏”广告，吸引消费者的注意。然后，选用电视，以“半球夏之风”商标知识文艺晚会为主题，邀请在报纸上参加“填色游戏”的100名嘉宾出席，进一步引起消费者的更大关注。最后，选用报纸印刷招贴画，主题转为“商品广告宣传”。历时近一个月的主题系列广告成就辉煌，不仅使半球产品销量猛增，而且使半球品牌更深入人心。

(3) 形式系列广告策略。是指在广告刊登期间内，有计划地连续推出形式相同但内容各异的系列广告的策略。

小案例 8-12

“力士”系列香皂的电视广告选用了三位香港女明星，以宣传三种适合不同肌肤的美容香皂。广告设计形式相同，但内容略有差别，在一段时间内连续在电视台播放，使消费者连续加深广告印象，增加了企业的知名度。

(4) 功能系列广告策略。这是指从不同的角度连续发布数则广告，以强调商品的不同功效，该策略适用于多功能产品广告宣传或系列产品的宣传。其优点是，便于突出商品的优势，易于消费者记忆。

三、变相广告策略

1. 变相广告策略的含义

变相广告策略是指企业不直接利用媒体发布广告，而是采用间接形式去达到宣传企业和产品的目的。

2. 变相广告策略的主要方式

变相广告策略的主要方式有：新闻报道、报告文学、商品信息发布会、专题演讲会、赞助文艺活动和体育比赛、赞助媒体和同类节目制作、参与社会公益事业、向受灾地区捐赠款物、示范表演、赠送纪念品等。

严格意义上说，变相广告策略属于社会公共关系活动而不是商品广告。但它有意无意地传播了企业和产品的信息，并使人们在接受这些信息时处于愉快和信任的心情中，避免了人们在接受广告时排斥、厌恶及不信任的情绪，达到了“不是广告胜似广告”的目的，是最理想的广告。

例如：“孩儿宝”公司中国战略就是十分典型的运用变相广告策略而取得成功的范例。该公司是美国玩具行业的巨无霸，它生产的“变形金刚”在美国赚了13亿美元后，从1986年开始滞销。公司经过调查发现了玩具市场的“新大陆”——中国，三亿多儿童多为独生子女，中国的父母对孩子又多是溺爱型，舍得花钱为孩子“智力投资”。依据这一调查所得的资料分析，把公司产品“变形金刚”的广告做到中国各大媒体上，不失为一上佳策略。但是，“孩儿宝”公司却没有采用直接花钱去做广告的策略，而是采用变相广告策略，将一套名为“变形金刚”的动画系列片无偿送给中国广州、上海去播放。《变形金刚》动画片其实就是“孩儿宝”公司的变形金刚产品广告片。这种策略很高明，《变形金刚》节目片立即风靡全国，“威震天”、“擎天柱”一时间成了中国孩子们的偶像，几乎没有人不知道动画片中的变形金刚。眼看时机成熟了，“孩儿宝”公司才将“变形金刚”玩具大规模投入中国市场，顿时供不应求。就这样，“孩儿宝”公司几乎没花什么广告费却在中国拥有了成千上万的“变形金刚”忠实者。从这个案例中，我们不难体会到变相广告“不是广告胜似广告”的真谛了！

四、广告的时间策略

广告时间策略，就是对广告发布的时间和频度作出统一、合理的安排。广告时间策略的制定，要视广告产品的生命周期阶段、广告的竞争状况、企业的营销策略、市场竞争等多种因素的变化而灵活运用。一般而言，即效性广告要求发布时间集中、时限性强、频度起伏大。迟效性广告则要求广告时间发布均衡、时限从容、频度波动小。广告的时间策略是否运用得当,对广告的效果有很大影响。

小案例 8-13

宝洁采取持续的广告攻势,以对消费者产生持续的影响,即使是市场上已经占有绝对优势的海飞丝、飘柔等品牌,宝洁公司也继续投入大量的广告费予以支持。这是一个让人迷惑不解的地方,一般认为应该随品牌生命周期的变化而调整广告投入。事实上,如果没有持续的广告攻势,宝洁所营销的概念是难以形成的。如果你只是推销产品,你或许可以凭一个轰动性的广告而暴富,但如果你要营销概念,你就得像宝洁一样反复锤炼公众的意识。

1. 广告发布时间

广告发布时间即广告刊播的时机,分为集中刊播和分散刊播。

(1) 集中刊播。集中刊播又可分为在固定时间集中刊播和在变动时间集中刊播。

对于季节性商品,如空调机、羽绒服、驱蚊器等淡旺季明显的商品,销售旺季,也是广告发布的最佳时机。但是,由于受广告效果滞后性的影响,季节性商品的广告应集中在旺季前刊播。

对于非季节性商品,如洗衣粉、电视机之类四季通用的商品,可以进行周期性的集中刊播。

(2) 变动时间的集中刊播。它主要针对这样两种情况:其一,季节外实行集中刊播以期形成新的消费习惯,这时竞争品牌广告量少,集中刊播易收到最大效果,一旦成功,就可以开辟新的市场。其二,在新产品上市时要进行一定期间的集中刊播,以利于产品知名度的提高。

2. 广告发布频率

广告发布频率是指单位时间内广告发布的次数。频度、时机通常是配合使用的,如旺季来临前、新产品投放市场前、展销会开始前的时机里,同时也强调高频率。而在其他情况下,则以维持低频率为主,只强调到达率。

广告在一天中的刊播频率是根据消费者的生活时间确定的,如"快乐香港"上市时,公司在每一地区每一家商业广播电台安排了每天36次插播,凡是收听广播的人,没有一个人不注意到这首歌曲广告。

3. 广告的时间策略

(1) 集中时间策略。主要是集中力量在短时期内对目标市场进行突击性的广告攻势,其目的在于集中优势,在短时间内迅速造成广告声势,扩大广告的影响,迅速提高产品或企业的声誉。这种策略适用于新产品投入市场前后,新企业开张前后、流行性商品上市前后,或在广告竞争激烈时刻,以及商品销售量急剧下降的时刻。运用此策略时,一般运用媒介组合方式,掀起广告高潮。

(2) 均衡时间策略。就是有计划地反复对目标市场进行广告的策略,其目的是为了持续地加深消费者对商品或企业的印象,保持消费者的记忆,挖掘市场潜力,扩大商品的知名度。在运用均衡广告策略时,一定要注意广告形式的变化,不断予人以新鲜感,而不要长期重复同一广告内容,广告的频度也要疏密有致,不要予人以单调感。

(3) 季节时间策略。主要用于季节性强的商品,一般在销售旺季到来之前就要开展广告活动,为销售旺季的到来做好信息准备和心理准备。在销售旺季,广告活动达到高峰,而旺季一过,广告便可停止。这类广告策略要求掌握好季节性商品的变化规律。过早开展广告活动,会造成广告费的浪费,而过迟,则会延误时机,直接影响商品销售。

(4) 节假日时间策略。这是零售企业和服务行业常用的广告时间策略。一般在节假日之前数天便开展广告活动,而节假日一到,广告即告停止。这类广告要求有特色,把品种、价格、服务时间以及异乎寻常之处的信息突出、迅速和及时地告诉消费者。

案例分析 >>>

飙红的王老吉广告策略

找到自己产品的独特性,并根据消费者需求进行重新定位,辅之以成功的广告攻势及强有力的渠道创新,成为王老吉的飙红主线。红色王老吉的飙红,关键在于定位的创新——创造一个新的产品品类,从而进入消费者的心中。

产品定位的三块短板

"最开始的初衷,只是想以'体育和健康'为主题,给红色王老吉拍摄一条有关赞助奥运会的广告片,解决产品的广告宣传问题。"成美(广州)行销广告公司总经理耿一诚说,"当时接到这个提案的时候,我们发现王老吉的核心问题不是通过简单地拍广告片可以解决的,关键是没有一个清晰明确的品牌定位。红色王老吉销售了7年,可是企业无法回答红色王老吉是什么,消费者也无法回答。但是一年一个多亿的销售额,说明了市场是存在的,它一定能满足消费者的某种需要,而这种需要并没有明确地凸显出来。”

经过深入沟通,加多宝公司接受了成美的建议,决定暂停广告片的拍摄,委托成美公司先对红色王老吉进行品牌定位。经过两个月的市场调查和市场研究,成美发现三个困扰企业继续成长的“短板”,阻碍了红色王老吉开拓新市场,甚至威胁到已有的市场份额。

在消费者观念中,王老吉这个具有上百年历史的品牌就是凉茶的代称,是一种有药效的饮用品。由于凉茶下火功效显著,药性太凉,不宜经常饮用。这种“药”的观念直接决定了红色王老吉在广东虽有固定的消费量,却限制了它的增长。

如果把王老吉置身于饮料市场,以可口可乐、百事可乐为代表的碳酸饮料,以康师傅、统一为代表的茶饮料,以及众多的果汁饮料和功能饮料都处在难以撼动的市场领先地位。而红色王老吉以“金银花、甘草、菊花、夏枯草”等草本植物熬制,有淡淡的中药味,对于口味至上的饮料而言,的确存在不小障碍。加上每罐3.5元人民币的零售价,如果加多宝的宣传不能使红色王老吉跟竞争对手区分开来,红色王老吉进军全国市场将难成气候。

凉茶概念最深入人心的是两广地区。广东消费者对王老吉凉茶概念的认知是很准确的,但广东人喝凉茶一般都会到凉茶铺,或者自家煎煮。而且在广东人的传统观念中,王老吉药业(原羊城药业)生产的药准字号产品(如王老吉颗粒和冲剂)被认为是王老吉的正宗。

另一方面,加多宝生产的红色王老吉配方源自香港王氏后人,是国家批准的食健字号产品,它的口感偏甜,按照中国“良药苦口”的中医观念,广东消费者感觉其“降火”药力不足,人们无法接受它饮料的脸孔。而且黄振龙等凉茶铺在广东遍地开花,占据了比较稳定的市场份额。所以红色王老吉虽是百年品牌,却受凉茶概念之累,在广东地区反而销量不振。

预防上火的饮料。调整后的红色王老吉立足于全国市场,并用消费者容易理解和容易记住的一句广告词来表达——“怕上火,喝王老吉”。简洁明了的定位,既彰显了红色王老吉的产品特性,也有效地解决了王老吉原有的品牌错位。

定位之后的财力法则

明确了品牌在消费者心中的定位,接下来的重要工作就是推广品牌定位,让它真正进入人心,从而持久、有力地影响消费者的购买决策。

耿一诚说,红色王老吉的成功,除了差异化细分市场的定位以外,更多的是归功于加多宝企业领导人的市场经验、市场魄力和企业管理层的有力执行。

因为新定位着眼于开拓全国市场，加多宝选择央视作为媒介投放的主要平台便在情理之中。加多宝副总经理阳爱星曾说："有了这样一个精准的定位后，怎样在最短的时间里将此概念打入消费者的心中，占据消费者的心智资源。这时必须要选择一个适合的宣传平台，央视一套特别是晚间新闻联播前后的招标时段构筑了具有全国范围传播力的保障。"

针对红色王老吉的品牌定位和市场目标，加多宝先是选择"非典"期间投放了央视一套的黄金招标段，"预防上火"的宣传口号在当时取得了很不错的宣传效果。然后，加多宝又参加了央视2004年黄金广告段位招标，投入巨资拿下了2004年3月份至8月份的几个黄金标段。除此以外，在红色王老吉销售红火的地域也投放了电视广告。

正是这种急风暴雨般的广告攻势，保证了红色王老吉在短期内给人们留下了深刻印象，迅速飙红大江南北。耿一诚说："这就是定位理论成功实现的财力法则。"这样，王老吉在传播上也实现了与竞争对手的差异化竞争，提高了同类竞争对手的进入门槛。

问题：

1. 王老吉飙红的关键因素是什么？
2. 请分析广告诉求中产品定位的重要意义。

本章小结

本章简单介绍了广告诉求和广告实施策略的概念，广告诉求是商品广告宣传中所要强调的内容，它体现了整个广告的宣传策略，往往是广告成败关键之所在；广告实施策略就是按照竞争制胜的原则，科学合理地筹划广告在时机上有序推进的策略，从而使广告策略克服种种因素的制约而发挥最佳效应。

本章着重介绍了广告诉求策略及广告实施策略的内容。广告诉求策略包括理性诉求策略和感性诉求策略；广告实施策略包括广告差别策略、广告时间策略、变相广告策略等。

复习思考题

1. 广告诉求的含义是什么？
2. 广告诉求策略的内容有哪些？
3. 广告实施策略的含义是什么？
4. 广告实施策略有哪些具体类型？

第九章 广告效果评估

本章提要

广告活动作为一种投入了包括人力、物力、财力在内的各种成本和资源的经济活动，其目的是实现既定的广告目标。广告目标在何种程度上得到实现，即广告活动的效果如何，是广告活动的主要参与者们关心和重视的问题。如何通过一定的手段和方法，对广告活动的得失、广告效果的大小进行测评，是我们要学习的重要内容。

本章学习目标

- 了解广告效果的含义、特点及种类；
- 了解广告效果评估的意义；
- 熟悉广告效果评估的指标；
- 掌握广告效果评估的步骤及方法。

导入案例

速溶咖啡为何受到冷落？

在生活节奏越来越快的今天，人们已经习惯使用省时省力的速溶咖啡，但是，在1950年的美国，速溶咖啡刚面市时，购买速溶咖啡的人却寥寥无几。为了弄清滞销的原因，有关人员对广告效果进行了调查，许多人回答说不喜欢速溶咖啡的味道，这显然不是真正的理由，因为速溶咖啡的成分和口味与传统的咖啡毫无差别。而且,速溶咖啡饮用方便,无需花长时间去煮,也省去了洗刷器具的麻烦。为了进一步了解消费者不愿意购买速溶咖啡的潜在动机,心理学家海伊尔拟订了两张购物单,单子上所列的商品内容除一张上是速溶咖啡、一张上是豆制咖啡外,其余商品全都一样。然后,调查人员把这两张购物单分别发给两组妇女,请她们描述一下按照购物单买东西的家庭主妇是个怎样的形象。结果差异非常显著:绝大多数人认为,按照含有速溶咖啡的购物单买东西的家庭主妇是个懒惰、差劲的妻子,而按照含有豆制咖啡的购物单买东西的家庭主妇则是个勤俭称职的妻子。因为当时美国妇女中存在这样一种观念:担负繁重的家务劳动如煮咖啡之类是家庭主妇的天职,任何试图逃避或减轻这种劳动的行为都应受到谴责。此时,调查人员才恍然大悟,速溶咖啡之所以受到冷落,原因并不在于速溶咖啡本身的味道,而是因为人们的观念。家庭主妇受社会观念的影响,尽力去保持社会公认的完美形象,而不愿意因为购买速溶咖啡而遭到别人的非议。

原因找到后,生产厂家对速溶咖啡的广告作了调整,不再强调简便的特点,而是着重宣传速溶咖啡同豆制咖啡一样美味,消除了女性购买时的心理障碍。很快,速溶咖啡销路大增,不久便成为西方世界最受欢迎的一种饮料。现在,速溶咖啡这种简便饮品已经被人们普遍接受。

(资料来源:成伯清、李林艳:《消费心理》,南京大学出版社 1998 年版。)

广告的目的在于投入适当的广告费用后,能够得到与此相应的效果。然而,广告效果不一定与广告费用成正比,广告投入与销量之间不存在特定的因果关系。美国著名商人约翰·华纳梅克也感叹道:"我知道我的广告费有一半是浪费的,问题是我不知道浪费掉的是哪一半。"可见企业做广告活动,也要注重资金的"效率"。通过对广告效果的评估,及时调整广告策略,才能使广告发挥更好的效用,也使企业的资金更有"效率"。在广告投放期间更需要有效监测,及时调整广告策略,这样才能使广告发挥更好的效用。

第一节　广告效果

一、广告效果的含义与特征

(一) 广告效果的含义

任何一项广告活动都需要一定的物力、财力和人力的投入,并希望得到"产出",实现既定的广告目标。而广告目标的实现,是由广告作品通过广告传播媒体,在与广告受众进行信息沟通过程中完成的。广告作品被广告受众接触,会产生各种各样的影响,带来相应的变化。这种影响和变化,就是广告效果。由于广告主开展广告活动的目的各不相同,他们希望得到的广告效果也会有所不同,但要求通过广告活动能够获取效益的愿望是一样的。

从总体上看,广告效果有狭义和广义之分。狭义的广告效果,是指广告所获得的经济效益,即广告传播促进产品销售的增加程度,也就是广告带来的销售效果。广告主运用各种传播媒体把产品、服务(劳务)以及观念等信息向目标消费者传达,其根本目的就是刺激消费者采取行动,购买广告商品或服务(劳务),以使销售扩大,利润增加。广告的经济效果是企业广告活动最基本、最重要的效果,也是测评广告效果的主要内容。

广义的广告效果,是指广告活动目的的实现程度,广告信息在传播过程中所引起的直接或间接变化的总和,包括广告的经济效果(销售效果)、传播效果(心理效果)和社会效果等。广告的传播效果是指广告传播活动在消费者心理上的反应程度,表现为对消费者的认知、态度和行为等方面的影响,因此,也被称为广告本身效果或心理效果。广告的社会效果是指广告活动在社会道德、文化观念、消费意识等方面的影响和作用。本书主要采纳广义的广告效果概念。

广告效果的内涵是随着广告的涵义不断演变的。当广告涵义仅仅包含唤起公众注意某个东西或事物时,那么只要醒目便达到了广告效果。随着广告空间的扩大及企业活动的差别化,广告效果也随着广告目的的扩大及变化而变化,或是诱导消费者购买商品,或是树立企业形象以提高知名度,或是培养新的消费观念和购买习惯,或是各种目的兼而有之。

(二) 广告效果的特征

广告效果的取得受到多方面因素的影响,这就决定了广告效果具有复杂的特性。为了有效地对广告效果进行理解与测定,我们有必要了解其基本特性,其特性主要表现在以下几个方面。

1. 迟效性

广告效果的发生,受多种因素的影响,广告效果不是一个立竿见影的简单过程。许多广告效果的产生,往往是经过一段时间或更长的时间才产生的。广告活动对消费者产生了心理影响,但销售效果在一段时间后才表现出来。比如,消费者看到了某品牌空调的广告,也产生了购买欲望,但考虑到自己的经济实力,尚不能立即购买,直到具备一定的经济实力后才能购买。所以,在研究广告效果时,要区别广告效果的即效性和迟效性,不能简单地从眼前效益判断。

2. 复合性

广告活动是一种综合性、复杂性的信息传播活动,它既可以通过各种表现形式来体现,又可以通过多种媒体组合来传播,同时,它又受到企业其他营销活动、同业竞争广告和有关新闻宣传活动的影响。广告活动只是销售促进的一种手段,美国的市场营销专家曾细说影响产品销售的因素竟有37个之多。因此很难断定广告活动的最终效果就是广告活动本身的效果。所以说广告效果不是单一的,不能用简单的方式加以区分,它是一种融合多种因素的极为复杂的传播活动的结果。

3. 两面性

广告效果不仅表现在促进商品销售额增加或市场占有率提高方面,也体现在延缓商品销售额下降或市场占有率缩小方面。也就是说,当产品处于导入期、成长期时,广告具有促进销售增长的功能,而当市场不景气,或产品步入衰退期的时候,销售量下滑已成事实,此时可通过广告宣传以减缓商品销售额急速下降的趋势。

4. 累积性

广告作用于消费者,产生相应效果,往往是广告信息多次重复、造成累积效果的体现。消费者在尚未发生购买行为之前,都可看成是广告效果的累积时期。在这一时期中,消费者的购买行为尚未发生,企业必须连续地做广告,强化影响,通过量的积累转化为质的飞跃,促成消费者购买。这种购买行为,显然不应看作是最后一次广告的效果,而应看作是在此之前多次宣传综合作用的结果,因此很难测定某一单独的广告的效果。广告活动的开展,应确定长远战略的目标,这样才能把眼前利益和长远利益结合起来。

5. 间接性

在产生购买行为的消费者中,有的消费者可能是受广告活动的直接影响而去购买,也有些可能是受间接的影响。如某人受广告活动的直接影响而产生购买后,进而又向其亲朋好友推荐,从而使其好友也产生购买行为。这就是由广告引起的连锁反应。广告所具有的这种间接效果性,要求广告策划时应注意诉求对象在购买行为中扮演的不同角色,有针对性地展开信息传递,扩大广告的间接效果。

认识广告效果的这几个特性,可以帮助我们更加准确地制定广告战略和策略,以争取理想的广告效果;也使我们能够更加科学、合理地测评广告效果,保证广告活动持续有效地开展下去。

二、广告效果的种类

为了有效地对广告效果进行理解与测定,必须对广告效果进行科学的分类。根据不同的划分标准,可以将广告效果划分为以下不同的种类:

1. 根据广告效果的性质,可划分为经济效果、消费者心理效果和社会效果

广告的经济效果主要指广告的销售效果,是广告对促进销售从而增加利润的影响。20 世纪 60 年代以来,这一直是测定广告效果的唯一尺度。广告的心理效果是指广告在消费者心理上引起反应的程度及其对促进购买的影响。广告的社会效果是指广告对社会道德观、习俗及语言文字等所产生的影响。

2. 根据广告活动的运行周期,可以划分为短期效果与长期效果

短期效果指广告活动在短期内的收效,长期效果指广告效果在长时间内对各方面产生的影响。长期效果与短期效果的时间间隔,可根据广告宣传的时间长短以及具体要求来确定。

3. 根据广告产品所处生命周期阶段,可以分为引入期效果、成长期效果、成熟期效果和衰退期效果

根据产品生命周期进行分类,实际上体现出广告的双重效果:广告不仅具有促进产品或劳务销售增加的功能,还具有延缓产品或劳务销售下降的功能。

4. 根据广告传播活动的总体过程,可以分为事前效果、事中效果与事后效果

这种根据广告总体过程进行的分类,对应着实际广告效果测定中最常用的一种划分方法,即广告效果的事前评估、事中评估与事后评估,具体内容将在本章下文阐述。

三、广告效果评估的意义

1. 广告效果测定是实现对广告活动进行目标管理的必要条件

广告活动是一种目的性很强的传播行为。广告主投入大量的人力、财力和物力,是希望能实现既定的广告目标。为了实现广告活动的整体目标,人们还为广告的每一阶段或步骤确定了不同的子目标。通过对各子目标进行测定考核,与广告策划方案中的原有目标进行比较,衡量其实现程度,发现问题、解决问题,从而确保广告活动始终围绕目标开展。

2. 广告效果测定为正在进行或以后的广告活动提供指南

通过对各层次、各环节广告效果的测定,总结经验和教训,及时修改活动计划,确保本次广告活动的顺利进行。同时,这份宝贵的实战经验也为下一次广

告活动的开展提供了指南。

3. 广告效果测定有利于企业提高自身的广告意识

一般而言，企业对广告的效用有一定的认识，但对广告的效果究竟有多大、是否合算，却没有多大的把握。信心影响企业的决心，也影响企业对广告费用预算的决定。企业决策总是倾向于以事实为依据，如果能对广告效果进行测评，具体说明广告的效力，就能使广告主增强广告意识，提高对广告的信心。

4. 广告效果测定有利于促进广告公司的工作水平

广告公司的工作水平最终反映在广告效果上。广告效果的测定有利于评估广告公司的工作水平，督促广告公司提高自身业务能力。广告效果的测评，是运用科学的方法和科技手段对广告效果进行定性和定量分析，以判定广告的传播效果和销售效果，其涉及的学科包括心理学、社会学、传播学、计算机技术等专业范围。所以，这种测评必将推动广告事业的发展。

小资料

艾菲奖创立于1968年，是美国营销协会为表彰每年度投放广告达到营销目标，并获得优异成绩的广告主、广告公司所设置的特别广告奖项，它与戛纳广告奖、克里奥广告奖、纽约广告奖等国际奖项的区别在于：它更集中关注广告带来的实际效果，是以广告的实际效果作为评审标准的唯一奖项。艾菲奖的参赛作品必须阐述清楚的目标，并提供达到或者超过这个目标的实践证明，评选过程是以达到目标的客观证据为基础。

艾菲奖重点关注整个广告活动从规划到执行并取得效果的全案，考核的内容包括：市场综述、广告运作目标、目标对象、创意策略、其他交流传播、媒介策略、媒体种类与媒体支出、效果证明等方面；全面考核广告主与广告代理公司的策划、执行、控制能力，体现企业经营的实效性。艾菲奖是营销广告界最重要的奖项，她把荣誉颁发给那些市场成绩最杰出的广告活动，是广告主们最希望他们的代理公司赢得的奖项。

自该奖创立以来，艾菲奖已经在全世界包括美国、法国、德国、俄罗斯、波兰、墨西哥等成员国在内的30多个国家和地区设立，成为目前世界上唯一以广告效果为主要评审依据的权威广告奖项。因此，艾菲奖不仅是对广告效果的评估，而且还是对广告代理策划公司以及广告主广告策划实施能力水平的一次严格检验。

第二节　广告效果评估指标

一、销售指标

广告的最终目的是促进销售的增加。广告实施后，销售是否增加，增加的程度如何，以此来作为测评广告效果的指标，即销售指标。用销售指标来衡量广告效果，存在两个方面的问题：一是影响产品销售的因素有很多，如产品质量、包装、价格、促销手段、销售渠道、竞争状况、受众因素、经济环境、政治文化环境、自然科学环境等，广告只是其中的一个因素；二是就广告效果本身的特点来看，广告效果具有累积性和滞后性，有些广告效果的显现可能经过较长的时间。因此，有时很难界定某一广告活动与销售之间的直接关系。

综上所述，测评广告的销售效果，必须具备以下三个条件：① 广告是各测评指标中的唯一变量；② 广告对促销组合具备支配性力量；③ 广告刺激的是直接性购买行为。在复杂的市场营销环境中，以上三个条件很难同时满足。因此，用销售指标来测评广告效果不具有科学性和准确性，销售指标只能作为企业广告决策的参考依据。

运用销售指标测定广告效果的方法有以下几种：

1. 销售试验测定法

销售试验测定必须选择某地区作为广告宣传的试验区，试验区的经济结构最好具有独立性，不受周围地区的影响，并且尽量控制这一地区的其他一切影响销售的因素，让广告宣传成为影响销售量的唯一因素。试验的做法是在被测试地区内选择若干个销售点，同时销售某种商品，其中有的做广告，有的不做广告，然后根据各销售点的销售量之差进行统计分析，计算得出效果指数。

2. 比率计算法

比率计算法是通过对广告活动前后企业销售额、利润额的变化数据以及广告费用等资料进行统计分析，计算出各种比率，用于衡量广告效果的经济效益。常用的分析方法有广告费用比率法、广告费用利润率法、单位广告费用销售增加率法、市场占有率法等。

(1) 广告费用比率法。

为测定每单位销售额所支付的广告费用，可以采用广告费用比率这一相对指标，它表明广告费用支出与销售额之间的对比关系，其计算公式为：

广告费用率 =（本期广告费用总额 / 本期广告后销售总额）× 100%

广告费用率的倒数可以称为单位广告费用销售率,它表明每支出一单位的广告费用所能实现的销售额。

(2) 单位广告费用增加率法。

单位广告费用增加率法用于反映本期单位广告费用所带来的销售额变化指标,计算公式为:

单位广告费用增加率 =[(本期广告后销售额 - 本期广告前销售额)/本期广告费用总额]×100%

(3) 市场占有率。

市场占有率是指某品牌产品在一定时期、一定市场范围内的销售额占同类产品销售总额的比例。计算公式如下:

市场占有率 =(某品牌产品销售额/同类产品销售额)×100%

二、社会传播指标

广告传播在为广告主带来效益的同时,也会对社会产生影响,与社会公众利益密切相连。因此,对广告社会效果的测评是必须重视的一项工作,同时,广告的社会效果也会影响到广告的经济效果和传播效果。

1. 广告社会传播效果测定的内容

(1) 真实性与科学性。广告活动要取得良好的社会效果,首先必须以诚信为本、尊重科学。广告宣传如果有欺骗、浮夸、迷信等内容,就不可能带来良好的社会效果。

(2) 合乎法律与道德规范。法律与道德规范是社会价值观念的集中体现,是社会得以健康发展的基础,广告活动必须在法律框架和道德允许的范围内才能取得良好的社会效果。是否合乎法律与道德规范,是广告社会效果测定的重要内容。

(3) 公正性与公平性。广告是以宣传广告主及其商品、服务为目的的,难免涉及其他企业、个人以及其他同类商品及服务。广告活动必须本着公正公平的原则自觉维护市场经济秩序。广告主和广告经营者在广告经营活动中不应当排斥、诋毁其他企业和产品,不应当利用广告媒体误导消费者。

(4) 维护良好的社会风气。广告活动应当有利于引导消费者健康消费,反对奢靡;有利于弘扬中华民族精神和民族文化,增强民族自信心与自豪感;有利于普及推广科学知识、破除和反对封建迷信和伪科学;有利于维护未成年人的身心健康和培养儿童良好的思想品德,有利于树立健康文明的女性形象。

小案例 9-1　屈原的悲哀

某省某电视台最近播出了这样一个广告：屈原悲愤地站在江边，摆出要投江的架势。这时，坐在屈原身后的一位现代年轻人奉劝屈原说："人都死了，你还能求索啥？"结果屈原一扫愁容，笑逐颜开，与这位现代年轻人席地而坐，开怀畅饮某品牌啤酒。

屈原的故事已经成为民族文化精华的一部分。这种随意违背史实、对精神典范型的历史人物进行不恰当处理的广告会造成不良的社会影响。

2. 社会传播指标的测定方法

（1）综合测定法。广告的社会效果主要是依靠社会长期建立起来的价值观念来对其进行评判，可以结合专家意见等方法进行综合测定。

（2）做好事前测定。因为广告的社会效果造成的影响远比其传播效果、销售效果造成的影响范围大、程度深、时间长，如果产生不良影响，补救的难度也相对大，所以必须把好事前测定关。

第三节　广告效果评估的步骤与方法

一、广告效果测评的步骤

1. 确定测定目标

要把广告宣传中要解决的最突出的效果问题作为测定的重点，设立测定目标。

2. 制订测定计划

测定计划一般包括测定目标与要求、具体实施步骤、测定项目与指标、人员分工、测定费用与预算等。

3. 对所搜集的资料进行分析整理

对已搜集的信息资料应进行分类整理、汇总、统计分析、发现和分析问题并得出结论。

4. 撰写测定分析报告

广告效果测评的结果，应以报告的形式反馈给企业，以便企业进行广告策略的调整与修订。

小案例 9-2 银行广告经理测试怪招

美国 BBDO 广告公司副总裁卡皮尔在其名著《广告测试方法》一书中，描述了一家规模较大的银行的广告部经理是如何进行广告测试的。这位广告部经理将设计好的广告以海报形式，陈列在银行的大厅走廊上，暗中派人观察并记录有多少人驻足于海报前欣赏此广告，有多少人路过走廊却视而不见。同样的测试方式在这家银行的四个分行同时进行，四个分行所得的结果几乎相同。于是这位经理得出如下结论：

(1) 不同表现形式的海报，在吸引消费者注意力的程度上往往有令人惊异的结果。例如，两种不同形式的劝人储蓄的广告，在相同的展示情况下，一张仅吸引了1%的顾客，而另一张却吸引了34%的顾客。

(2) 如果在这幅劝导储蓄的广告文案上加上名人照片，则吸引人注意力的程度会大幅度地提升；如果去掉照片，只引用名人言辞，则吸引人注意力的程度便降低了一半。

二、广告效果测评的方法

对广告效果的测定，一般采用分阶段的广告效果测定方法，即根据广告活动总体安排时间的不同阶段分为事前测定、事中测定与事后测定。

(一) 事前测定

广告效果的事前测定，主要是指对印刷广告中的文案，广播、电视广告中的脚本及以其他广告形式传播的内容的检验与测定。目的是在广告刊播之前，找出该广告是否存在沟通上的盲点和负面的影响，可以邀请有关广告专家和消费者团体进行现场观摩，审查广告作品存在的问题，或进行各种试验，以对广告作品可能获得的影响进行评价。根据测定的结果，及时调整广告促销策略，修正广告作品的不当之处，突出广告的诉求点，提高广告的成功率。

事前测定是将广告在创意、传播等策略中的不当之处消灭在萌芽状态，以有效地提高广告的最终效果。事前测定常用的具体方法主要有以下几种：

1. 专家意见综合法

该方法是在广告文案设计完成之后，邀请有关广告专家、心理学家和营销专家进行评价，多方面、多层次地对广告文案及整体组合方式将会产生的效果作出预测，然后综合所有专家的意见，作为预测效果的基础。运用此法之前要给专家提供一些必要的资料，包括设计的广告方案、广告产品的特点、广告主生产经营活动的现状及背景资料等。专家们通过独立思考对广告设计方案提出自己的见解。

专家意见综合法是事前测定中比较简便的一种方法。但要注意所邀请的专家应能代表不同的广告创意趋势,以确保所提供意见的全面性和权威性。一般说来,聘请的专家人数以10—15人为宜,少了不能全面反映问题,多了则会浪费时间。

2. 亲身访问法

亲身访问是事前测定的一种传统方式,与专家意见综合法不同的是地点与人员的选择。在这种方法中,访问场所可以是在家、超市、饭店或者机场、车站等。不管场所在哪里,关键在于要寻找适合商品目标市场所针对的目标对象,然后再作访问。例如,在为某一新食品的名称概念作测定时,可以在食品店中对等候结账的人进行访问,这些人通常可能是潜在顾客,大多数人有时间回答问题,对食品的了解也多一些。另外,也可以请受访者用书面的形式归纳出对名称概念的理解。

通常,50—100个受访者就可以在提出的概念中确定一个最优者,在对一种新产品进行概念说明或准备实行一种新广告策略时,采取这种方法比较简洁有效,但由于样本的局限性(主要是样本少),误差比较大,所以只能认为是提供了一种方向上的指导,而不是绝对正确而有效的观点。

3. 组群测试法

这种方法是在广告作品尚未正式向社会公众播出前,选择一些消费者观看或收听一组广告,对时间不加限制,然后要求他们回忆所看到(或听到)的全部广告以及内容,广告策划者可给予帮助或不给帮助。受测者的回忆水平表明广告的突出性以及信息被了解或记忆的程度。

为了能对广告作出系统的评估,在组群测试中必须用完整的广告。组群测试一次可以测试5—10则广告。在调查中通常询问的问题主要有以下几个:

"您对哪几则广告感兴趣?"

"您喜欢哪一则广告?"

"您明白这则广告宣传的是什么吗?"

"您觉得广告中的文字和图案是否有需要改进的地方?"

"这则广告给您最深刻的印象是什么?"

"看了广告后,您有没有产生进一步了解广告产品的兴趣,或者有没有近期购买产品的打算?"

这种方法可以用于测定消费者对广告的注意力、认知、情绪和行动等方面的强度。虽然这种测定广告实际效果的方法只是在被测的广告中判断出较好者，但一则广告如果得到大多数人较高的评价，就说明该广告可能是有效的。

4. 内部评估法

这种方法是对广告草图或文案成稿进行事前评估的方法。这是最容易、最常用的广告事前测定方法之一，尤其对工业产品的印刷广告测定更为有效。内部评估法包括以下几种方法：

(1) 内部检核表。内部检核表是广告主将测定评估标准按细目列成一张表，然后对照成稿进行检核。一般表中应包含以下内容：广告的全部组成要素，比如尺寸、颜色、大小等，以及产品、劳务或品牌的主要销售特色。有些广告主在这些基础上拓展出更为复杂的检核表，可能包括文案中人称代词的使用以及品牌名称出现的次数等。检核表的方式虽然有些机械，但是它能保证广告的完整性，并能保证广告中没有明显的错误存在。

(2) 可读性测试。这种测试的目的在于确定广告易于阅读和了解的程度如何。在这种测试中最常用的是"佛来齐公式"。此公式指出，最易读的文案为每句有 14 个字，每 100 个字有 140 个音节，10 个涉及人称的文字和总计 43% 的涉及人称的语句。

(3) 评分量尺。在有可比较、可选择的广告文案中可以采用评分量尺法。测评的内容包括：第一段有没有很好地承上启下，是否遵循广告标题并引导广告正文，产品名称在广告布局中能否引人注意，品牌特点是否突出，等等。对上述问题的具体测评，使用一个用五点为标准的评分量尺，即：很好—好——般—不好—很不好。

使用这种量尺评价不同广告的不同项目，然后将每一广告所评估的结果加总，从中作出最优选择。

内部评估法中可采用的各种方法的测试费用都不多，易于应用，并且通常可以发现比较明显的错误。然而，这一事前测定方法对于测定广告对于消费者的效果却并不显著。

5. 等级测定法

这种方法是选择一些可能购买某产品或劳务的消费者，请其对一类产品广告的文案或毛片按某种评价顺序排列出来。比如，请受测者观察几个可供选择的广告，然后要求按照一种标准将这些广告排个次序。顺序标准可以是多种多样的，但最普遍使用的是按广告说服能力的高低排序。

在等级测定法中常用的问题有："你认为这些广告中哪一个最可能引起你的阅读兴趣？这些广告中哪一个最能使你信服此产品是高品质的？"或者，"哪一则广告在说服你进行购买上最有效果”等。在排列顺序外,还可要求受测者说明为何选择某一广告或他们为什么认为这则广告比其他的好,这类问题的答案有助于测试者了解受测者作出排序的理由。

6. 仪器测试法

仪器测试法是指运用一些心理测试仪器进行事前测定的方法。在广告领域,作为一种辅助手段,借助仪器测试广告作品效果的做法也多了起来。

(1) 视向测验法。人们的视线一般总是停留在自己关心或有兴趣的事物上,当人们看广告时,也是最先被其一部分所吸引,然后逐渐将视线移向其他部分。视向测验器就是记录看广告的过程、记录广告文案各部分的时间长短及其顺序的装置。这种技术的运用可以测出受测者的眼球转动情形,并将其忠实地记录下来,从而得知受测人对于广告中的各要素观看的顺序以及在每一要素上停留的时间。这种客观的资料,可作为修正或变更广告内容的参考。

(2) EDG 测验法。这种方法是用检流计来进行测验,又被称为测谎器法。这种技术的最大价值,就是受测者无法控制无意识的反应,而这种无意识的反应却能够作为客观的反应被记录下来。当人们看广告时,心里会受到某种冲击,即某种程度的兴奋或感动;随着人的感情起伏,人体出汗的情况也有变化。测验时须将测试者两根手指系上电线,一旦给予电流刺激,由于汗腺活动,增加出汗,皮肤的电阻顿时减少,然后再恢复到原来的状态。但是,由于这种测验中的电流细微,显示出的讯号也十分微弱,实际上无法识别其经过情形,必须增大幅度,把它记录在电流变化的指示器上。但有一点,用这种方法会产生所谓的“顺应”现象,即将相似的刺激,反复施予四五次时,记录的反应将会逐渐小起来,这样刺激强度列于后边的,其强度有被隐蔽的可能。另一方面,受测者的反应究竟意味着积极的还是消极的,只根据反应是不易明白的,所以在被测者完成实验后,再与其进行面谈来加以补充,就显得十分必要了。

(3) 瞬间显露器测试法。这种技术的原理是,控制照明时间(例如 1/2 秒、1/10 秒等),在极短的时间内,给受测者以刺激,例如提示广告文案、商品包装等,以测定其醒目程度。瞬间暴露装置的种类很多,有的以一间暗室,也有的以整个橱窗作为显露器。测验时,首先在极短的时间内,呈现刺激物(广告),然后逐渐延长呈现时间,让被测验者将能够确认出来的东西画在白纸上。当然,在开始时,由于显露时间过短,什么都看不出,时间逐渐加长以后,被测验者就能记得广告的内容。按能够记住内容的不同时间长短,可以测出广告作品的辨认程度。如果作文案测试,经过瞬间暴露后,可以了解受测者最先看到了哪一部分,在一定时间内,能够看到哪些部分。而橱窗式的显露装置,则可以用来测试商品包装或检测陈列商品的效果。

一般而言，这种测定方法的主要测定项目包括：

① 平面广告中，各广告要素的“显眼程度”；

② 平面广告中，各种构图的“位置效果”，以决定大标题、图案、文案、公司名称等的适当位置；

③ 各种商标设计的“易认程度”，以便设计出具有最佳“完美结构”的商标，这种商标能使消费者在匆匆一瞥之下完全认出；

④ 各种商品标签、标志的“易读、易认程度”；

⑤ 广告文案的“易读、易认程度”；

⑥ 利用照片、图案的模拟，甚至可以用来研究户外广告，诸如大型霓虹灯广告、墙壁广告、大型广告招牌的用色、构图；

⑦ 商品包装设计的“显眼程度”、“易读程度”等。

利用实验及统计的方法，将艺术效果计量化，并在适当的时候，区分出艺术效果与广告效果哪个应优先，以便在其中有所取舍。

(4) 节目分析法。这种方法用于节目正式播映前，以检测视听者对节目或广告喜好的反应。具体方法是：让受测者观看或收听节目播放，当受测者感到广告或节目引人注意或有趣时按绿色按键，一直有趣就一直按，不引人注意或无趣时就按红色按键，两者都不是时则不按键。就这样，在测试进行的过程中一直记录下去。这种技术的使用，可以测出在节目中受测者对哪一个场面最感兴趣或最不感兴趣，但是却无法知道受测者为何对这一场面感兴趣。因此，在节目播放结束后，有必要针对节目内容加以讨论，听取受测者对节目产生好恶反应的原因。这种技术的最大缺陷在于，一般人在无拘无束地观看节目、不知不觉中被节目所吸引而达到忘我状态时才是真正自然的视听态度，但在测试中受测者负有按键的评判责任，是极不自然的；另外，在操作中也会有按错键的情况发生。

除了以上几种技术外，仪器测验法还包括瞳孔扩大装置（通过测定受测者双眼瞳孔的扩张情况，来确定其对某一广告的兴趣情况）、音调分析技术（根据受测者声调与声音的变化，来探测其对品牌或广告词的感觉）以及唾液分泌测试技术（通过唾液分泌测试来测定受测者对食品或食品广告的反应）。

从事前测定的方法分析中可以看出，事前测定的主要优点是能够把好的广告与不好的广告分开。如果所测定的广告都是针对消费者的，那基本上能了解这些广告在市场上可以产生的效果。此外，这些测试方法都比较快速而容易，所以通常测试成本也较低。

但是在事前测定中,我们必须注意到,事前测定不能完全阻止受测者的偏见,而且受测者只能在众多受测广告中进行优选,只能说出广告对他们自身所产生的影响以及他们将如何反应。另外,任何广告的事前测定中通常都会有一些共有的问题,例如,否定的广告诉求,在事前测定中的评价一般都不高,然而有时在市场上却颇为成功。

小案例9-3　象牙牌香皂的来历

1879年的一个星期天,宝洁公司的创始人之一哈里·普罗克特先生在教堂做礼拜时,听到了《圣经》第45节赞美诗中的一段话:"你所有的衣服里都散发着来自象牙宫殿的浸药、芦荟和肉桂的气味。"善于捕捉细节的哈里记住了"象牙"这个字眼,后来"象牙"就成了宝洁公司生产的白色香皂的名字。

1881年12月,宝洁公司的第一个品牌——象牙牌香皂问世。公司声称这种香皂具有"漂浮性",而且纯度达到99.4%。它的广告设计勾勒出这样一幅画面:在树林里,一个赤脚小天使站在一个清水塘边,水面上漂着一块象牙牌香皂。广告语是:除了"象牙",还有哪种香皂能如此呢?由于以前大多数香皂是黄色和棕色的,而且容易使皮肤干燥或损坏衣服,而"象牙"牌香皂则以纯洁、柔和、有浮力的形象出现,而且从一开始,宝洁公司就强调"象牙"牌香皂的柔和性完全适合于婴儿,在广告中婴儿的画面也常常出现,所以消费者很容易就将圣洁、纯净和柔和的感觉与"象牙"这一品牌名称联系在一起,留下了极佳的印象。结果产品一上市就大受欢迎,成为一代名牌。

(二)事中测定

广告沟通效果的事中测定是在广告已经开始刊播后进行的,是在广告作品正式通过各种媒体发表后,到整个广告活动结束之前,对广告效果所作的检测与评估。事中测定可以直接了解媒体接受者在日常生活中对广告的反应,得出的结论也更加准确可靠,它可以检验广告效果的事前测定和预测事后测定的结果,并为事后测定积累必要的数据和资料。

事中测定直接针对进行中的广告宣传的目标与策略,一般很难进行修改,只能对具体方式、方法进行局部的调整和修补。常用的广告效果的事中测定法有以下几种:

1. 市场试验法

市场试验法,也称销售地区试验法,是实地实验法的一种,也是一种比较直接的测定广告效果的方法。

在具体实行中,先选定一两个地区作为试验地区,在此地区刊播已设计好的广告,同时观察试验地区与尚未推出广告的地区,再根据媒体接受者的反映情况比较试验区与其他地区之间的差异,就可以对广告促销活动的效果作出测定。或者,选定某一特定地区,停止该地区其他促销活动而只进行试验性的广告活动,然后以该地区零售商为调查对象,比较实施广告活动前与实施广告活动后商品销售额的增加情况,所判定的效果属于广告的经济效果。

更为详细的做法是,先将销售地区分为试验城市与控制城市,在新的广告活动发起的一个月或一个半月前,先将在实验城市选定的商店的销售情况记录下来,然后在实验城市里进行新的广告活动。在控制城市中保持与实验城市大体相同的环境条件,只是并不发布新的广告。最后将试验城市与控制城市两者在广告活动前后的销售量加以比较,由此测知新的广告活动或新的广告的相对效果。

另外,这种方法也可用于比较同一种商品不同广告的效果。比如,选择大致条件相同的 A 和 B 两个地区,A 地区用 A 的广告表现,B 地区用 B 的广告表现,一段时间后,调查两个地区广告商品的销售额差异。如果除广告表现的因素外,两个地区的其他条件大致相同,则销售额的差别可以看成是因广告表现效果的不同而产生的,即两种广告效果的差异在销售额上的体现。

市场试验法的优点在于,能够比较客观地实际检测广告的销售效果,尤其是对一些周转率高的商品,如时令商品、流行商品等更为有效。这种方法的主要缺点在于,检测时间的长短不易确定,如果检测时间太短,可能广告的真正效果还未发挥,如果时间过长,则市场上的可变因素又不易控制,再者要找到条件大致相同的实验城市与控制城市也相当困难。所以,在市场实验法中必须忽略一些次要变数,以免对测定结果的有效性产生一定的影响。

2. 追踪测定法

这种测定方法是指在广告活动期间对消费者进行一系列访问,其目的是确定广告活动已达成的效果如何。由于广告效果在时间上的推移性,追踪测定方法均在事前决定的广告活动日程表上按时间段间隔地进行。

举例来说,如果从 9 月 1 日起开始对“雅倩亮发保湿摩丝”进行一项新的广告活动,活动预计到次年 5 月 1 日结束,则可以选择 11 月 1 日和次年 3 月 1 日进行电话访问式的追踪测定。

在11月1日选择有代表性的消费者进行一系列的随机电话访问,首先问受测者是否在媒体上看过或听过雅倩摩丝类产品的广告。如果是,是哪几则。一旦受测者表示记得广告内容,则继续问受测者下列问题:

① 那则广告说了些什么内容?

② 当您看完这则广告后,心里有什么反应?

③ 当您看完这则广告后,购买此种产品的欲望是增加了还是减少了?

④ 在广告中,什么因素会影响您的购买欲望?

⑤ 您最近是否购买过摩丝? 是什么品牌的?

在对这些问题的答案进行综合分析整理后,可大致看出该广告的三种广告效果:

① 广告吸引受测者记住或想起广告的能力;

② 受测者对广告的心理反应或对销售重点的了解程度;

③ 广告说服购买产品的能力,受测者在观看广告后,购买该产品的欲望受影响的程度。

次年3月1日进行第二次随机电话访问,询问同样的问题。在样本具有可比性的前提下,对两次调查结果进行比较,以确定可能发生的任何改变。此外,还可以了解到,第一次调查所发现的问题,在采取纠正措施后,是否已得到相应解决。

这种追踪测定方法,一般可在广告活动约两个月的正常间隔期内的任何时间进行,可视不同情况与不同产品来确定具体测定时间,追踪测定的间隔时间也可以作相应调整。

除了采用电话式访问外,还可以采取消费者日记和家中食品核查两种方式进行追踪测定。消费者日记方式是广告主在广告活动过程中记录其目标市场中人们的行为;家中食品核查是调查人员亲自到目标市场的消费者家中,询问或实际清点其家中的产品或品牌并加以记录。在广告的主要目的在于产生快速而实际的销售能力或希望有直接回应时,常采用这两种追踪测定方法。

3. 函索测定法

函索测定法是一种邮寄调查方法,其目的是检测不同广告作品、不同广告文案的构成要素在不同广告媒体上的效果。

广告主在不同的媒体上刊登两幅或两幅以上的广告,其中有一个广告构成要素,比如文字、图画、标题、色彩或广告标语等是不同的,但每幅广告中都含有两个项目:

① 广告主希望消费者对其广告产生反应而作的邀请或提供的物品;

② 便于核对的广告及刊登媒体的编号。

这种方法一般采用调查问卷的形式进行。一般要给回函者一定的报酬，以鼓励他们积极回函反馈信息。调查问卷通常以不记名的方式要求被调查者将自己的年龄、职业、文化层次、家庭住址、家庭年人均收入等基本情况填在问卷上。调查表中要尽可能详细地列置调查问题，以便对广告的效果进行测试。常见的调查问题如下：

① 您看过或听过有关某品牌产品的广告吗？

② 您通过什么媒体接触到某品牌产品的广告？

③ 该广告的主要内容是什么？

④ 您认为该广告有特色吗？

⑤ 您认为该广告的构图如何？

⑥ 您认为该广告的缺点是什么？

⑦ 您经常购买什么品牌的产品？

在这种广告中最常见的提供品是赠券，赠券中含有表格，以备消费者填好寄回索取样品、赠品或其他资料。而编号可以是信箱号码或门牌号，也可以是函索表上一个隐暗的记号。表格寄回后，由于上面有不同的编号，所以就可以查知是在哪一家报纸上所刊登的广告产生了效果。最后集中进行统计，就能判断出是哪幅广告、哪种标题或哪家报纸最有效果。

这种测定方式适合报纸、杂志及直邮这类印刷媒体，如果在信函中附上“直接回信卡”或注明“回邮邮资已付”，回收率会更为可观。而每幅广告的函索回收率越高，则每幅广告所分担的成本就越少。再应注意的是，由于提供品本身具有价值，所以应放在广告中的显著位置；不过也有的提供物深藏在方案之中或置于结尾附近，这时若有消费者函索广告主提供的物品或资料等，则至少表示他已看过整个广告。

函索测定法的优点是简便易行，可以在各种印刷媒体上同时进行，而且可以用来比较广告的任何构成要素的相对功能与效果。其缺点是只适合于印刷媒体，回函期较长，且回函者并不一定都属于广告主的目标市场，因而测定结果的准确度会受到影响。

小案例 9-4 丽格公司广告效果调查

丽格电器公司为提高公司形象，进行了一次针对中小学的广告活动。一个月后,丽格公司进行了一次广告效果调查活动。首先,从购买电脑的学校人员中选出调查样本,然后将包括本公司在内的各生产电脑的公司一览表向调查对象出示并逐项提问:

A. 你认为信誉优良的厂家是哪一家?

B. 你认为优质电脑产品具有什么特点?

……

最后,根据回答,将资料划分为对这次广告活动有所注意和没有注意的两个小组,进行统计。这时,非广告接触小组(没有注意)的回答,可作为广告活动前的态度;而广告接触小组(有所注意)的态度可作为广告活动后的态度,然后将两组差异进行比较。

就回答A问题时对广告有所注意并列举丽格公司的人(广告接触小组)为20%,对广告没有注意而列举出丽格公司的人(与非广告接触小组)为13%,相差为7%。由此可知,通过广告活动,丽格电器公司的形象有所提高(有关人员的态度变化)。也就是说,丽格电器公司的广告活动达到了预期的广告效果。

4. 分割测定法

分割测定法也是一种邮寄调查方法,它与函索测定法的区别在于,其目的主要是检测在同一媒体上、具有某一不同构成要素的广告的效果。

这种方法依赖于印刷轮转机的特别操作,将特定的广告主所准备的两种文案,在同一刊物、同一日期、同一版面、同一位置上交互印刷。也就是说,在这种方法下印刷出来的刊物,第一张的广告文案是A,第二张则是B,两种广告文案印刷出来的份数,各占发行总数的一半;刊物除了广告部分外,其他部分完全相同,普遍而均匀地送达给各地读者。

这两种文案的内容通常都相同,仅在表现形式上加以变化,并在两种文案中附上赠券并做上不同的记号,按寄回数的多少,判定两种文案效果的优劣。

分割测定法的不足之处在于缺乏对文案质量的分析,我们可以了解哪一则广告更受欢迎,但对这种广告文案的优点为何却无法得到解答。在目前,一般的文案效果测定多少都带有实验的色彩,如果不是在自然状态下进行,其结果与实际效果可能会有距离。分割测定法是在完全自然的状态下所作的实验,毫无勉强之处,因而测定效果准确,这是其他测定方法所不及的。

5. 监看广告法

这种方法是广告主从一般消费者当中选出一批人,对通过媒体传播出来的广告加以批评。具体来说,就是让选择的受测者定期视听目标广告,找出不满意的内容,广告主搜集这些批评性意见,定期加以集中的统计分析,从中找出具有针对性的问题。在这种监看方法下得出的意见,可以作为文案或其他广告制作的参考资料。

从事监看的人,如果长期被委任的话,就容易离开一般消费者的立场,而以内行人的眼光看问题,从而失去这种测定方法的意义。因此,应于适当时期更换新的消费者来进行监看。

另外,在这种方法下取得的统计意见,不仅是本公司的广告统计,也能显示出竞争对手广告活动情况的优劣,还可以作为今后进行广告策划的必要参考资料。

事中测定完全是在广告活动的进行期间,为探测传播成效所进行的测试,其方法还有知名度测定法、揭示调查法等。如果传播成效未达到预期的效果,则可以在广告活动后一段期间,加强广告传播,这样就不会使成效落空。一般情况下,如广告活动原定六个月为一期,可在第三个月时进行测试;如果广告活动期间定为一年,则可每三个月或半年测试一次。可根据广告活动期间的长短,来决定事中测定的次数,并且要根据不同的情况灵活运用各种具体的测定方法。

(三) 事后测定

广告效果的事后测定是指在整个广告活动之后所作的一种效果评估,是整个广告活动效果测定的最后阶段。广告效果的事后测定是评价广告活动的最终指标,是广告主判断广告活动效益的依据。比如说,此次广告活动原设定的目标是提高知名度8%、理解度7%、购买意图度6%、购买度5%,在广告活动后则要测定哪一项已超越目标,哪一项还未达到目标,并以此作为下次广告活动设定目标的基础。广告沟通效果的事后测定虽然不能直接对已经完成的广告宣传进行修改或补充,却可以全面、准确地对已完成广告活动的效果进行评估。广告效果事后测定常用的方法主要有以下几种:

1. 要点打分法

这种方法是请被调查者就已刊播过的广告的重要方面进行打分,各项得分之和就是该广告的实际效果。具体可以运用一个采分表(如表9-1所示),在这项表中,将认为对广告效果有影响的因素,比如插图、标题等,作为用于评价的事项。按照每一项目的重要程度评分,哪一项目分值最多,则认为该项目最具有广告效果。

表 9-1 采分表

要素	分数
插图	
标题	
正文	
标识	
排版	
合计	

注:每一要素以 20 分为满分。

要点打分法中的打分者有极广泛的选择面,可以是消费者,也可以是广告专家。这种测定方法实际上综合了各方面的意见,但在实际应用中尚有疑问,因为在采分表里要求包含所有的要素,而对广告效果影响力强的因素,无法断定打分者是否能完全理解,所以无法判断对各要素的评分结果是否客观。

小案例 9-5 被审判的父亲

海宝饮料电视广告一开始,是一个乱哄哄的法庭场面,许多孩子在大声喧哗和起哄。原告是一娇女孩,正在嘤嘤地哭泣,边哭边说:“我要喝海宝!”忽然,女孩一抹眼泪,怒目圆睁,手指她的父亲:“他不给我买!”被告是女孩的父亲,在众多儿童的声讨中显得万般无奈,说:“我的确不知道啊!”话音未落,儿童们又大声起哄,并吹口哨。一位儿童审判官庄严宣布:“本庭判处被告每日提供海宝四次,每次一瓶,不得有误。”在孩子们的欢呼声中,父亲抱起女孩,女孩破涕为笑。其广告词是:“海宝,发自心底的父爱”。

问题:根据你的理解,试评价这个广告的社会效果。

2. 广告经济效果测定法

广告的经济效果是广告活动最佳效果的体现,它集中反映了企业在广告促销活动中的营销业绩。广告经济效果测定是衡量广告最终效果的关键一环。

广告经济效果测定就是测定在投入一定广告费及广告刊播之后所引起的产品销售额与利润的变化状况。在这种测定中需要明确几个方面:第一,一定时期的广告促销所导致的广告产品销售额以及利润额的绝对增加量,是一种最直观的衡量标准;第二,对一定结果的比较,是一种更深入、更全面了解广告效果的指标。这种投入与产出的各项指标对提高企业经济效益有着重大的意义。

它要求：

(1) 每增加一个单位产品的销售额，广告投入最小。

(2) 每增加一个单位的广告经济效益相对指数，企业（广告主）获益最大，即经济效益的提高要与企业形象、品牌形象的成功塑造相结合。

(3) 这种相对指标的提高，应有利于形成一个良好的结构和良性的循环。良好的结构是指企业内在的生产经营结构与市场需求趋势以及消费者偏好相适应，从而有利于企业开展促销活动；良性的循环是指广告促销活动要有利于企业调整生产经营结构，开发新产品，生产出适销对路的产品，这一循环成为企业发展的一种内在的自律机制。

广告的经济效果或销售效果，一般较难测定。销售除了受广告促销的影响外，还受其他许多因素，诸如产品特色、价格、售后服务、购买难易程度以及竞争者的行动等的影响。这些因素越少以及可控制的程度越高，广告对产品销售量的影响就越容易测定。

另外，广告效果的事后测定，一般在一则广告刊播活动结束后过一段时间再进行。通常，效果测定与广告刊播结束之后的时间间隔主要由媒体的性质决定，同时也要考虑目标市场上消费者自身的特点。如果进行测定的时间过早，广告效果由于时间滞后性而尚没有充分发挥出来，得出的结论就不准确；如果测定的时间过晚，间隔时间太长，广告效果就可能淡化，得出的结论也有可能不准确。

小案例 9-6　“公牛”的形象提升

1985 年美国企业界共做了 850 亿美元的广告投资，为了使这笔巨大的广告费发挥应有的效果，广告客户在广告效果的研究上投下了大笔的资金。下面就是一则广告内容经一再测定、修改而成为杰出广告的例子。

Merrill Lynch 是美国一家全国性的连锁保险金融企业，以“公牛”作标志。多年来它的广告均以一群公牛在草原上奔驰来表现，但是该公司一直希望树立成功者脱颖而出的形象。经过广告效果测定，该公司了解到，在消费者的心目中，成功者的形象必须是突出的，不可能与一群公牛一起狂奔。

因此，该公司的广告修正为一头公牛走进水晶专卖店，象征节节高升。而这种用一头公牛表现的广告形象，使 Merrill Lynch 真的超越其他同行成为美国保险业市场占有率最高的公司。

问题：该公司对原有广告修改后，为什么会大大提高其市场占有率？

案例分析

公交车身广告投放效果评估

经历近10年的高速发展，公交车身媒体愈发成熟和规范，其强劲的广告影响力也为越来越多的广告主所认可。

然而，客户对广告投放最关心的还是投放效果到底怎么样。的确，广告投得有效是广告费支出的唯一理由。对此，“MPI车身广告投放效果与预测（BUS-GRP）”研究给出了很好的答案。

MPI媒体伯乐集团与央视市场研究机构（CTR）合作，对公交车身广告效果进行了一次全面的定量研究，主要内容涉及BUS-GRP的测量计算、广告的到达率和接触频次等。

关于覆盖人口

MPI引用2004年央视—索福瑞媒介研究（CSM）数据，涉及4岁以上电视人口总体，希望将公交车和电视媒体的覆盖情况置于同一基础。举例来说，这里的“城市”并非地理意义的城市，而是指主城区或中心区。例如，上海的城市面积有6 300平方公里，而本次研究所说的“上海”，是指外环线以内670平方公里的区域，900多万人口。即上海户外媒体的有效覆盖范围在这900多万人口。2004年央视—索福瑞媒介研究（CSM）涉及4岁以上上海的电视人口总量为930万，MPI此次研究所定义的覆盖情况与之相同。以此类推，此次研究共涉及30个主要城市。

发布量GRP

谈到广告发布，就会碰到GRP即总收视率或毛频点，意为接触广告的人数在目标视听众中所占百分比。电视领域运用得非常纯熟的GRP，在户外媒体应如何计算呢？

GRP的计算（假设：上海市，1 000万人口）：

(1) 电视广告。

假定播放30次，每次收视率为3%，3%×30次=GRP 90。媒体覆盖总人次：1 000万人×90%=900万人次。

(2) 报纸广告。

假定发行量60万份，传阅率1.5人，刊登10次广告。60万份×1.5人×10

次 =900 万人次,900 万人/1 000 万人 = GRP 90,媒体覆盖总人次:1 000 万人 × 90% =900 万人次。

(3) 户外大牌。

假定每天有10 万人路过某一广告大牌,广告发布3 个月。10 万人 ×90 天 =900 万人次,900 万人/1 000 万人 = GRP 90,媒体覆盖总人次:1 000 万人 × 90% =900 万人次。

(4) 公交车广告。

假定一辆公车平均每天覆盖15 万人,广告发布2 个月。15 万人 ×60 天 = 900 万人次,900 万人/1 000 万人 = GRP 90,媒体覆盖总人次为 1 000 万人 × 90% =900 万人次。

GRP 反映了媒体的覆盖情况,比如电视节目的收视率为 3%,就表明有 3% 的家庭有机会收看到这个节目。而同样的情况也表现在包括户外在内的其他媒体上。所以,GRP 的实质是“可能看到的机会有多大”。

再来看有关成本效益的两个指标——单个收视点所需成本和千人成本。由于它们与广告发布成本有直接的关系,在 GRP 相同的前提下,户外广告尤其是公交车广告由于有更为低廉的成本,所以它们的千人成本和单收视点成本也最低。

BUS-GRP

调查背景:用摄像机连续拍摄公交车运营一天的情况,并据此整理出 1 台车运营1 天的人车流量。如:上海1 台公交车平均每天运营7 圈,那么就拍摄全部7 圈的画面。在天气晴朗的工作日和双休日各拍摄一整天,则 1 台车 1 个月的人车流量 = 工作日每天的人车流量 ×22 天 + 双休日每天的人车流量 ×8 天。在公交车的车门侧和车窗侧各安装1 台数码摄像机进行连续性拍摄。

统计人车流量以前,要测算高峰、低谷时段各种车辆的平均人数,如公交车出现1 次为20 人次,小车2 人次,自行车 1 人次,并以此计算出各个城市的平均 GRP:根据 MPI 数据库经验平均值,车身广告接触频次是 8. 12 次/月。以上海为例,1 个辆月车身广告平均到达率 = GRP 67/8. 12 次 = 8. 3% ,则 1 个辆月车身广告到达人数 =930 万 ×8. 3% =77 万,也就是说,在上海,如果 1 台车发布一个月的广告,则广告的净到达率为 8. 3% ,有机会覆盖到该城市不重复的 77 万人数,他们平均每月看到车身广告的机会是 8 次。

1 条线路发布多台车,或多条线路同时发布,那广告的净到达率就会减小,因为存在重复的人群。1 条线路上发布的车辆数越多,则重复的几率越大。发布的线路越多,重复人群的概率也越大。由此,建议先考虑每个行政区内至少投放1 条线路,其次,在保证覆盖范围的情况下考虑增加每条线路上的台数。

如果预算充裕，重要的线路上可以投2—3台车。但要注意，一条线路上投放超过4台车，其边际效益是递减的。

广告效果统计

MPI在全国10个以上的城市进行了连续3年的100多个产品的案例测试，根据户外媒体的特点，如果3+是电视媒体较为理想的情况，则户外广告的有效到达率至少是电视的3倍，即9+。

据MPI数据库的统计，投放量是影响车身广告回忆率最主要的因素，其影响力达到了62%，另外2个不可忽略的因素是创意11%和颜色8%，三者累计的影响力达到81%。

根据以上测量结果可预测，在保证受众平均每月接触广告8.12次的情况下，投放60个辆月以上，回忆率为65%；投放90个辆月的回忆率约73%；投放120个辆月以上的回忆率为80%。

问题：

这个公交车广告效果评估运用了哪些方法？对我们有哪些借鉴意义？

本章小结

本章首先介绍了广告效果评估的含义、特征、种类及广告效果评估的意义，说明在广告活动中，广告效果评估是重要的一个环节，它可以评判广告活动的成功与否，为广告主及广告公司今后的广告活动奠定基础。

然后简单介绍了广告效果评估的两个指标，即销售指标和社会传播指标。

最后重点阐述广告效果评估的步骤及方法。可以运用事前测定法、事中测定法、事后测定法对广告效果进行评估。事前测定法包括专家意见综合法、亲身访问法、组群测试法、内部评估法、等级测定法、仪器测试法等。事中测定法包括市场试验法、追踪测定法、函索测定法、分割测定法、监看广告法等。事后测定法包括要点打分法和广告经济效果测定法。

复习思考题

1. 什么是广告效果？广告效果有哪些特征？
2. 简述广告效果评估的意义。
3. 广告效果评估的指标有哪些？
4. 广告效果评估的步骤有哪些？
5. 广告效果评估的方法有哪些？

第十章　广告策划文案写作

本章提要

广告策划文案是以文书的形式表现某一项广告活动过程的工作环节，它为广告宣传活动提供了工作指南。本章介绍了广告策划文案的主要内容，重点阐述了广告策划书编写的内容，以帮助学生对广告策划文案有一定的认识。

本章学习目标

- 掌握广告策划文案的内容；
- 了解广告策划书的分类；
- 了解广告策划书编写的原则。

导入案例

贵州茅台酒厂1996年春季全国糖酒商品交易会广告宣传方案：

客户名称：中国贵州茅台酒厂

策划承办：四川五洲广告有限公司

时间：1996年3月18—25日

地点：

1. 四川成都市人民南路
2. 四川省展览馆

3. 成都市体育中心

活动目标:通过有效的广告宣传促销活动,让参会代表加深对国酒茅台的印象,让全国各地经销商了解贵州茅台酒厂的系列产品,从而诱导公众认可、消费茅台系列酒。

目标公众:

1. 1996年春季全国糖酒交易会参会代表约8万人。
2. 成都市936万市民。
3. 出差、旅游人员约60万人。

定位:

1. 名牌公关:利用国酒茅台的知名度和美誉度,在吸引公众注意的同时,推出茅台系列酒。
2. 直接对经销商公关:利用全国上万家大中型食品经销商,集中在相对的时间、空间之机,刺激他们加强同“茅台”的接触,促使他们在经销茅台系列酒上下工夫。

广告主题词:

1. 喝茅台,好运来;卖茅台,发大财。
2. 茅台贵州醇,保君一路顺。

效果分析:茅台在国内外知名度很高,只要开展一些必要的广告宣传活动,就会吸引公众的注意力,诱发经销商销售茅台系列酒——贵州醇、贵州大曲、贵州窖、台源窖、茅台不老酒等。

广告宣传活动构成:

1. 媒介组合宣传:

(1) 四川电视台15分钟广告10次。

(2) 成都电视台30分钟广告10次。

(3)《中国食品博览》彩印四页(大16开)。

(4) 会刊1页(大16开)。

2. 户外广告:

(1) 成都市闹市区人民南路川信红照壁大厦1 500平方米巨幅布幅,内容:贵州茅台酒厂领衔推出贵州女王酒、茅台威士忌、台源窖、贵州特曲并向消费者致意!

(2) 省展览馆南门阶梯前放置两个8米高“贵州醇”充气罐。

(3) 市体育中心西南门放置8米高“贵州醇”充气罐两个,25米高“贵州醇”充气罐1个。

(4) 市体育中心西南门喷水池正中上空用20个直径为4米的气球悬挂200平方米布幅,内容:“茅台酒厂贵州醇,保君一路顺”。

3. 厂商联谊会(总人数300人以内):

(1) 请各省、市、自治区糖酒公司总经理、副总经理到场。

(2) 请各大商场、长期经销商老板到场。

(3) 请国内贸易部、中国糖业酒类集团公司领导到场。

(4) 请四川省、成都市政府有关领导到场。

(5) 请新闻记者代表到场。

(6) 地点:成都市王府歌宴酒楼。

(7) 联谊会细则见附件(略)。

4. 展厅租用及装修:

在省展览馆北门(紧挨人头马展厅)租用55平方米展厅,并精心设计、精心装修(另附设计图纸),充分展示国酒茅台的水平,宣传茅台系列酒。

实际效果:通过开展上述广告宣传活动,贵州茅台酒厂达到了预期的宣传效果,不仅“茅台”供不应求,而且茅台系列酒深受欢迎。厂方同全国各地经销商分别签订了总经销、特约经销、区域经销合同,特别是“贵州醇”尤其畅销。

第一节　广告策划文案概述

一、广告策划文案的概念

广告策划文案是由广告策划者根据广告策划的结果撰写、提供给广告客户审核、认可,为广告活动提供策略指导和具体实施计划的一种应用性文件。

二、广告策划文案的作用

(1) 它是对某一产品或品牌的背景、历史及过去为此所作广告的执行记录,也是在未来广告活动期间对特定广告、促销活动与公关宣传的建议方案。

(2) 它是解释并阐述如何发展成为一个计划的逻辑和理由,及其机会所在。通过分析企业或产品所面对的问题与机会点,策划人员将说明其所建议的计划应该如何解决这些问题,并且怎样利用这些机会点。

(3) 它是指导行动的纲领性文件。发展和实施一项广告策划,不仅仅要有一项可行的策略,而且要安排一系列复杂的过程表,并具体设置各种协同进行的活动。广告策划文案把这一切步骤通过文字形式加以表述,使之在整个广告活动期间使用,成为正式的行动指导文件。

(4) 它是给广告主为其产品或品牌所做财务承诺的文件见证,是广告费用具体开支的清单。由于一项具有一定规模的广告运作涉及经费数额巨大,所以广告策划文案对企业的财务支出计划非常重要。除此之外,策划书作为一种预算性文件,对已经核准的开支也提供了书面的控制,并限制此款项按照既定方针届时计划投放。

(5) 它将广告策划的内容和结果整理成正规的提案提供给广告客户。在广告公司内部,广告策划书的撰写标志着广告策划运作的结束。

(6) 它是广告运作的策略和计划的唯一依据。广告客户可以通过策划书了解广告公司策划运作的结果,检查广告公司的策划工作,并根据广告策划书判定广告公司对广告策略和广告计划的决策是否符合自己的要求。

三、广告策划文案的构成

广告策划书的构成没有一成不变的格式,依据产品或客户的不同要求,在策划书的内容与编制格式上也有变化。从广告策划的一般规律来看,其中有些要素是共同的。根据广告策划文案的内容要点,参照广告策划者在实践中总结出来的广告策划文案的格式,广告策划文案的构成大体包括:

1. 封面

一份完整的广告策划书的文本,应该包括一个版面精美、要素齐全的封面。策划书的封面要提供这样一些信息:策划书的名称、被策划的客户名称、策划机构或策划人的名称、策划完成日期、策划书编号等,还可以附有策划书的内容简介。

2. 广告策划小组名单

在策划文本中提供广告策划小组名单,可以向广告主显示广告策划运作的正规化程度,也可以表示一种对策划结果负责的态度。

3. 目录

目录一般放在封面之后,它实际是策划书的简要提纲。在目录中应该列举广告策划各个部分的标题,必要时还应该将各个部分的联系以简明的图表表现出来,一方面可以使策划文本显得正式、规范,另一方面也可以使阅读者能够根据目录很方便地找到想要阅读的内容。看过目录之后,就会对策划书的内容有个大概的了解,并能清晰把握策划的线索。

4. 前言

简要说明制定本策划书的缘由及意义，或点出企业的处境或面临的问题，希望通过策划能解决什么问题。在前言中，应该概述广告策划的目的、进行过程、使用的主要方法、策划书的主要内容，以使广告客户对广告策划书有大致的了解。

5. 正文

这部分我们将在第二节中详细阐述，在此不再赘述。

第二节　广告策划文案的主要内容

一般而言，广告策划文案涉及的内容主要有：开展广告环境分析、明确广告目标、确定广告对象、确定广告传播区域、确定广告主题、构思广告创意、选择广告媒介、预算广告费、决定广告实施策略以及评估广告效果。这些环节的划分是相对的，在实际工作中应该灵活掌握，以便提高广告策划文案的准确性。

一、广告环境分析

在广告环境分析阶段，主要了解企业、产品、市场和消费者的基本情况，并在此基础上开展广告策划。广告策划只有符合公众的客观要求，正确反映产品的功效和企业的经营发展状况，才能保证广告的宣传效果。

现代广告环境分析涉及的方面十分广泛，根据其范围状况，我们把它划分为四个基本内容。明确广告环境分析的范围，是准确而全面收集信息资料的基础。

1. 企业经营情况分析

全面了解企业经营情况，是策划广告作品的基本依据。企业经营情况分析主要包括三个方面：

第一，企业的背景状况分析。其中包括企业人员基本构成、企业管理概括、企业资产实力、科技开发实力、企业盈利水平和企业文化等。

第二，企业的基本职能分析。如企业的系列产品、特色服务项目、市场营销策略、企业形象、员工及领导的态度等。

第三，企业的市场竞争能力分析。如市场竞争状况、企业竞争的优势及劣势、企业或产品的市场竞争能力、产品的市场占有率等。

2. 产品分析

详细了解产品的信息，是广告策划文案的基础。针对产品信息的调查，可以围绕以下几个方面进行：

第一，产品背景信息分析，其中包括产品开发历史、生产历史、生产设备、生产技术革新史、生产过程、生产技术、公众消费典型事例、原料特色与应用、产品生命周期等。

第二，产品个性信息分析，其中包括产品外形特色、基本规格、花色、款式、价格、质感、包装设计、产品属于生产资料还是生活消费资料（如果是生产资料，那么它属于原料、辅助原料还是设备、工具、动力；如果是生活消费资料，那么它属于日常生活必需品还是选购商品或特购商品）、产品基本性能及技术指标等。

第三，产品相关信息分析，包括产品的市场定位、产品在同类产品中的地位、使用产品的环境要求、顾客从产品消费中所能获得的利益。

第四，产品服务信息分析，包括售前服务、售中服务与售后服务及其他服务制度、措施。

第五，产品市场适销信息分析，包括产品适销时间、地区，基本促销手段及其效果等。

第六，产品形象信息分析，如质量形象、技术形象、功能形象、商位形象、心理形象、文化形象、地位形象、高附加值形象，产品的知名度、美誉度和认可度等。

3. 市场环境分析

市场环境不仅制约着广告的制作和发布，而且影响着消费者对广告作品的接受状况。因此，策划广告，必须准确了解市场环境信息。这方面的调查内容有五个方面：

第一，市场文化环境分析，如社会主导文化、习俗文化、民族文化、消费文化、法规文化、性别文化、心理文化、音乐文化、色彩文化等。

第二，市场消费状况分析，其中包括整体市场与目标市场的构成、消费市场的大小、国民经济情况、季节性消费因素、人口分布、消费主体的构成、消费潜力的水准与转移、公众消费构成及其变化趋势等。

第三，市场商品格局状况分析，其中包括市场上商品的数量、品种、规格、质量对比、外观对比、基本结构、供求状况、市场价位情况及其变化趋势等。

第四，市场竞争对手情况分析，包括竞争对手的市场占有率、促销策略、产品特性、市场优势、利润额、营销策略、广告策略，以及公众对它的评价。

第五，国家的宏观经济政策，地区的经济管理措施、科技水平等。

第六，自然环境，如地理、气候、地形地貌、自然资源等。

4. 消费者分析

广告是针对消费公众而策划的,目的是引起公众注意,赢得公众好评,激发消费者购买欲望,并建立和发展广大的消费公众队伍。要想实现这些目的,广告作品必须符合消费者基本状况,否则就无法产生效果。对消费者信息的分析,可围绕以下几个方面进行:

第一,消费者的消费能力分析,包括消费者基本经济收入、储蓄信贷状况和职业、年龄、性别、地区构成。

第二,消费者的需求状况,如需求类型、需求变化趋势、影响需求的因素(如经济因素、社会因素、心理因素、文化因素等)、特殊公众对企业的特殊要求、公众消费变化周期等。

第三,消费者的消费方式、消费特点和消费习惯等。

第四,消费需求与企业产品、顾客消费与企业服务措施之间的一致性程度、存在的差距等。

第五,消费者对企业产品质量、性能、技术、价格、包装的评价状况。

第六,消费者行为模式与因素影响,消费者眼前与未来的消费时尚、消费心态等。

广告策划人员收集到信息后,即可对信息进行整理、分析,从中找出广告宣传的问题点、优势点和机会点,为广告进行目标决策提供信息基础。

二、广告目标确定

1. 广告宣传的具体目标

广告目标一般定位于营销目标,但是广告宣传的具体对象和时间不同,其目标也有所不同。主要包括如下内容:

(1) 了解商品或服务的知识,掌握操作方法。

(2) 刺激潜在消费者尝试进而反复购买商品。

(3) 争取其他品牌消费者转向自己品牌的商品。

(4) 刺激消费者大量购买商品,提高购买频率。

(5) 高度认同企业品牌,强化品牌忠诚度。

根据顾客的商品需要和购买心理,商品在市场上存在旺季和淡季之分。另外由于顾客的消费心理容易受到节假日的影响,其消费行为随着节假日的来临或者逝去,会发生相应的变化。拟定广告目标时应该充分注意时间因素,根据销售时间确定出不同的目标内容,具体如表 10-1 所示。

表 10-1 销售时间与广告目标

时间	广告目标
淡季	维持消费需求,保持商品销量 巩固品牌形象和市场影响力
旺季前	强化性宣传品牌形象,营造消费氛围 宣传商品性能、个性
旺季	强化市场占有率 提高商品获利率
旺季后	巩固品牌忠诚度 开展俱乐部活动,巩固顾客关系 倾销存货,减轻库存负担
节假日	营造节日气氛,提高客流量 开展文化营销和游戏营销活动,刺激顾客的节日性消费心理

2. 进行广告目标决策的要求

现代广告目标决策除了遵循一般决策工作的基本要求外,尤其强调科学依据。具体而言,广告决策要符合以下几个方面的基本要求。

(1) 符合企业经营战略。

市场开展战略、产品发展战略、科技开发战略、公共关系战略,是广告目标决策最基本的依据。现代广告不仅要为企业实现短期的目标服务,而且要为企业长远的发展创造良好的条件,它不能破坏或违背企业的总体发展规划,否则广告作品就会阻碍企业的长远发展。

(2) 符合产品定位。

在市场上,产品的定位存在着一定的差异性,有的属于精品化、高档型的商品,有的属于大众化、低档型商品;有的定位于流行商品,有的定位于日用型商品;有的商品具有市场前途但市场获利能力差,有的商品市场获利能力较强但没有市场发展前途。广告目标的确定,只有符合企业的产品定位,才能有效地宣传商品。

(3) 符合企业的迫切需求。

在广告目标决策过程中,不能因为其目标上的长远性和战略性,而忽视其眼前效应。广告作为企业开拓市场的一种途径,应该帮助企业及时解决有关的现实问题,否则企业衰败了,其长远效应也就无从谈起了。

(4) 符合公众的状况。

即根据公众的经济条件、文化状况、社会关系状况等,确定符合目标公众需求的广告目标。

三、广告对象确定

确定广告对象问题主要表现为如何说服消费者的问题,即消费者正确理解并完全接受信息。在广告宣传中,消费者对于广告宣传的信息内容,在反应上存在几种可能性:一是正确理解并接受了广告作品所传达的信息;二是理解了广告信息,但是没有接受信息的有效影响;三是歪曲性地理解信息;四是完全没有注意到广告的宣传内容。显然,后面三种状况就意味着广告宣传的失败,没有有效地说服消费者。为了使消费者正确理解并完全接受广告宣传的信息,应该高度重视广告对象的确定。

一般而言,广告宣传的目的主要在于刺激消费者,引导他们购买广告所宣传的商品。每一类商品都有相对应的主体消费群体,如化妆品的消费者主要是女性,而书包的消费者主要是学生。明确广告对象主要是解决诉求的目标公众问题,即说服什么样的公众。只有找出了广告诉求的具体对象,才能进一步分析他们在消费中的地位、心理特性、接受机制、知识水平状况,并据此确定广告诉求的主要目标群体。

四、广告传播区域确定

根据市场定位和产品定位研究的结果,决定目标市场,并确定广告传播的区域所在地,并说明选择此特定分布地区的理由。

五、确定广告主题

对于企业或产品而言,需要宣传的内容很多。单是某种产品,可以宣传的内容就十分丰富,如生产历史、生产过程、生产设备、生产技术、原料选用、外观特色、产品规格、花色、款式、质感、装潢设计、产品地位、作用、产品类别、价格、使用方法等,都可以用于广告宣传。但是,在一个时间有限、篇幅有限、信息容量有限的广告作品中,不可能也没有必要包罗万象。广告构思的第一个任务,就是确定宣传的重点内容,提出鲜明的广告主题。广告主题是整个广告作品表现的核心,其他所有的构思将围绕广告主题而展开。广告主题的确定,既要反映产品特色,又要符合消费者心理和市场营销规律,是广告目标、信息特性和消费心理的有机统一。否则,广告主题的定位就可能发生偏差。

六、确定广告创意

广告创意是广告主题艺术化的表现,既要切合广告主题,又要富有感染力。

否则,尽管广告主题定位准确,但是广告创意没有冲击力,广告作品同样无法有效影响公众。

广告创意作为一种特殊的大众化说服型宣传模式,如果其表现方式具有科学性、逻辑性和鼓动性,就会产生巨大的市场冲击力。在实际运作中,广告创意的表现形式主要有三种。

第一,感性化的广告创意。其特点是"以境动人",通过营造理想化、实体化意境画面,刺激消费者的感官系统,引导消费者进入一种浪漫的境界。感性化的广告创意,其表述语言充满了刺激性和鼓动性,虽然没有逻辑性,但是能够影响消费者的联想心理和梦幻心理,在青少年消费者中颇具影响力。

第二,理想化的广告创意。其总体特点就是"以理服人"。这种方式主要是作用于讲究实用的理性思维的消费者,针对理智动机,通过准确传达商品与服务的客观信息,引导消费者理智地作出判断。其语言特色在于逻辑性和条理性,内容往往侧重于商品与服务的功能、价值、质量,商品的性能、服务范围、顾客利益、竞争优势等,能够给消费者营造具体、实在的消费意境,使消费者直接从语言中发现商品带来的实际利益。这种创意有利于宣传新式商品,对中老年消费者比较有效。

第三,情感化的广告创意。这种方式的特点是"以情感人",通过爱情、亲情、友情、乡情、怀旧情、满足感、成就感、自豪感、归属感、归属感、恐惧感的表现,营造情意融融的气氛,刺激消费者的情感心理,引导消费者产生情感向往和满足感,从而对商品留下美好的印象。

七、广告媒介选择

现代广告影响消费者的基本途径是媒介,媒介策略得当与否,直接影响着广告宣传活动的成败。因此,根据公众的生活习惯、企业的市场目标、广告定位和各种媒介的性能特点、优势和劣势等,选择好宣传媒介,确定广告媒介策略,在整个广告策划过程中具有十分重要的意义。

确定广告媒介策略,主要是解决以下五个问题:在什么时候和什么地方运用哪些媒介,按照什么样的组合方式,进行什么内容的宣传。这被称为五个问题媒介计划法,简称为"五 W 媒介计划法"。

这个"五 W 媒介计划法",具体包括四个分配法和一个组合法,即媒体分配法、地理分配法、时间分配法、内容分配法和宣传阵势组合法。所谓媒体分配,就是确定适用哪些媒体进行广告宣传;所谓时间分配,就是对广告发布的时间和频率做出合理安排;地理分配,就是确定在哪些地方开展有关的媒体广告宣传;内容分配,就是确定在相应广告媒介上刊登什么方面的宣传内容;宣传阵势组合法,就是把上述四个分配决策结论,根据优化原则和层次原则,进行组合,形成广告的宣传阵势。

八、广告费预算

广告费预算是提高广告宣传活动经济效益和工作水平的重要保证。按照广告宣传目标和活动方案所需的费用,列出经费清单,准确预算各项活动和全年活动的成本,有利于企业统筹安排,事后核对和考查绩效。

广告费预算一般是根据广告策划的内容,制成广告预算书,列出调研、设计、制作等费用开支的数目和具体的分配方案。广告预算书的格式及内容视不同业务需要所涉及的项目具体拟定。

广告预算书的基本格式

委托单位:　　　　负责人:
预算单位:　　　　负责人:
广告预算项目:　　　　期限:
广告预算总额:　　　　预算员:
日期:

项目	开支内容	费用	执行时间	备注
市场调研费				
1. 问卷设计				
2. 实地调查				
3. 文献检索				
4. 研究分析				
5. 其他				
广告设计费				
1. 报纸				
2. 杂志				
3. 电视				
4. 广播				
5. 网络				
6. 其他				

（续表）

项目	开支内容	费用	执行时间	备注
广告制作费 1. 印刷费 2. 摄制费 3. 工程费 4. 其他				
广告媒体租金费 1. 报纸 2. 杂志 3. 电视 4. 广播 5. 网络 6. 其他				
公关促销费 1. 公关活动 2. 促销活动				
服务费				
机动费				
其他杂费开支				
管理费				
总计				

九、决定广告实施策略

广告策略部分,要详细说明广告实施的具体细节。撰文者应该详细说明广告实施的具体细节。

（1）在报纸媒介方面,说明选择哪一家或哪几家报纸以及选择理由,刊登的日期、次数和版面,并说明每次刊登的面积大小。

（2）在杂志媒介方面,说明选用的媒介单位、选用理由、刊登次数、每一次的面积和刊发日期。

（3）在电视媒介方面,选择哪一家或哪几家电视台、哪一个频道或哪几个频道,分别选择什么时间播放,说明选择的理由、计划播映次数、每次播映的时间长短、广告片的形式和播映日期。

（4）在广播媒介方面,说明选用的媒介单位、插播还是专题、播出时间和日期、选用的理由,以及计划播出次数和每次播出时间的长短。

(5) 在网络媒介方面,说明选用哪一家或哪几家网站、选择理由、广告的形式、时间长短和播映的日期。

(6) 说明促销活动的举办日期、地点、方式、内容及赠品、奖品等,说明举办的理由和主持人。

(7) 选择其他媒介,如海报、招贴、售点广告、邮寄广告、传单和说明书等,均应说明印制的数量和分发方式、分发日期等内容。

十、广告效果评估

广告效果评估,主要说明经广告主认可,按照广告策划实施广告活动预计可达到的目标。广告效果评估应该实事求是,简明扼要。

第三节　广告策划书的编制技巧

编制《广告策划书》,实际上就是把广告调查分析结论、广告目标决策、定位策略、媒介策略、诉求策略、创意成果、宣传文案、表现策略、预算方案等方面的内容,以文书的形式表现出来,为展开广告宣传活动提供工作指南。

一、广告策划书的类别

广告策划书,又称广告企划书,是在市场调查研究基础上,对广告整体活动或某一方面活动的预先设想和策划。广告策划书把在广告活动中所要采取的一切部署都列出来,指示相关人员在特定时间予以执行,它是广告活动的正式行动文件。

广告策划书常见的表达方式主要有两种,即表格形式和条文形式。

表格形式的广告策划书主要是借助图表来简明地阐述广告宣传的内容,其上列有广告主现在的销售量或者销售金额、广告目标、广告诉求重点、广告时限、广告诉求对象、广告地区、广告内容、广告表现战略、广告媒体战略、其他促销策略等栏目。其中,广告目标一栏又分为知名度、理解度、喜爱度、购买意愿度等小栏目。一般不把具体销售量或销售额作为广告目标。因为销售量或销售额只是广告结果测定的一个参考数值,它们还会受商品(劳务)的包装、价格、质量、服务等因素的影响。这种广告策划书比较简单,使用的面不是很广。

条文形式的广告策划书是按照条款的逻辑顺序,条理化地陈述广告宣传活动的内容。这种以书面语言叙述的广告策划书运用十分广泛。

二、广告策划书的编制原则

1. 逻辑思维原则

广告策划的目的在于解决企业营销中的问题,它必须按照逻辑思维的顺序,即提出问题—分析问题—解决问题的构思来编制策划书,给人一种循序渐进、眉目清楚的感觉。

首先是设定情况,提出问题。按一般思维规律,是先交代策划背景,然后由大到小,由宏观到微观,层层推进,再把策划书中心和盘托出。

其次是在突出中心的情况下,对细微枝干部分也要给予充分重视。主干部分是广告的大构想、重头戏,应给予重点展开;而枝干部分虽是配角,但它是具体实施中的重要依据和手段,少了这部分枝干,广告策划的血肉就不丰满。

最后是明确提出解决问题的对策,也就是需要帮企业出点子、想主意。这些对策的提出要有事实依据,使整个策划方案令人信服。

2. 形象化原则

策划书的文字表达只能给人理性的概念认识,如能适当地运用视觉化的手段加以配合,则会一目了然,加深对策划书的理解与记忆。策划书中常用的形象化方法有两种:一是可以把策划书中的部分内容作成流程图,如媒介传播计划、广告预算等;二是创意设计部分,如报刊广告、电视广告的设计,可以配以图案,实际上是把创意形象化了,使人容易理解。

3. 简洁朴实原则

广告策划书在编制中应注意突出重点,抓住企业营销所要解决的核心问题,深入地进行分析,提出可行的相应对策,这份策划书就达到目的了。要防止用散文式文笔去描述策划书,造成浮躁或不实在的感觉。有人认为整体广告策划靠妙笔生花的笔头功夫,叫一两个人花几天时间就可以写出来,这是一种误解。策划书的编制也不可长篇大论,言不及义,哗众取宠。总之,要以简洁朴实、具体实用、针对性强为原则,让人一下子抓住策划书的主要内容,并一目了然。

4. 可操作原则

广告策划是广告活动的蓝图,它是在现实基础上的一种超前性的构思。

首先,广告策划书中所制定的大政方针,应符合市场变化的需要,以保证广告活动的有序和广告目标的准确。

其次,广告策划作为一个整体,还要注意各子系统及各具体环节之间的联系与操作,它的指导性涉及广告活动中每个人的工作及各个环节的关系处理。而策划中的创意表现手法,则要考虑设备、人员、经费、材料和制作手段等的限制,以求把蓝图变为一座壮观的大厦。

三、广告策划书的基本构成

广告策划书的基本构成包括标题、正文和署名三大部分。其中,标题部分常用公文形式——“×××广告策划书”表达,有时也可采用主标题、副标题双重形式表达,如“东方之情,人生所用——×××广告策划书”,其中主标题点出整个宣传活动的主题,而副标题则指出了文书的性质和内容。在署名部分,主要是写出整个广告作品的策划单位及写作时间。

在广告策划书中,正文部分是中心与主体,一般应包括以下几个方面的基本内容:

(1) 前言。前言应该简明概要地说明广告活动的时限、任务和目标,必要时还应说明广告主的营销战略。这是全部计划的概要,它的目的是把广告计划的要点提出来,让企业最高层次的决策者或执行人员快速阅读和了解,当最高层次的决策者或执行人员对策划的某一部分有疑问时,能通过翻阅该部分迅速了解细节,这部分内容不宜太长,以数百字为佳,所以有的广告策划书称这部分为执行摘要。

(2) 市场分析。市场分析主要是把广告调查、分析结论表述出来,一般包括四方面的内容:企业经营情况分析、产品分析、市场情况分析、消费者研究。撰写时,应根据产品分析的结果,说明广告产品自身所具备的特点和优点。再根据市场分析的情况,把广告产品与市场中各种同类商品进行比较,并指出消费者的爱好和偏向。如果有可能,也可提出广告产品的改进或开发建议。有的广告策划书称这部分为情况分析,简短地叙述广告主及广告产品的历史,对产品、消费者和竞争者进行评估。

在写作过程中,这部分应该条理化、写实化,注重运用调查数据、资料阐述分析结论。

(3) 广告战略或广告重点。广告战略一般应根据产品定位和市场研究结果,阐明广告策略的重点。在这方面,主要阐述广告主题,说明用什么方法使广告产品在消费者心目中建立深刻的印象,用什么方法刺激消费者产生购买兴趣,用什么方法改变消费者的使用习惯,使消费者选购和使用广告产品,用什么方法扩大广告产品的销售对象范围,用什么方法使消费者形成新的购买习惯。有的广告策划书在这部分内容中增设促销活动计划,写明促销活动的目的、策略和设想。也有把促销活动计划作为单独文件分别处理的。

（4）广告对象或广告诉求。在这方面，主要根据产品定位和市场研究来测算出广告对象有多少人、多少户。根据人口研究结果，列出有关人口的分析数据，概述潜在消费者的需求特征和心理特征、生活方式和消费方式等。

（5）广告地区或诉求地区。在这方面，主要应该确定目标市场，并说明选择此特定分布地区的理由。

（6）广告策略或广告媒体策略。主要详细说明广告实施的具体细节。撰文者应把所涉及的媒体计划清晰、完整而又简短地设计出来，详细程度可根据媒体计划的复杂性而定。也可另行制定媒体策划书。一般至少应清楚地叙述所使用的媒体、使用该媒体的目的、媒体策略、媒体计划。如果选用多种媒体，则需对各类媒体的刊播及如何交叉配合加以说明。

（7）广告预算及分配部分。要根据广告策略的内容，详细列出媒体选用情况及所需费用、每次刊播的价格，最好能制成表格，列出调研、设计、制作等费用。

（8）广告效果预测部分。主要说明经广告主认可，按照广告计划实施广告活动预计可达到的目标。这一目标应该和前言部分规定的目标任务相呼应。

在实际撰写广告策划书时，上述八个部分可有增减或合并分列。如可增加公关计划、广告建议等部分，也可将最后部分改为结束语或结论，根据具体情况而定。

案例分析

×××羊绒衫公司中国市场整体广告策划书（节选）

前　言

2000年面对国内、国外市场疲软，特别是绒、毛纺织业竞争激烈，产品销售走向低谷的现况，×××羊绒衫公司将实行销售重点的转移，以国际市场为依托，突出国内市场的开发，力争有一半的产品实现国内销售。在强化提高产品质量、加强售后服务和增加花色品种的同时，积极开发羊毛衫、混纺衫、羊绒面料等新项目。2000年×××羊绒衫公司的整体广告策划，将围绕实现上述销售目标和扩大企业和产品知名度以及创立名牌的目的，制定广告策略和实施方案。从重点旅游城市和消费较高的沿海城市开始，逐步建立起全国的销售网络。

为实现上述目标,我们2000年在全国范围有一个整体媒介计划,掀起较大规模的广告攻势,宣传×××羊绒衫公司产品,扩大知名度,创立×××名牌,为下一步占领全国市场做好准备工作。促销策略是今年的特定需要。今年的销售市场转向以国内为主。就国内市场而言是产品导入期,尚需建立销售网。所以开展几次有特色、有水平的促销活动是非常必要的。这样既可增加销售量,又可建立销售网,从而保住促销成果,占领促销地区的市场。

一、市场分析

(一) 企业经营情况分析

企业的成功,跟原料、交通、劳力、能源、信息有关,同时依赖于企业的设备、工艺、管理、质量、销售、更新换代能力。该羊绒衫公司上述条件基本具备,并有世界上最大、最好(羊绒质量跟水土、气温有关)的原料产地,同国外机构的合资生产、经营,有利于信息的收集消化。该羊绒衫公司引进20世纪90年代的先进生产设备,保证了产品的生产能力、工艺和质量水平,并计划建立国内外销售网络。在产品更新换代方面,该羊绒衫公司的产品采用先进的微电脑控制,可靠性指标一直居国内领先水平,有生产一代、研制一代、储备一代的战略思想,具有较强的竞争意识和竞争能力。

(二) 产品分析

1. 原料

选用被誉为"纤维钻石"的阿尔巴斯山羊绒。这种羊绒细度均匀,长度好,柔软性、弹性均属上乘。洗净绒经先进的分梳设备梳理,纤维损伤小,含粗在0.2%以下,纤维中间长度35毫米左右,平均细度在13.3微米左右。一般来说,动物纤维好于人造纤维。优质纤维有四个特点:柔和、光泽好、轻便、保暖。山羊绒具备这四个特点,而其他动物纤维只具备两三个特点。阿尔巴斯山羊绒有"中国第一号山羊绒"之称。

2. 主要产品

山羊绒(白、青、紫)羊绒衫、羊绒短裙、羊绒连衣裙、羊绒披肩、羊绒围巾等。正逐步开发和研制绒兔毛混纺、变形羊毛绒混纺、丝绒混纺、羊绒精纺面料,羊绒大衣呢等系列产品,并同时生产羊绒时装。产品质量达到国内、国际先进水平,×××牌羊绒衫获××××年国家优质奖。羊绒衫款式新颖,规格齐全,色泽流行,穿着轻巧、柔软、高雅舒适。

(三) 市场情况分析

内销地区主要是北京(40%)、上海(30%),其他城市有广州、西安、大连、桂林等。在这些城市中,主要在大饭店、旅游场所销售,实际顾客也多是外宾。

目前一年在国内销十多万件。羊绒衫属高档消费品，销售受消费水平和消费者对产品的认识的限制。国内有很多消费者甚至不知羊毛与羊绒的区别，不知原料的珍贵，当然就很难理解它的价值。内销存在五个问题：(1) 消费水平限制；(2) 对产品的认识；(3) 牌子知名度不高，宣传不够；(4) 销售网络不全；(5) 竞争对手。

二、广告战略

本策划的任务是力争通过2000年一年的广告战略和广告战术计划的实施，使×××羊绒衫公司×××品牌羊绒衫产品在市场有较高的知名度，提高指名购买率，创建×××名牌形象；建立、健全销售网络，形成稳固的国内市场，即使国际市场发生急剧变化，也不会影响该羊绒衫公司的生产和销售。实现以国内市场为主的销售战略，充分利用生产设备的生产能力，增加产量、销量，加速资金周转，使企业得以大力发展。

掀起羊绒衫的消费社会热，使人们认识到羊绒时装具有光泽好、轻巧、柔软、艳丽、舒适、御寒力强的特点，树立"人们穿上它身价倍增的观念"，使×××牌羊绒衫产品在国内同类产品中从知名度到销售量均居领先地位，力争实现2000年内销30万件的目标。

三、广告对象

（一）产品定位

羊绒衫在国内尚属高档消费品。宣传对象应以高收入，讲究穿戴，具有高消费意识，追求时尚的阶层为主。现阶段应把××品牌视为竞争对手。

（二）潜在消费者分析

现阶段应以下述对象为主：(1) 高收入文艺工作者；(2) 高收入的年轻工作人员；(3) 三资企业的文职商务人员；(4) 高级职员；(5) 从事外贸工作的职员；(6) 从事公关工作人员；(7) 高收入的城市个体户；(8) 其他高收入者，追求时尚的人；(9) 来华旅游、工作的外宾及港澳同胞。

四、广告地区（目标市场）

（一）市场分析

宣传地区首先应考虑到羊绒衫商品目前尚属高档产品，接受它一般是经济发达地区，并且是高收入和高消费地区。目前这一地区以沿海省份及几大城市为主，如：北京、天津、上海、南京、福建、广东、海南、深圳、山东、成都、哈尔滨、沈阳、大连等。

（二）销售季节分析

我国气候夏天普遍高温，冬天南暖北寒温差大，这一气候因素决定了不同地区的销售淡季、旺季、周期不等,时装作用、御寒作用的选择不同。在安排广告攻势及建立销售网点时均应考虑上述因素。

五、广告策略

(一) 广告策略说明

本广告策划面对中国市场,分为两大类广告(公司形象和公司产品)。广告发布之前必须根据长期和短期的广告目标,把广告表现形象统一起来。例如:印刷媒体有一个统一的表现格调,如羊绒衫公司标、商标、模特、字体、背景、颜色、设计技巧等。因为我们开展的是一个大规模的广告活动,人们是通过不同媒体看到的,广告格调主要设计相同,使消费者容易留下深刻印象。特别强调的是,产品包装物品的图、文、色的设计及广告主题,也要和媒体的相同。这样广告效果更好。另外,一经定下来的羊绒衫公司形象、商标图文颜色、字形等设计及主题表现就不要轻易改变。一个名牌的创立不容易,它可能要使用几十年、上百年,经常改变它的形象,就是在浪费广告费。

(二) 广告阶段的研究

×××牌羊绒衫产品有七个广告阶段:

(1) 从消费者不知道市场中有这种商品,做到让消费者开始知道本商品;

(2) 从消费者开始知道这种商品,做到让消费者对本商品逐步加以了解;

(3) 从消费者了解了这种商品,做到让消费者对本商品渐渐有好感;

(4) 从消费者对这种商品渐渐产生好感,做到让消费者再显露偏爱;

(5) 从消费者对这种商品已产生偏爱,做到让消费有购买欲望;

(6) 从消费者对这种商品已有购买欲望,做到促使消费者采取购买行动;

(7) 从消费者已购买这种商品,做到让消费者继续不断购买。

这个过程也就是通常所说的引起注意、产生兴趣、建立好感、产生购买欲望、促成购买行为。

(注:每一个阶段所花费用和精力,不应该平均分摊,要根据竞争对手的强弱、销售地区的大小而定。)

近期目标:×××牌商品已上市,所以已经过了第一阶段,建议(1)、(2)、(3)阶段合并进行。

动用各种媒体,进行广告宣传,定向宣传。媒介火力采取渐近式加密集式,提高知名度,树立名牌形象。

中期目标:(4)、(5)、(6)阶段合并进行,密集式媒体攻势,掀起社会性羊绒衫热,增加产品介绍,加深品牌介绍,促进销售及提高指名购买率。

第(7)阶段只需要保持广告力量。

（三）媒体组合

（1）印刷媒体：报纸、杂志、邮递广告、招贴、样本、小册子、说明书。

报纸和杂志是采用的主要媒体之一，充分发挥报纸杂志发行面广，时间快，阅读次数多，读者和地区可选择，商品介绍可详尽，可表现颜色、款式、风格主题等特点。在报纸和杂志的选用上，要注意目标消费者、目标市场，以消费品的刊物和地区刊物为主，全国性的报纸、杂志可小比例地做一点。这是因为考虑到现阶段销售市场是地区性的，但最终市场是全国性的，再则要体现该羊绒衫公司在全国是龙头企业，同时也考虑竞争策略。

邮递广告、招贴、样本、小册子、说明书、销售点彩旗等媒体的选用，主要是配合其他媒体，配合销售旺季，掀起大规模的广告攻势，达到增加销售量的目的。

（2）电波媒体：电视广告等。

电视广告是采用的主要媒体之一，电视广告形式可以充分表现羊绒衫的颜色、质感、款式、形体效果。

电视专题片、资料片，可以充分利用不受时间限制的特点，介绍该羊绒衫公司规模、生产过程，普及羊绒知识，讲解羊绒和羊毛的区别，羊绒衫的洗涤、保养的常识，使消费者认识到贵有贵的价值，这是促进销售的有效方式。

（3）户外媒体：路牌。

路牌是一种视觉时间长久的媒体，宣传面广。

（4）其他：充分利用“申奥”这个宣传时期，利用一些新的媒体。例如：热气球、彩旗、霓虹灯塔等一些新、奇、特的媒体，可以使商品形象脱颖而出，标新立异，带来超值的广告效果。

（四）促销活动组合

羊绒衫时装对消费者来说尚属高档、生疏消费品，光凭媒体宣传还不够，必须利用各种形式向消费者介绍羊绒知识、羊绒时装的优点，使潜在消费者认识到羊绒衫贵有贵的价值，培养他们对羊绒衫的兴趣和好感，最终达到使消费者不断消费的目的。

暂建议采用下列促销活动：

（1）时装表演销售会；（2）羊绒衫知识有奖竞赛；（3）新闻发布会（记者采访团）；（4）公共关系。

（五）其他有效的广告手段

本着对客户负责的精神，我们的广告计划各个环节的可行性得到证实后，以及对企业各方面的情况有充分的了解后，还将提出若干有效的广告手段。

（六）广告主题、广告创意介绍

鉴于×××羊绒衫采用阿尔巴斯山羊绒制造，具有得天独厚的原料优势，所以广告活动应着重对于产品的原料优势进行宣传，突出草原风格。由于羊绒衫具有柔软、轻便、富于光泽和保暖的特点，广告设计要逐步形成华丽、温柔的特色。另外，羊绒衫是一种高档商品，所以广告格调要高雅。总之，广告创作的总原则应该是强调商品高贵、温柔、精致、华丽的风格，突出原料优势。

不同阶段的广告创意：

（1）在宣传本产品品牌和导入市场阶段，广告应着重于对羊绒特点、制造工艺的介绍，突出原料优势，采用对比等手段，主要诉诸消费者理智。同时表现羊绒衫的质感、光泽和手感，以感情表现感染消费者，并通过“优惠销售”等信息促使消费者购买。

（2）在产品进入市场，销售有了进展以后，广告应进一步表现商品高贵、温柔和华丽的特点，主要诉诸感性，渲染一种高雅浪漫、温柔华丽的情调，在消费者心目中树立一种×××羊绒衫是一种人人追求的高档消费品的信念。

在本产品的品牌知名度达到一定程度的时候，广告力求简练，突出草原风格，不断重复商标品牌，巩固和提高商品在消费者心目中的形象。

关于色彩主调：

为了突出产品的原料优势，我们认为广告设计应以草原色彩为基调，整个色彩搭配应该是华丽的、优雅的、柔美的，同时突出高贵气质。产品的标志色彩为某色，从策划书执行开始起，所有印刷品中出现的商标标志都应为同一种颜色，并且所有字都为某字体。

广告口号：

本着表现创意和易记易读的原则，试拟广告口号如下：

“闻名世界的×××羊绒衫，说不尽的高雅！”

六、广告预算分配（见下表）

本表为广告预算，今后各项开支以此为依据，不会有大的浮动，最后以实报实销结算。

订货会、记者采访团、哈尔滨洽谈会、手提袋印制费、外包装印刷费均不在此列：

项目		开支内容	费用
市场调研费		上海、广州、沈阳的调查费用	80 000
广告设计制作费		广告项目的设计制作,电视广告片 2 部及全部媒介,40 页的产品样本 1.5 万本,6 页集团介绍 1 万本	242 000
广告媒体租金费	国内	全国性媒介和地区性媒介的广告费	830 000
	国外	欧美等地的专业杂志和邮递广告费	370 000
公关促销费		羊城商品知识竞赛的有关费用,包括北京、上海、广州、沈阳促销会的场地、广告、材料、劳务费用,组织赴美促销小组和参加专业展览会的费用	970 000
服务费		全年有关人员的交通、差旅、加班、通讯和有关协调工作的费用	100 000
机动费		媒介价格上调因素和临时应急重要活动等费用	100 000
总计			

七、广告效果预测

如果同意按照本计划的广告战略和广告战术施行,预计可达到(前言)一项内所规定的任务与目标。

以下几个问题必须按计划落实:(1) 广告效果监督;(2) 广告反馈的管理;(3) 广告计划要因情况变化而合理调整;(4) 定期以问卷、座谈会等方式进行广告效果测定。

注:×××羊绒衫公司的国际市场销售一直处于定牌和出口原料的水平,不可能在一年之内就扭转局面,且又因国际广告费用较高,羊绒衫公司方无力拨巨款支持,所以 2000 年的国际市场广告策划较为保守。

(节选自 http://www.sina.com.cn, 2008 年 12 月 15《销售与市场》李亮/文)

问题:

1. 撰写广告策划书时应该注意什么问题?
2. 你如何理解、评价×××羊绒衫公司中国市场整体广告策划书?

本章小结

1. 广告策划文案的主要内容包括广告环境分析、广告目标确定、广告对象确定、广告传播区域确定、广告主题确定、广告创意确定、广告媒介选择、广告费预算、广告实施策略决定以及广告效果评估。

2. 广告策划书,又称广告企划书,是在市场调查研究基础上,对广告整体活动或某一方面活动的预先设想和策划。广告策划书把在广告活动中所要采取的一切部署都列出来,指示相关人员在特定时间予以执行,它是广告活动的正式行动文件。

3. 广告策划书常见的表达方式主要有表格形式和条文形式。

4. 广告策划书的内容包括标题、正文和署名三大部分。在广告策划书中,正文部分是中心与主体,一般应包括前言部分、市场分析部分、广告战略或广告重点部分、广告对象或广告诉求部分、广告地区或诉求地区部分、广告策略部分、广告预算及分配部分、广告效果评估部分。

5. 广告策划书的编制原则包括逻辑思维原则、形象化原则、简洁朴实原则、可操作原则。

复习思考题

1. 广告策划文案包括哪些内容?
2. 什么是广告策划书?
3. 广告策划书分为哪几类?
4. 广告策划书包括哪几部分?
5. 以某一企业产品为例,编写一份广告策划书。

参考文献

1. 陈爱国:《广告原理与实务》,冶金工业出版社 2008 年版。
2. 陈培爱:《广告策划与策划书撰写》,厦门大学出版社 2007 年版。
3. 崔银河:《广告策划与创意》,中国传媒大学出版社 2007 年版。
4. 范云峰、王珏:《营销广告策划》,中国经济出版社 2004 年版。
5. 何修猛:《现代广告学》,复旦大学 2002 年版。
6. 金立其:《广告原理与实务》,东北财经大学出版社 2005 年版。
7. 孔秀祥:《广告文案理论与实务》,上海交通大学出版社 2008 年版。
8. 刘友林:《广告策划与创意》,中国广播电视出版社 2003 年版。
9. 商荣华、金依明:《广告实务》,大连理工大学出版社 2007 年版。
10. 沈虹:《广告文案创意教程》,北京大学出版社 2008 年版。
11. 王宏伟:《广告原理与实务》,高等教育出版社 2007 年版。
12. 王伟芳:《广告概论》,高等教育出版社 2006 年版。
13. 熊超群:《营销广告策划实务》,广东经济出版社 2004 年版。
14. 余明阳、陈先红:《广告策划创意学》,复旦大学出版社 2003 年版。
15. 袁米丽:《现代广告学》,中南大学出版社 2004 年版。
16. 张惠辛:《超广告传播》,东方出版中心 2007 年版。
17. 张树庭、郑苏晖:《有效的广告创意 2》,中国传媒大学出版社 2008 年版。
18. 赵兴元、金立其、刘洪一:《广告原理与实务》,东北财经大学出版社 2006 年版。

新编公共行政与公共管理学系列教材·文秘专业

（已出书目）

管理学原理	汪　溢　林则宏　主编
秘书学	姜　爽　赵　莹　主编
人力资源管理与企业文化	汪　溢　谷卓越　主编
广告策划	贾洪芳　韩　鹏　主编
文书与档案管理	汪　溢　赵　莹　主编
电子商务	孙　义　方　真　主编